香港考評文化的承與變

從強調篩選到反映能力

梁操雅　羅天佑　編著

商務印書館

香港考評文化的承與變 —— 從強調篩選到反映能力

編　　著：	梁操雅　羅天佑	
責任編輯：	黎彩玉　張宇程	
封面設計：	涂　慧	
出　　版：	商務印書館（香港）有限公司	
	香港筲箕灣耀興道 3 號東滙廣場 8 樓	
	http://www.commercialpress.com.hk	
發　　行：	香港聯合書刊物流有限公司	
	香港新界大埔汀麗路 36 號中華商務印刷大廈 3 字樓	
印　　刷：	美雅印刷製本有限公司	
	九龍觀塘榮業街6號海濱工業大廈4樓A	
版　　次：	2017 年 9 月第 1 版第 1 次印刷	
	© 2017 商務印書館（香港）有限公司	
	ISBN 978 962 07 5667 2	

目錄

第七章　考試新一頁：香港考試局的成立

第八章　考評理念的變易：從常模為本到水平參照

第九章　時移世易：從多項選擇題到校本評核

前言

　　傳統以來，學而優則仕乃每位中國讀書人的目標。他們寒窗苦讀，徹夜不眠，為的便是排眾而前，一朝高中、衣錦還鄉、光耀門楣的刹那，以及實現明鏡高懸、為民請命的仕途生涯。開埠以前的香港，士子均循此途徑向上流，本地族羣更有官至進士者。惟僧多粥少，宋朝孫山乃倖存者，他考上了，雖敬陪末席，卻較諸不知凡幾的落第者好。[1]

　　開埠以來，本地教育漸受英國學制影響，戰前兩制俱行，有用英制的學校，就讀於中央書院及教會主辦的學校，亦有奉行內地壬戌學制的學塾。迨至戰後，厥因內地政治環境的改變，本港人口驟增，中小學學額捉襟見肘，凸顯以公開考試甄選學生的亟需，加上傳統以仕為人生目的的思維，因而藉公開考試由小學升中學，中學升大學便宛如「千軍萬馬過獨木橋」[2]。

　　香港地小人多，學位總是不夠，因而學子在完成某一學習階段時，參與公開考試必經篩選，而參試考生即使完成考試，往往對自己的表現缺乏信心。

　　本書共九章，以本港公開考評的發展與承續為縱線，橫向則旁及該時期的考評制度與文化，以及這些制度文化的緣起與特色。第一章為概論，綜述本港考評發展。第二章所述起始於族羣弟子的教育，從仍存的書室、家塾等，顯示本港自明朝以來，學子已積極參與各級科舉考試，反映早年新界各大家族對子弟教育的重視。迨開埠初期，港英政府鼓勵教會及私人辦學，西方傳教士來港，承襲西方傳統的教會學校成為另類主流，與以應考科舉，盼望高中為鵠的的傳統教育，並駕齊驅。

　　第三章建基於港府1873年實施的《補助書館計劃》，參與計劃的學校須進行年度考試，按學生的及格率頒發資助。為了令成績較弱的學生亦能通過視學官的考試，有些書館會集中「操練」學生，是以當年資助計劃內的考核可說是公開考試的濫觴。

　　隨後第四至第六章闡述戰後本港中小學公開考評的遞嬗。戰後香港人口

驟增，教育金字塔漸呈下層闊大，中上層狹窄的形狀，港府採取甄別手段，在1949年舉辦小學會考，其後在1962年改為「升中」試，旨於藉公開試機制選取學生升讀中學。至1970年代末，政府推行九年免費教育政策，廢升中試，而中學則一仍舊貫，以中學會考作為甄選的評估工具；至於中學以後，60年代後香港大學及香港中文大學兩所院校各自為政，自設入學試以選取學生入讀。

第七章闡述香港考試局的成立，次第以香港中學會考、香港高等程度會考及香港高級程度會考取代以前的中學會考、中大及港大入學試。之後數章，重點均在於介紹考試局數十年來的發展，例如科目與課程隨社會的改變而有所增刪、評卷的模式由紙筆批改變為網上評卷、多項選擇題及校本評核的引入，以至「考試局」之易名「考評局」、意識公開評估的模式因應時代的進程而不得不變，考試局不僅舉辦「試」，也負責「評」，而傳統以來「常模為本」的考試理念也轉而以「水平參照」的概念取代等，凡此種種均有所述及。

整體而言，本書以本港公開考評的發展為軸線，旁及當時社會背景，導致此等考評文化出現的因由，作者亦走訪不同崗位與考評有關的人士，藉着對話，侃侃談及所涉及的考試經驗，並抒發他們一己的心聲，以人為本。

歷來考評制度，多自官署，因而不少「硬」的、「冷」的條例文字予學校、教師、考生等持分者依循。而參與其中的持分者，無論是主事的官員，以至如考生、教師、校長、家長等，每人與考評拉上關係的片斷與故事都是「軟」的、「暖」的；「軟」「硬」之中，「冷」「暖」之間，亦譜出期間的考評文化。

編寫是書，乃參閱載錄有關公開考試的檔案、文獻及冊籍資料，不少更須迻譯自英文；再添加曾參與考評工作同寅的嘉言雅語，又翻閱專家筆述，以至名人軼事等著作有提及一己的考評經驗者，將之連繫穿引，把本地的考評發展躍然紙上，成為此書，綜述本港公開考評文化的發展及概況。惟因時間關係，而有關公開考評的資料又浩如煙海，個人的考評故事更不啻萬千，容或掛一漏萬，恐見舛誤，此則尚祈恕宥。

是書之成，有賴一眾曾參與考評工作前輩先進不吝賜教，惠賜高見，以

及編撰小組同寅夙夜憂勤，始底於成，在此謹致謝忱。

本港公開考試的理念從上世紀五、六十年代「強調篩選」，到二十一世紀的「反映能力」，故是書冠名「香港考評文化的承與變」。

物換星移，往後香港的考評文化將何去何從？

梁操雅　羅天佑　謹誌

2017年8月

註：

1　此片斷出自范公偁《過庭錄》：「解名盡處是孫山，賢郎更在孫山外。」

2　中國俗話將高考比喻成「千軍萬馬過獨木橋」。

第一章

概論

香港的考評發展

引 言

學而優則仕乃中國傳統讀書人的目標，歷朝士子奉為圭臬。未開埠前，本港望族士子多有機會就讀於學塾，為的是當學有所成時，能北上赴考，考取功名而回。可見傳統以來，士子向以登科及第為鵠的。

即使是開埠後，港英政府初時亦未暇致力教育發展。迨二戰後，由於南來人口暴增，中小學，以至大學學位往往不足，有僧多粥少之現象，而社會上延聘人才，亦多與學歷掛鈎，形成不讀書，難升學，亦難「搵好工」的現象。

戰後，學童人口大增，政府在教育政策方面，特重公開考試，小學、中學、預科各階段均各設關卡，以公開考試來作篩選，能過關者始能接受另一階段的教育。

從學塾子弟，以至二十一世紀的莘莘學子，無不重視功名，無不重視藉公開考試升學或就業。這種學而優則仕的理念，在過去近千年間，始終全無改變。

一、應考科舉——就讀傳統學塾子弟的鵠的

中國傳統的教育，主要分為官學和民辦學塾。香港各地的教育屬於民辦學塾性質，塾師由落第秀才、童生或少數的舉人擔任。設立學塾的目的，一方面是教授學童基本的文化知識，更重要的是為科舉考試輸送生源。

十九世紀期間，不少新界男丁曾入讀學塾，惟就讀時間的長短與早遲均因應學生的家境及志向而有所不同，這時期多只由塾師個別教授，並沒有分科、分級或分班；主要背誦《三字經》、《百家姓》和《千字文》等中國傳統啟蒙讀物。在學超過三年的學生佔少數，他們會進一步學習四書五經等儒家經典階段，目的只為日後參加全國舉辦的各級科舉考試。

科舉乃隋唐以後歷朝士人登進，任官擇人的主要途徑。它曾代表莘莘學子寒窗苦讀，因金榜提名而開啟康莊仕途的「平等」途徑，讓平民百姓有機會步進「士大夫」的階層。在中國傳統教育而言，科舉是先導，因它某程度上主宰和塑造了中國教育模式與內容。而香港首位舉人和唯一的進士皆出自鄧氏家族。1258年，龍躍頭鄧炎龍是本港首位中舉的舉人；1685年，錦田鄧文蔚則是香港地區有史以來的第一位三甲進士。

清末科舉雖經歷多次改革，在考試內容作出多方面的改動，然而亦未能挽救科舉制度的消亡。1905年（光緒31年）8月4日，直隸總督袁世凱與一眾大臣聯名會奏立停科舉以推廣學校：「而欲推廣學校，必先自停科舉始」；而同日發出上諭：「着即自丙午科為始，所有鄉、會試一律停止，各省歲、科考試亦即停止。」[1]

在客觀大環境的劇變下，本地傳統學塾教育雖因地處邊陲得以倖存，惟科舉門徑已不復存在，因時而變了。當讀書以「考取功名，光耀門楣」的功能漸減，許多傳統學塾在課程方面加入珠算和尺牘等實用知識，為子弟應付日常生活及謀生所需。

總的而言，在二十世紀之前，香港的教育發展仍以傳統學塾為主導，在科舉未廢除之前，士子仍以前往南投[2]參試為「學而優則仕」的主要途徑。

二、《補助書館計劃》——公開考評的濫觴？

1842年8月29日，根據《南京條約》，清朝將香港島割讓予英國。方美賢將1842

年至1859年間稱為「香港教育的植根時期」，她指出，香港開埠初期英國政府並沒在本港設立「國家教育」（State Education）制度，只鼓勵教會及私人辦學，當時香港教育的發展呈不顯著及緩慢狀態，源自港府對教育自由與放任（laissez-faire）的態度[3]，或如吳倫霓霞認為，港府不將教育納為公共事務或福利的一環，某程度上也跟隨英國的傳統，將教育事務交由教會[4]及私人辦理。[5]

1847年，港府成立教育委員會（Education Committee）。同年12月，第二任港督漢學家兼學者戴維斯爵士（Sir John Francis Davis）獲得殖民地大臣格雷勳爵（Lord Gary, Colonial Secretary）批准，每月以十元補助由孔聖會在維多利亞城、赤柱、香港仔等的三所中文學塾[6]；同時任命教育委員會監管，這三所學校實為政府在教育補助方面（或輔翼義學）的試點。直至1855年，政府將資助中文學塾改為「皇家書館」，由政府直接辦理，是為官立學校的開始，往後皇家書館和學生的數目亦隨年增加。當時皇家書館有10間，至1866年皇家書館已增至13間，共約有400名學童。

1898年，清朝與英國簽訂《展拓香港界址專條》，租借九龍界限街以北，深圳河以南的土地，以及附近二百多個離島，為期99年。

1865年至1913年間，教育隨着本港人口持續增長與經濟逐步穩定發展而逐漸受到重視，加上貿易基礎設施與制度（如銀行、商務法律、會計與船務等）的確立，吸引不同商行與外貿企業在本土扎根，拓展事業，而當時中國受到自強運動和教育現代化改革的訴求的影響，形成了對受過良好教育與熟諳雙語的白領人才的大量渴求。

1860年（或1859年9月9日），理雅各（James Legge）草擬及實施《教育革新計劃》，羅士敏[7]將教育委員會改組為教育局（Board of Education），規定教育局秘書須由政府官員擔任。1865年6月24日，教育局升格為教育司署（Education Department），象徵教育正式納入為政府公共事務的里程碑。

史劍域（Frederick Steward）提出《補助書館計劃》（Grant-in-aid Scheme），在1873年4月24日獲得立法局的批准[8]，該項計劃根據學童於世俗科目（secular subjects）包括中、英、數、歷史、地理或其他語言等的考試成績[9]而頒發獎金；有關學校獲資助的條件，當局要求每位得獎學童的出席上課日數不得少過200日，另外又要求受補助的學校制定每天不少於4小時的世俗教育的課程。[10]當時考試的功能主要為應付每年視學的考察，從而獲取學校資助，部分學校只在視察來臨時方加緊催谷某些學科。

其後《補助書館計劃》曾進行多次修訂，以推動本港教育的發展。1879年，將計

劃延伸至中學實行；1893年，當局提高資助的額度；1903年，資助方式改為根據視察報告，並不再單單以考試成績作依據。

事實上，教育部門的改組和升格，以及其後頒佈的官立、資助或補助形式或相關計劃，足見港府銳意配合英國教育世俗化的步伐，對教育事業的控制逐漸擴大，以順應世界教育的發展潮流，建立公立學校制度的雛型。

三、篩選甄別──小學畢業會考的特異功能

戰後本地學校與學生與日俱增，與當時中國時勢有密不可分的關係。內地連年戰事，生活不穩，以致來港者驟增，使本地人口增加，返國內就學人數則相對遞減。1948年初，港府訂定法例，限令主流學校按月收費，子弟就學不必一次過繳納全期學費，而可按月繳交，以減輕負擔。當時日、夜校合計，每四個學齡人口僅一人就學，兒童失學的情況嚴重。

當時教育司柳惠露（Thomas Richmond Rowell，前譯羅威爾）曾建議籌建官立漢文小學，擬於1950年完成，卻遭到反對，評論者大多認為當時在港者多為流動人口，他們會待政局穩定便會返回內地，而學校傾向取錄本港學生，非本港出生不收。

1949年，教育司署率先將以往官立小學的年度期末考試轉型為公開考試──小學會考，由政府頒發小學畢業文憑，主要在於篩選成績優異的學生繼續升讀中學，其餘成績稍遜者則要自覓私立中學繼續學業，或是要到社會工作謀生。唯需注意的是，並非每位六年級的學生都能參加會考。[11]1962年，小學會考改制，易名為香港中學入學考試（Secondary School Entrance Examinations，一般人稱為「升中試」），取代小學會考。

港府在1978年實施九年免費教育，訂明所有學童均獲升讀中學的權利，升中試推行共16年，在1977年舉辦最後一屆後便成為歷史，由學能測驗與香港中學學額分配機制調配學童的升中派位所取代。公開考試形式的甄選機制亦由小六推至中三，由中三評核試甄選成績優異學童升讀有限的資助高中學額，然而此試只推行數年，便由校內評核機制取代。2007年《施政報告》宣佈，在2009年度落實12年免費教育，中學由三年初中、兩年高中與兩年預科的七年制課程，改為三年初中與三年高中的六年制課程，旨在與世界其他國家教育制度接軌。中學階段的免費教育由中三推至中六，讓所有學童得以不間斷地完成中學課程，毋須透過初中成績評核甄選機制升讀高中課程，

初中階段的評核機制亦因而告一段落。

四、緊貼社會發展步伐——中學會考發展的轉折

由教育司署舉辦的香港中學畢業會考首屆於1937年6月舉行，對象為第二班學生，與考的學校主要為政府中學和補助學校，其餘的本地學校須向本地會考委員會申請保送學生參與中學會考。起初，香港中學畢業會考只限於本港一小撮學校，尚未如現今公開試般普及。

最初，中學會考的科目分為5組，考生須考獲5科及格，其中4科須來自首4組，方能獲得畢業證書，足見當時對考生的要求甚高，它的首要功能厥為投考港大鋪路；會考成績優良者可升讀第一班，並預備投考港大入學試。至1950年，這會考作較大改變，增設多些學科，擴闊範疇，諸如英國文學、中國文學及歷史、公民、音樂等。

1949年，中共取得政權，往後香港於1951年設邊境限制，不如舊日般自由出入境，直接令中文中學回國升學的計劃大大受阻。同時，鑒於國內形勢尚未明朗，不少家長不放心子女回內地升學，港府亦不得不設法解決眼前困境。1951年，港府諮詢全港中文中學後決定設立香港中文中學高中畢業會考[12]；1952年6月，香港中文中學高中畢業會考首次舉行，與考學校共30所[13]。考試共設9科，考生須考獲5科及格，方可獲畢業證書。

1960年，本港中學學制統一，中文中學由六年制改為五年制。1965年，首屆中五生及最後一批的高中三生同時應考中文中學高中畢業會考。誠然兩者的課程並非一樣，故當時各設合適的試題，讓考生選擇；並另設兩款畢業證書，以茲識別。1966年，香港中文中學高中畢業會考易名香港中文中學畢業會考，直至1967年。

1974年，兩個會考合併成香港中學會考。考試科目在此或以前合併，譬如英文中學會考本來只有中國語文及文學科，自該年開始，該科分拆為中國語文和中國文學兩科。首年合併的考生人數激增至56,000名，由於考生人數劇增，無論試場或考務人員，均不敷應用。1978年，香港中學會考由香港考試局接辦。

五、功能變易——從大學入學試到公開考試

1886年，劍橋本地考試（Cambridge Local Examinations）首次在香港舉行，而醫

學校（Medical School）亦於該年成立，跟雅麗氏紀念醫院（Alice Memorial Hospital）作聯繫。1888年7月，牛津本地考試（Oxford Local Examinations）首次在本港舉行，取代劍橋本地考試。兩試均為升讀外國院校所設，並附設獎學金制度。至1911年，香港大學創校，使香港有一個完整的教育系統。

1913年，港大舉辦首屆香港大學入學資格考試，對象為修讀第一班的所有男生，女生未有機會入讀。港大入學試將大學和中學教育加速聯繫，港大主導應考的學科試卷，直接影響本地中學的課程。港大的生源除本地學生外，校方還前往中國及東南亞等地區取錄學生。誠然招收海外生的標準無異於本港，亦是透過投考港大入學試取錄，在香港和海外設考試中心進行。

1915年，在教育司署的要求下，大學當局贊同物理科增設實驗試（Practical Test）。同年，港大依照牛津本地考試的方法，設高級和初級考試，與港大入學試同時進行。自1924年始，所有政府中學須保送第一班和第二班學生報考三項公開試。

1932年，教育諮詢委員會建議取消港大入學試及兩個本地考試[14]；1933年，港大舉行最後一屆高級考試，而初級考試則停止舉辦[15]。1934年，教育當局決定新的中學畢業會考由港大主辦，1935年港大主辦首屆「香港大學中學畢業會考」；1938年，港大取消中學畢業會考，復設港大入學試，對象為第一班學生。1941年12月至1945年8月香港淪陷，一切考試停頓。

1965年1月，港大學務委員會決議成立高級程度考試委員會（Advanced Level Examination Board），成員來自港大、中學校長、教育司署、中大各方，並設秘書一名，公開考試系統漸見透明及制度化。1966年，港大入學試易名為香港大學高級程度考試（Advanced Level Examination of the University of Hong Kong）。從1968年起，港大入學試成績評級，跟香港英文中學會考與普通教育文憑試的評級基制相若，使公開試具可比性，說服力更強。

經歷重重波折，香港中文大學於1963年成立，它是一間聯邦式大學。1964年，校方舉辦首屆香港中文大學入學資格考試，以新亞、聯合、崇基三間學院為基礎。自此本地兩所大學各自設入學試，在性質上，它們只為取錄新生而設，跟現今公開試的概念有所不同。誠然招生牽涉本地學制的改變，考試有意無意間成為當中的推動工具。

1977年，香港考試局成立，次第接辦本港的公開考試，於1979年接辦香港中文大學入學資格考試，並易名為香港高等程度會考（Hong Kong Higher Level Examination）；

1980年接辦香港大學高級程度考試，易名為香港高級程度會考（Hong Kong Advanced Level Examination）。英中生既可報考香港高級程度會考，又可應考香港高等程度會考；反之中中生只能報考香港高等程度會考；這現象催生社會出現統一中學學制的聲音，而教育當局有意將兩個中學學制及高考統一，繼而衍生大學學制統一的問題，爭論大學三年制或四年制的可行性。1992年，香港高等程度會考舉辦最後一屆，1994年增設香港高級補充程度會考，本地大學及專上院校自此只以香港高級程度及香港高級補充程度會考作為取錄新生的主要途徑。

六、一試定生死——香港中學文憑試登場

自2011年開始，香港中學會考及香港高級程度會考相繼落幕。首屆香港中學文憑試於2012年舉行。考生須報考包括中國語文、英國語文、數學及通識教育4個核心科目及2至3個選修科目。評級分5個等級，分別為1至5級，第5級屬最高等級。在第5級考生中，表現最優異的將獲「**」以標示，次佳的以「*」標示；若考生表現低於第1級，則以「不予評級」標示。

七、何去何從——評核理念的改變

本港的公開試向來奉行常模為本（norm-referenced）的測試模式。這種考試模式主要是基於每年的考生人數相若，假設試卷程度亦相若，理論上各主要科目的成績一般來說亦應沒有大的差異，故每年拿A、B……等各級的考生人數理應差不多。至二十世紀末，社會相對五、六十年代時富裕，中小學生人口回落，因而社會上不時有意見指出本地的公開考評理應重視各評級的特點，而非各成績級別的百分比，因此建議公開考試應加入水平參照各等級描述，匯報學生的成績，讓學生能清楚明白自己的能力何在。

以往的學與教，是「評其所學」（Assessment of Learning），近世教改，則強調「以評促學」（Assessment for Learning），甚至「在評中學」，「評學合一」（Assessment as Learning）。公開考評應是與之配合？抑或是行素由我，體例自成？

註：

1　楊智磊、王興亞編，〈第十一章 清代後期考試管理的變革〉，《中國考試管理制度史》，2007，頁703-708。

2　以往科舉考試共有縣試、鄉試、省城和殿試等四級，香港學生首先需前往新安縣南投鎮應考縣試。

3　方美賢，〈第二章 香港教育之植根時期（1842-1859）〉，《香港早期教育發展史》（香港：中國學社，1975），頁13。

4　吳氏指出公共教育事務主要由教會接管與提供，主要源於歐洲十六世紀宗教改革（Reformation），而政府一直採取不干預政策（policy of non-intervention），直至1833年才首次作出年度的教育撥款，Ng, Lun Ngai Ha, 1984. *Interactions of East & West: Development of Public Education in Early Hong Kong*, Hong Kong: Chinese University of Hong Kong Press, p. 19.

5　吳倫霓霞，〈教育的回顧（上篇）〉，王賡武編，《香港史新編》（下冊）（香港：三聯書店（香港）有限公司，1997），頁418。

6　這三所學校之所以能夠得到政府的資助，方氏提出因為這三所學校皆有微量的宗教教育元素。雖然基於《南京條約》規定，英國人不得干涉華人的傳統習慣與信仰，但根據當時政府批准補助的方式來看，還是在乎香港的中國兒童能否從教育獲得基督教的知識與教義，方美賢，〈第二章 香港教育之植根時期（1842-1859）〉，《香港早期教育發展史》（香港：中國學社，1975），頁13。

7　早年稱羅便臣爵士（Hercules George Robinson，1897年封世襲男爵），後改稱羅士敏男爵，1st Baron Rosmead。

8　史剑域於1871年已經提出該項資助計劃的草案，只是當時的計劃只資助沒有宗教課程科目的書館，因而引起教會學校極大的迴響。

9　不同的學校類型所考察的科目與獲得資助的金額不一。

10　該「根據考試來頒給獎金」的條件是來自英國1862年*Revised Code*，而有關強制世俗化教育的思想則是來自英國1870年的*Forster's Education Act*（亦為初等教育法）中所訂立的教育條例，同時受到當時英國社會強調教育世俗化／工具化的思想所影響。

11　1953年，當年小學約17萬名學生，參加小學畢業會考者只有1,688名，*Hong Kong Annual Departmental Report by the Director of Education for the Financial Year 1953-1954*, pp.68-69.

12　*Hong Kong Annual Departmental Report by the Director of Education for the Financial Year 1952-1953*, p. 21.

13　*Hong Kong Annual Departmental Report by the Director of Education for the Financial Year 1952-1953*, p. 52.

14　*Report of the Director of Education for the year 1938*, p.4.

15　*Report of the Director of Education for the year 1932*, p.5.

第二章

科舉的魅力

族羣弟子的教育與成就

引 言

隋文帝開皇年間，廢九品中正，改由考試方式取納「有德有才」之士，煬帝大業元年（公元605年），設置「進士科」，以詩賦策論取士，只要是讀書人，都可以懷牒赴試，自此，以考試文辭作為任官擇人方式的科舉制度逐漸成型。科舉之所以出現，打破「上品無寒門，下品無世族」的窘況，讓生於家境貧寒的賢德之士，亦有走入官場仕途的機會。

香港地區的教育制度向來跟隨內地的教育制度，港、九、新界各處均見大大小小的書屋、書室、書院、家塾。明朝以來，本地學子積極參與各級科舉考試，於鄉試中式或以獲推薦入仕的人數並不少。科第人物多來自新界錦田、龍躍頭、大埔、上水及屏山等地，從當地古建築、碑銘、祠堂、文物等顯示，各族均安排子弟接受教育，以應付科舉考試，此亦反映早年新界各大家族對子弟教育之重視。但是，族裔之間亦有歧視，本地人針對客家，以及針對蜑家人，常可見到。

科舉制度歷經了一千三百多年，終於在清朝末年（1905年）被廢除。科舉廢除以後，以考試獲取官職的途徑中斷，然而各氏族仍然非常着緊族中子弟讀書與進修，不少子弟後來亦得以入讀香港的傳統名校。

天子重英豪，文章教爾曹；萬般皆下品，唯有讀書高。

少小須勤學，文章可立身；滿朝朱紫貴，盡是讀書人。

學向勤中得，螢窗萬卷書；三冬今足用，誰笑腹空虛？

自小多才學，平生志氣高；別人懷寶劍，我有筆如刀。

朝為田舍郎，暮登天子堂；將相本無種，男兒當自強。

學乃身之寶，儒為席上珍；君看為宰相，必用讀書人。

（汪洙[1]的《神童詩》選段一）

年少初登第，皇都得意回；禹門三汲浪，平地一聲雷。

一舉登科日，雙親未老時；錦衣歸故里，端的是男兒。

玉殿傳金榜，君恩賜狀頭；英雄三百輩，隨我步瀛洲。

（汪洙的《神童詩》選段二）

北宋學者汪洙的《神童詩》是著名的蒙學讀物，詩中勸勉人應勤學，考取功名，亦盡道科舉及第後的得意，例如詩中「禹門三汲浪，平地一聲雷」，便描繪科舉時代進士及第後驟變的命運，只要一朝高中，平民百姓亦能邁向「士大夫」階層，一千三百多年的科舉制度，無疑深深牽扯着歷代讀書人的人生。

一、以試擇賢──科舉制度的確立

中國科舉考試制度始於隋代，隋文帝於開皇七年（公元587年）決定廢除九品中正的推薦制度[2]，並改由考試方式來選取官吏，翌年設立「志行修謹」和「清平乾濟」兩科，取納「有德有才」之士，此舉確立以考試選賢的範式，不再單依賴品德門第取士；迨公元605年（煬帝大業元年），設置「進士科」，以詩賦策論取士，只要是讀書人，都可以懷牒赴試，自此，以考試文辭作為任官擇人方式的科舉制度逐漸成型。隋代改革前朝只重門第而不重才德的察舉制度，打破「上品無寒門，下品無世族」的官場窘況，讓生於家境貧寒的賢德之士，亦有走入官場仕途、飛黃騰達的機會。然而由於隋祚短促，是以直到唐代中期，科舉制度才有較為完備的發展，宋代至以後各代的科舉制度都是在唐代的科舉的基礎上發展出來。[3]

二、少小須勤學，文章可立身——學而優則仕

各個朝代的科舉體制各具特色，但是讀書人要循正途[4]獲得一官半職，都必須經過層層的考試關卡，由於科舉無年齡限制，不少士子終其一生都在文字堆中，為仕進奔波。

以明清時代為例，童生[5]要獲得報考鄉試的資格，要先完成地方考試，包括縣試、府試與院試三個階段。清朝的縣試多在每年的二月舉行，連考五場，每個縣的縣試由當地知縣主持。前殖民地時期的香港歸屬廣東新安縣區[6]，香港地區並無試場[7]，因此當時的童生需前往新安縣的治所——南頭城參加縣考。縣試及格以後，再經過府試與院試，童生及格後就能取得生員資格。生員即秀才，有「免除差徭，見知縣不跪，不能隨便用刑」等特權。

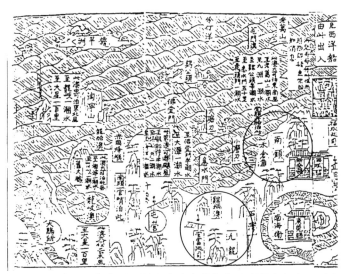

1573年，明朝設立新安縣，縣府設在今南頭古城。見萬曆九年（1581年）《蒼梧提督軍門志·全廣海圖》

童生成為生員則可以參加每三年於各省省城舉行的「鄉試」，「鄉試」的主考官由皇帝委派。「鄉試」考完後發佈正榜、副榜，正榜所取的稱「舉人」，第一名「解元」，中了舉人基本上就有資格做官了。不過，以廣州三年一度的舉人考試為例，十九世紀初每屆鄉試都有八、九千名來自廣東各地的秀才應考，中舉的卻只有三數百

人。[8]通過鄉試的舉人，翌年可參加在京城舉行、由禮部主持的「會試」，參與的除了各省的舉人外，還有國子監學生，取錄者成為「貢士」，第一名稱「會元」。

最後一試就是科舉最高級別的考試——殿試，由皇帝在殿廷上對貢士親自策問，有時亦委派大臣主管與策問。殿試錄取分為三甲：一甲三名，分別稱為「狀元」[9]、「榜眼」、「探花」，賜「進士及第」的稱號，而這三名一登龍門的進士會當場授官，以及安排進入翰林院任修撰及編修；二甲與三甲各有數名，分別賜與「進士出身」與「同進士出身」的稱號，成績較好及年齡較輕的進士亦有機會進入翰林院，以「庶吉士」的身分進修。其餘的進士則可能任六部、中書、御史等職位。

至於考試內容與答題形式，各個朝代亦各有其時代特色，如唐代的科舉考試以策論為主，但也考經史和詩賦；明清時代則概以八股文作為應試答卷的形式。縱然改朝換代，歷經大大小小的改革，但是仍不離「尊孔讀經—科舉—取士」這三位一體的層遞模式。

三、考試必由學校——香港傳統的書塾教育

科舉風氣在明朝時最為鼎盛，明朝時亦有「考試必由學校」[10]的規定，學校的功能據《明史‧選舉志》：「學校者，儲才以應科目」，學校是教育、培訓、儲備人才的場所。[11]明朝學子若要循正途入仕，必先要取得入學資格，成為「生員」。雖然早於先秦時期已有學校的概念，唐宋時期更已有小學、中學、大學等層次完備的教育體系，但隨着科舉考試在社會生活中的影響愈來愈大，社會逐漸形成了重科舉考試的價值取向，金榜題名成為古代讀書人終生夢寐以求的人生理想，這種氛圍無疑影響學校的教育目標、教學內容、人才培養模式與方法等，因此義學、社學、私塾到府、州、縣學等地方學校的教學活動，都緊緊圍繞科舉考試這士人登進必由之路。[12]

1842年以前，香港地區的教育制度跟中國近代的教育基本上如出一轍。早在鴉片戰爭之前，香港、九龍、新界各處均見大大小小的書屋、書室、書院、家塾，只不過香港九龍區域的教育活動卻遠未及得上新界地區般繁衍。據吳倫霓霞引述歐德理（E. J. Eitel）香港早期教育史料的紀錄，英國人於1841年登陸香港島時，水、陸居民一共只得5,000人左右，島上只有四所私塾，大都是設於簡陋的屋舍內，就學兒童亦只佔島上人口約1%，教育顯然落後。反觀十九世紀的新界，大大小小具規模的書室或祠堂到處林立，7至15歲曾入學的男童更高達75%，佔全村人口7.5%。雖然學童們就學時間長

短不一，但總括而言，新界地區的教育活動的興盛是當時港九兩地區不能比擬的。因此談及香港地區的學塾教育，實際上都是指新界地區的學塾教育，此乃由於地沿與文化連結之緣故，新界地區私塾的運作與內地私塾的辦學情況可說一脈相承。[13]

清代的科舉與學校制度基本上沿襲明朝，設立學塾主要目的，是為科舉考試輸送生源。《禮記‧樂記》：「古之教者，黨有庠，家有塾」；《爾雅‧釋宮》：「門側之堂謂之塾」，所謂「塾」，指的就是一種專為教學而設的地方。蒙學或私塾[14]，廣東人俗稱的「攴攴齋」，是為科舉考試制度下儒學的基本學習階段，主要分為民辦與官辦，香港區域的書院或私塾都屬於民辦性質。

清代的民辦蒙學主要分為三種形式[15]，一為坐館或教館，由富有的地主士紳聘請教師在家裏或宗族祠堂進行教學。香港一些較為完善的書塾或書室都是由本地族羣為了教育其弟子而興建，例如鄧族於大埔頭村的敬羅家塾、龍躍頭新屋村的善述書室、元朗屏山的覲廷書室、仁敦岡書室等。[16]清朝早年各族學子獲生員資格的士子，如欲繼續考取更高的資格便須到廣東一帶的書院就學，廣東一帶著名的書院有如粵秀、羊城、越華、端溪等。[17]鄧族於清代道光年間（1821-1850）在錦田水頭村，為其子弟建二帝書院[18]，是香港少數專為生員以上的士子研習進修而設的高等學府。其他族羣所建的書室包括文族於大埔泰亨村的善慶書室、廖族於莆上村的允升家塾、李族於南涌村的靜觀家塾、曾族於九華徑村的養正家塾、廖族於上水的應龍廖公家塾等[19]，這些都是香港頗具規模的祠堂、書室，不少建於明清年間。現時我們還是可以在新界各大姓家族的祠堂、古建築與碑銘中見到本土望族弟子於清代教育參與考試的痕跡。[20]

第二種蒙學形式為家塾或私塾，指的是教師在自己家內設塾室或另闢空間教學，因為許多較有學問和有聲譽的塾師，都不甚願意蜷伏在別人管理下的塾館教學，而另行設帳授徒。不過當時英國人於開埠時在港島找到的書塾，卻多是窮秀才在簡陋斗室中設置的家塾，學生數目多在十名以下。位處港島的書塾發展不成氣候，厥因英國佔領之前港島的人口只有數千，大多為住在筲箕灣的漁民或是島上的原住民的人口[21]，儘管鴉片戰爭後，港島的人口逐漸增加，但十九世紀四十年代香港的新增人口，大多數是由廣東沿岸一帶前來尋找謀生機會的男性青年[22]，孩童比例很低，讀書只求識字，以應付日常所需，因此這時期港島地區的書塾只是零零落落分佈在各村內。[23]迨二十世紀初期，內地政治局勢不穩，大量人口紛紛湧入香港，當中不乏接受傳統中式教育的知識分子，加上政府重英輕中的政策，令到不少中國人自發的擁護中式傳統教育，因此有不少聲譽皆備的塾師與學人都南來設塾，如子褒學塾、恭弟學塾、湘父學

敬羅家塾位於大埔頭村，百多年來一直為大埔頭鄧氏
宗族的家祠，曾作書室之用。

仁敦岡書室原為培育族中子弟參加科舉考試以晉身仕途而建。鄧族經常邀
請廣州的學者前來講學，故書室兩側的耳房曾用以招待學者留宿。隨着科舉
制度的廢除，仁敦岡書室亦改變為向村中孩童提供現代教育的地方，直至
1930年代才由達德學校取代。

塾、慶保學塾、茗孫學塾和敦梅學塾等，這種以塾師名字冠名的學塾以二十世紀初繁衍最盛。

另有義學或義塾，由地方或個人出資設立小學招收貧寒子弟學習、救濟貧苦失學兒童。香港華人團體素來關注子弟的教育，尤其中文教育方面，因此亦有不少由團體或公款所開辦的塾館，如街坊團體所設立的街坊義學，東華醫院所設立的東華醫院義學，或由公款開辦如位於九龍寨城的龍津義學等。

香港書塾的教學方式、使用的教材跟內地書塾如出一轍，每所書塾由塾師依照學童的能力與程度個別教授，沒有分科、分級或分班。因為科舉沒有年齡之限，所以書塾的學生自五、六歲起直至二十五、六歲都有，但大部分的學童都在五、六歲時入學。首數年的書塾教育主要集中教授背誦《三字經》、《百家姓》、《千字文》、《龍文鞭影》、《幼學瓊林》等中國傳統啟蒙讀物，再由教師扶手潤字。少數讀書時間超過三年的學生，則會進入學習《四書》、《五經》等儒家經典階段，為日後參加全國舉行的各級科舉考試作準備。此時學童已具備一定的文字基礎，教學法方面除了學生跟教師誦讀以外，老師亦會逐句講解。然而，學童就讀於書塾時間的長短與遲早，往往因學生的家境而有所不同。雖然明清以來，不少士子努力讀書以考取功名，但對於很多來自不能支付學費的貧苦家庭的學童來說，他們很多時候都只能在學塾修讀兩三年，或甚至短至數月，具備基本認字的能力以後，便要出外謀生了。

對很多學童來說，上書塾的原因，主要為學習日常用字。因為書塾的課材，除了《千字文》、《三字經》等這些儒學啟蒙、道德教化的小書以外，另有一種用字毫不典雅，卻配合日常應用的「雜字」書，適合一般工業者、農民、小商人及其子女的需要，例如一本甚普及的《五行雜字》，就多描述跟農務時節有關的文字：

> 人生天地間，莊農最為先。
> 要記日用賬，先把雜字觀。
> 你若待知道，聽我謅一篇。
> 開凍先出糞，制下鑔和鍁。
> 扁擔槐木解，牛筐草繩拴。

香港早年有相當多的人口為漁民，有學者在西貢半島的小漁村中發現一份載有四十多種魚類和海產的名單，而相信是前代漁民子弟學習記賬用的「雜字」。[24]一些富有學識卻不願為朝廷效力的處士，很多時候都會在一些小村開館講授蒙學，例如西

貢海下村開館訓蒙的翁仕朝（1874－1944），便是香港開埠早期新界地區的處士[25]。香港中文大學的口述歷史研究組於1978－1982年，在新界不少的村落都發現各種古舊的參考書。這些《萬事不求人》、《書契便蒙》一類的手冊，有印刷，也有手抄，內容非常豐富，包括有書信、契約等行文的格式範例，以至常用的草藥單方，也有祭祖、婚禮、喪禮等儀式的指南等，而這些書，部分為十九、二十世紀鄉村教師私藏。[26]老師用「雜字」本教村童認識生活上常用的字，有時也會用口訣教授基本算術，如九因歌等。

直至1913年政府頒佈《教育法例》之前，這些塾館都不需要向政府登記，由於這些塾師沒有資格限制，塾師的教學質素往往良莠不齊，有些塾師只讀上四、五年書，獲得老師傳授手冊以後，便設館招生，而《駱克報告書》（Report by Mr. Stewart Lockhart on the Extension of the Colony of Hong Kong）亦曾提及上水是「科場失意」之士聚集之所[27]，當時很多書塾的蒙師都是由當地的童生或窮秀才擔任，他們一邊當塾師一邊苦讀考科舉，更有些蒙師根本沒有童生、秀才的銜頭，甚至連《三字經》、《千字文》都讀不來[28]，學養成疑。因此蒙師的社會地位普遍不高，收入一般都是靠學童的束脩金[29]和供應以資維持，「潦倒青衣」成為很多蒙師生活的真實寫照[30]，一些較有修養的老師多選擇於規模較大的書館設帳授徒。

四、族羣子弟的教育與成就──香港地區的科舉印記

香港位處的新安縣，雖然並非科舉狀元的重要產地，但其教育活動的記錄最早可以追溯至漢朝。[31]王齊樂在《香港中文教育史》指出，明朝以來，香港各區的學子一直積極參加各級科舉考試，雖然並無獲登甲科，普遍成績卻相當不錯，於鄉試中式[32]或以獲推薦入仕的人數並不少。香港的科第人物，多數來自新界錦田、龍躍頭、大埔、上水及屏山等各大族羣聚居的地方，從其古建築、碑銘、祠堂、文物等顯示，各族均安排子弟接受教育，以應付科舉考試[33]，此亦反映早年新界各大家族對子弟教育之重視。

但是，族裔之間往往存在歧視，最深的無過於針對蜑家人。十八世紀初，清廷下令免除蜑家人的「賤民」身分，並允許他們參加科舉考試，可是地方上的村民卻不許他們的孩童入學校讀書。大埔汀角關帝廟[34]於1786年重修，重修時立兩碑：

第一塊列出村民捐款姓名，並刻：

此碑上無名，子孫世世不得在此讀書。

第二塊列出近海蜑民捐款者的姓名，卻沒有關於讀書權的字句。換言之，蜑家人捐了錢，仍不能送兒子入學（廟宇）讀書。[35]

香港地區最早的書塾可追溯至宋代年間鄧符協興建的力瀛書院。據清代《新安縣志》[36]記載：「（錦田）桂角山在縣東南四十里，宋代鄧符協築力瀛書院，講學於其下，今基址尚存。」建築力瀛書院的鄧符協，乃江西吉水縣人，宋神宗熙寧二年進士，曾任廣東陽春縣令，官至南雄路倅，他在到達廣東以後，因深愛廣東優美的風土，所以罷官以後移至東莞縣桂角山下的錦田村定居，而他的子孫亦自此在錦田開枝散葉，遍及龍躍頭、大埔、屏山、元朗、廈村等處，使得鄧族成為新界的望族。錦田《鄧氏師儉堂家譜‧四世祖符協公家傳按語》中記載：「公性篤學，好交賢士。解任後，築室桂角山下，創力瀛書齋，建書樓，讀書講學，置客館、書田於里中及郭北。修橋樑，發膏火，以資養四方來學之士。樂育英才，多所造就。」鄧符協熱心教育，愛以文會友，廣結四方之士，既建客館邀請他們到力瀛書室講學，另築書樓，收藏大量中國古典書籍，文風興盛，使錦田成為教育與文化的中心。[37]

《南陽半年刊族譜專號》所載的〈東莞武山鄉支派源流〉亦提到相傳鄧符協精於堪輿，他於錦田住宅之址，甚至其先人之墓[38]都由符協公所卜，而有族中的堪輿學家認為：「吾族吉地固多，而甲科咸稱皆藉公墓丙向之蔭焉。」[39]，則族中弟子於科場成績卓越的表現除因鄧族擁有多塊福地，更有賴鄧符協遷移先人之墓，以庇蔭弟子的仕途。

各族對於子弟科考表現的重視更反映在其建築與信仰之中。位於元朗屏山上璋圍的聚星樓便是其一例，它是香港現在唯一現存的古塔，雖然興建年份眾說紛紜，但普遍認為是鄧氏家族第七世祖鄧彥通，於成化二十二年（1486年）興建。古塔呈六角形，以青磚砌成，共分為三層，每層皆有題辭，自上而下分別為「凌漢」、「聚星樓」以及「光射斗垣」。最底層供奉土地、二樓供奉關聖帝君，而最上層供奉文魁星[40]。根據《屏山故事》，前人將聚星樓的塔名刻於塔內第二層石楣上，理應亦是為了聚文魁星。文魁星對於古時的讀書人來說，是主宰文運，掌握功名的神祇。根據民間傳說，魁星一手持名冊，一手持毛筆，學子們相信魁星手持的筆專門用作點取科舉士子的名字，一旦自己的名字被魁星之筆點中，即可獲取功名[41]。由於「魁」字亦有「首」、「第一」的意思，因此每經所考取的頭一名稱之為「經魁」。在鄉試中，每

科的前五名必須分別是其中一經的「經魁」，故又稱「五經魁」或「五經魁首」。此外，科舉考試中，進士第一名稱狀元，也稱作「魁甲」；鄉試中，舉人第一名稱解元，也稱作「魁解」。聚星樓原建於河口，與后海灣相望，並與青山互相對應，功能其一為用以擋煞鎮災，然而從風水上看，亦有庇蔭族中子弟高中科舉之能[42]，從而得見鄧氏族人對科舉功名的重視。

前文所述的書室，大部分除了用作族中弟子上課之餘，亦作為祭祀祖先的祠堂，紀念族中有功的先人，亦富有傳承福蔭的意味。例如覲廷書室由鄧族第二十傳香泉公為紀念其父覲廷公[43]所建，於1870年代落成。書室屋脊上有不少桃李雕飾，有「滿門桃李」之喻[44]。書室內的陳設，斗拱及牆畫都由廣州及佛山聘來的工匠精心製造，並使用雕刻添加意義，例如祖龕前供案正面的木雕，刻上「甘羅拜相」，架樑駝墩上刻有「鳳儀亭」、「孔明收姜維」等，都是鼓勵族中子弟努力讀書，求取功名[45]。科舉考試制度廢除後，覲廷書室仍然作為族中子弟的學習場地。

據鄧族父老相傳，聚星樓與青山風水遙相配合，亦可護佑族中子弟在科舉中考取功名。

覲廷書室設立目的乃培養族中子弟考取科舉，晉身仕途，提升家族的社會地位。

「愈喬二公祠上有牌匾『翰林院庶吉士』。科舉年代，學而優則仕是讀書人夢寐以求的，成績好的，一朝高中，衣錦還鄉，光宗耀祖。當時科舉考試有縣試、鄉試、省試、殿試等，縣試每三年舉行兩次，及格稱為『生員』，習慣稱為秀才；鄉試由省級政府在各省省會於秋八月舉辦，由生員參加，錄取者稱為舉人；之後上京考會試，及格獲貢士銜頭；跟着考殿試，又稱廷試，取錄後稱為進士。進士成績最好的稱為狀元、榜眼、探花。以前有些皇帝很『醒目』，認為某人的文章很好，字跡優美，便把他欽點出來，不一定是狀元、榜眼、探花，但一定要是進士，受訓三年，教導他如何管理皇室事務，如何幫助國家，如何幫助皇帝，然後評審報告說他及格，給他一官職，便是庶吉士，即皇帝的左右手，這肯定是光宗耀祖，不然不會將牌匾放在這麼高的位置。」[46]

鄧蓉鏡為清同治年間翰林庶吉士，相當於現時大學研究生之水平，在當時傳統社會中屬於最高層次的士人，上為屏山愈喬二公祠懸掛的功名牌匾。鄧蓉鏡曾充國史館纂修官，後出任江西督糧道。

考取功名以光耀門楣是歷代學子畢生的宏願，成為進士更是無上光榮。香港最早記錄的進士是南宋年間的沙頭東涌人黃石[47]，但亦有人認為香港擁有進士銜頭最早出自鄧氏家族十七傳人鄧文蔚[48]。鄧文蔚於康熙二十四年乙丑科考取進士，獲中陸肯堂榜進士，授任為浙江衢州府龍遊縣知縣，然而上任不久便因病離世。

鄧文蔚在康熙年間建有鎮銳鋗鄧公祠，亦稱為「茂荊堂」，取其荊花正茂之意，現址為錦田北圍村。祠內懸掛有不少鄧族子弟的科甲牌匾。

> 同治十年十月奉
> 旨賞換花翎
> 臣鄧榮亮恭承

> 欽命
> 日講起居注官翰林院侍講提督廣東學政加三級紀錄八次
> 彭邦疇為貢元
> 嘉慶二十一年恩授第一名貢生鄧龍文立

> 巡撫廣東等處地方提督
> 兼理糧餉鹽法都察院右副都御史加一級
> 李士楨為進士
> 康熙乙丑科會試中式第六十六名鄧文蔚立

除了於各族宗祠內的科名牌匾，《新安縣志》亦同記載考獲功名、功德及其仕途。例如屏山的鄧通叟，《新安縣志》便記載其：

> 孝友端潔，才能素裕，於洪武十五年壬戌（公元1382年），應選科，入仕為寧國府學正。

以下為根據王齊樂的《香港中文教育發展史》載錄本土考獲功名的士人的例子[49]：

鄧炎龍，龍躍頭人，宋代寶祐六年（1258年）戊午科舉人，善於羣組詞賦。

鄧廷貞，錦田人，明代成化七年（1471年）辛卯科舉人，先任江西萬安縣教諭，後升任廣西藤縣知縣，但未任而卒。

江士元，清乾隆十九年（1754年）甲戌科獲中莊培因榜進士。

何靈運，清順治八年（1651年）辛卯科舉人，曾任廣東茂名縣教諭及惠州府學正，後升任國子監學正，並任兵部督捕事司務。

鄧興璋，清乾隆元年（1736年）丙辰科，鄉試以《書經》中式第二名，後任德州學正。乾隆十七年（1752年）壬申，赴京參加會試時去世。

鄧晃，字耀斯，清乾隆二十七年（1762年）壬午科舉人，曾任文岡書院講席。

侯倬雲，清乾隆五十三年（1788年）戊申科舉人，曾出任廣東靈山縣教諭。

廖有執，清嘉慶十二年（1807年）丁卯科舉人。生於乾隆五十一年（1786年），嘉慶八年（1803年）17歲時參加府試，得第二名。嘉慶十二年中舉，時年僅21歲，可謂科場得志。

廖汝翼，清道光二十九年（1849年）己酉科鄉試中舉，著有《周易集著》、《鳳山吟詩稿》、《珍帚軒詩稿》等。

明朝以後設有貢生制度，學子除了以往一級一級由生員、秀才考取功名獲取官職，成為貢生到國子監就讀則是另一途徑邁向官途。明朝貢生分為歲貢、選貢、恩貢和細貢、而清朝的貢生則分為歲貢、拔貢、恩貢、副貢、優貢和例貢。歲貢為各府、州、縣學政推薦及選送到京師國子監，品學兼優的廩生，大約兩至三年選一次。而當遇有皇帝登基或其他慶典，各州府學政亦可以除歲貢以外再推薦生員，名為恩貢。拔貢是指由朝廷在規定時間內選拔到國子監讀書的人。副貢則是鄉試卷中，文字極佳卻因額滿而未有被錄取的生員。優貢則是由地方教官保薦品學兼優的生員。例貢則是除了正途以外，讓富有人家的學子從捐納（或稱捐貢）一途，被選中入讀太學，成為生員，而視捐納者身分，再給予不同的名目，如准貢、廩貢、增貢、附貢等，只不過例貢一途往往被視為雜流。

下列貢生名稱舉隅：

姓 名	居住地	名 目	時 間
鄧良仕	錦田	歲貢	萬曆三十八年（1610年）
鄧湛露	龍躍頭	歲貢	明朝
何振麟	大埔	副貢	康熙二十九年（1690年）
鄧瓊賞	錦田	例貢	康熙年間
鄧肇基	龍躍頭	歲貢	雍正六年（1728年）
袁 鑒	羅湖	歲貢	雍正十三年（1735年）
鄧汝諧	錦田	例貢	雍正年間
廖士昌	上水	例貢	雍正年間
廖九我	上水	增生	雍正年間
鄧紹周	錦田	恩貢	乾隆元年（1736年）
鄧 炳	龍躍頭	歲貢	乾隆五年（1740年）
廖 鼇	上水	恩貢	乾隆十七年（1752年）
鄧宗樹	龍躍頭	歲貢	乾隆三十年（1765年）
文 敍	泰亨	恩貢	乾隆五十年（1785年）
江永材	大埔	歲貢	乾隆五十五年（1790年）
鄧輿璋	錦田	例貢	乾隆年間
鄧遇秀	錦田	例貢	乾隆年間
鄧遇紫	錦田	例貢	乾隆年間
鄧朝聘	錦田	例貢	乾隆年間
鄧 綱	龍躍頭	例貢	乾隆年間
鄧國韜	錦田	例貢	乾隆年間
鄧思謨	錦田	例貢	乾隆年間
鄧文鉉	龍躍頭	例貢	乾隆年間
鄧汝詠	錦田	例貢	乾隆年間
鄧文欽	龍躍頭	例貢	乾隆年間
鄧文鎬	龍躍頭	例貢	乾隆年間
鄧春魁	錦田	例貢	乾隆年間
鄧慶及	龍躍頭	例貢	乾隆年間
鄧 敢	龍躍頭	例貢	乾隆年間
鄧必魁	錦田	例貢	乾隆年間
鄧鳳書	錦田	例貢	乾隆年間
鄧枝芳	屏山	例貢	乾隆年間
鄧兆麟	屏山	例貢	乾隆年間
鄧龍文	錦田	例貢	乾隆年間
鄧喬錫	錦田	例貢	乾隆年間
鄧如琇	龍躍頭	例貢	乾隆年間
鄧拔魁	錦田	例貢	乾隆年間

觀廷書室與清暑軒通道上的功名牌，足見鄧族人才輩出。

坑尾村公園處於坑尾村前，當中豎立着屏山鄧氏的功名牌，以示昔日的顯赫。其中鄧松年為北洋醫院畢業被派往美國哈佛大學深造醫學博士的鄧族子弟。

（續表）

姓　名	居住地	名目	時　間
鄧廣緒	廈村	例貢	乾隆年間
鄧　招	廈村	例貢	乾隆年間
鄧　麟	屏山	增生	乾隆年間
鄧朝榮	錦田	增生	乾隆年間
李　麟	元朗	恩貢	嘉慶四年（1799年）
江鍾靈	大埔	拔貢	嘉慶六年（1801年）
鄧元捷	龍躍頭	例貢	嘉慶年間
鄧芝蘭	屏山	例貢	嘉慶年間
鄧啟新	新田	例貢	嘉慶年間
鄧大鏞	輞井	例貢	嘉慶年間
廖　鴻	上水	例貢	嘉慶年間
廖有容	上水	歲貢	道光二十年（1840年）
鄧翹嶽	屏山	歲貢	宣統二年（1910年）

資料來源：根據方駿、熊賢君，《香港教育通史》（香港：齡記出版有限公司，2008），頁40-41。王齊樂，《香港中文教育發展史》（香港：波文書局，1983），頁69-71。

本地一共出產了百多名貢生，清《新安縣誌》記錄了其中的52人[50]，當中接近八成來自鄧氏，儘管例貢被視為「雜流」，但亦有32名，反映了各族不遺餘力為子弟供書教學。從各貢生的名字，如良仕、朝聘、春魁、必魁、拔魁、元捷等亦見族人對其子弟考取科舉功名的冀盼。

五、廢除科舉以後

中國的科舉制度沿用了一千三百多年，清朝末年雖經多番改革，但終究不能挽救其頹勢，社會上要求教育現代化、推崇學校而廢除科舉的聲音此起彼落，最後光緒皇帝在1905年[51]下諭：「着即自丙午科（1906年）為始，所有鄉會試一律停止，各省歲科考試亦即停止。」然而下令以後，這一以試取生的制度卻也花上十多年才最終廢除。[52]科舉的考試任官制度除了影響中國一千三百多年，更影響鄰近東亞國家，如日本、朝鮮、越南、琉球等地的士人，而清末京師大學堂的美裔總教習丁韙良，也曾指出當時「英國、法國和美國正在發展的文官考試制度，是從中國借鑒而來。」[53]

清末廢科舉的前後，受到內地提倡教育現代化、本土西方教會學校的興學、社會對雙語人才的渴求，以及港英政府的補助政策影響，以致存在香港的書塾不少亦經歷

改革，如加入英文或數學或其他世俗課程，轉型為新式學堂，另外一些書塾如敬羅家塾改為啟智學校；二帝書院亦在二十世紀初改建為小學，提供新式教育。養正家塾更是第一間於1922年教授英語的政府津貼村校，設有地理和體育等現代課程。有不少的書室成功轉型，但亦有些私人辦學的塾館因科舉廢除而式微。

科舉廢除後直至二戰前後，除了加入新式的課程如數學、地理外，紅皮書如《三字經》、《千字文》，或《四書》、《五經》等仍是不少學生早年的蒙學讀物。

科舉廢除以後，以考試獲取官職的途徑中斷，然而各族仍然非常着緊族中子弟讀書與進修，不少子弟後來亦得以入讀香港的傳統名校。

在香港的一些祠堂中，除了懸掛先人的功名牌匾，族中子弟於科舉以後，於教育或職途上的成就，亦同樣刻成功名牌匾懸掛在族中的祠堂。例如在上水的廖萬石堂[54]，除了恭賀「兄弟科貢」的牌匾外，亦有紀念子弟對教育貢獻，以至大學畢業、軍階的牌匾：

潤琛家先生自一九五四年三月接任上水鄉鄉長以來舉辦地方福利興學育才
提倡文藝聯結不遺餘力聲譽因以日隆遂獲港府委任為
非官守太平紳士暨英廷頒最勳銜閭里與有榮焉茲以功成告退鄉人
交推為永遠鄉長謹綴數言以示景仰望重枌榆
上水鄉全體鄉民敬贈　一九七四年十二月廿二日

上水村族長廖瑞祥　為文學士
一九六一年香港大學弍級甲等名譽文學士廖慶齊立

中華民國十三年九月吉日立
陸軍中將
湘芸

養正家塾位於荔景山路的九華徑舊村,這所書塾乃於1922年時教授英語的政府津貼村校之一,並設有地理和體育等現代課程,在當時可説是相當「新潮」。

西貢沙角尾村育賢書室創校於1928年,由當地居民及華僑籌辦,曾為區內兒童提供學習機會,教授「支支齋」,至1971年改為西貢中業分教處。

註：

1　汪洙，北宋時人，字德溫，慶元府鄞縣人，年少時被稱為「神童」，宋哲宗元符三年（1100年）登進士，曾任明州府學教授，官至正奉大夫，觀文殿學士。汪洙嘗作《神童詩》，後世又稱《汪神童詩》，流傳極廣，與《三字經》並稱。

2　「九品中正制」又稱為九品官人法，是魏晉南北朝時期中央政府的一種官員選拔制度，是兩漢時期察舉制度的延伸。中正官將以品德、家世、才能作評鑒標準，推薦有能之士出任官位。

3　甘丹，〈1300年科舉 一場千秋大考〉，新京報主編，《科舉百年：科舉，現代教育與文官制度的歷史審察》（北京：同心出版社，2006），頁3-5。

4　所謂的正途便是從生員、秀才，歷經院試、歲試、鄉試、會試、殿試等考取功名以獲官職。

5　童生亦即文童，在科舉年代，凡未獲得秀才資格，但以應舉業的讀書人，不論年齡大小，統稱童生。由於明清時期，應考科舉須學《四書》、《五經》，因此有時童生亦稱為儒生。

6　廣東新安縣區原稱寶安縣，明朝萬曆元年將以往屬於寶安東莞縣的南部地區拆出成為新安縣。但民國三年（1914年）時，由於新安縣因為跟河南省的新安縣的名字相同，易令人混淆，故再次改回到原名「寶安縣」。

7　當時稱為「貢院」。

8　陸鴻基，《從榕樹下到電腦前：香港教育的故事》（香港：進一步多媒體有限公司，2003）。

9　狀元多指科舉考試進士科殿試第一名，但個別朝代稍有變化，如唐代明經科第一名也稱為狀元，而北宋進士科有時第二、三名，亦稱為狀元。

10　「考試必由學校」的規定早在唐天寶年間、宋慶曆年間及徽宗時，曾一度實行過，但作為一代之制，是明代才開始有的規定。

11　王德昭，〈科舉制度下的教育〉，《清代科舉制度研究》（香港：中文大學出版社，1982）。

12　劉海峰、李兵著，〈儲才以應科目〉，《學優則仕：教育與科舉》（長春：長春出版社，2004），頁187。

13　吳倫霓霞，〈教育的回顧（上篇）〉，王賡武主編，《香港史新編》（香港：三聯書店（香港）有限公司，1997），頁417-461。

14　王齊樂，《香港中文教育發展史》（香港：波文書局，1983）。

15　郭齊家編，《中國古代的學校和書院》（北京：北京科學出版社，1995），頁123。

16　覲廷書室乃屏山鄧族廿二世祖鄧香泉為紀念其父鄧覲廷而興建，述卿書室由鄧述卿的兒子鄧均石秀才所修築。

17　清代時期這四所書院合稱廣東四大書院。

18　由鄧族文士組成的「鄧二帝會」倡議建立，內供文昌帝和關帝神像，二帝書院對面為鄧權軒於乾隆四十年（1775年）所建的沘流園，內有父子登科的牌匾，紀念父鄧鳴鸞及子鄧廷柱先後中舉。

19　王齊樂，《香港中文教育發展史》（香港：波文書局，1983），頁199。

20　陸氏指出這些為宗族子弟而建的書室可是十分排拒與歧視非其族裔的人士。早在十八世紀初，雍正皇帝便下令免除蜑家人「賤民」的身份，容許他們參與科舉，但地方上的村民與不允許蜑家人的兒子進入學校讀書。他指出在大埔汀角的一座廟的兩塊石碑中，一塊刻上「此碑上無名，子孫世世不得在此讀書」，而另一塊碑列出鄰近海艇戶蜑家捐款姓名，卻沒有關於讀書權的話。換言之，蜑家人捐了錢可以在這廟拜神，但送兒子入學卻是沒有資格。引自陸鴻基，《從榕樹下到電腦前：香港教育的故事》（香港：進一步多媒體有限公司，2003），頁24。

21　余繩武、劉存寬編，《十九世紀的香港》（香港：麒麟書業有限公司，1994）。

22　當時的香港人口大體由本地廣州、福佬、客家三部分人組成。

23　陸鴻基，《從榕樹下到電腦前：香港教育的故事》（香港：進一步多媒體有限公司，2003）。

24　同上註。

25　有才德而隱居不願做官的人，後來泛指沒有做過官的讀書人。

26　陸鴻基，《從榕樹下到電腦前：香港教育的故事》（香港：進一步多媒體有限公司，2003），頁21。

27　吳倫霓霞，〈教育的回顧（上篇）〉，王賡武主編，《香港史新編》（香港：三聯書店（香港）有限公司，1997），頁423。

28　郭齊家編，《中國古代的學校和書院》（北京：北京科學出版社），頁125。

29　舊時送給老師的酬金：十條臘肉，是孔子規定的拜師禮。

30　清代著名的學者鄭板橋，於早年家貧時曾當過蒙師，亦以詩自嘲「教讀原來是下流，傍人門戶過春秋」。

31　Sweeting, Anthony, 1990. *Education in Hong Kong, Pre-1841 to 1941*, Hong Kong University Press, p. 87.

32　即科舉考試及格，明史選舉志：「三年大比，以諸生試之直省，曰鄉試，中式者為舉人。」

33　陸鴻基，《從榕樹下到電腦前：香港教育的故事》（香港：進一步多媒體有限公司，2003）。

34　清朝時期不少廟宇也是學生上課的地方。

35　陸鴻基，《從榕樹下到電腦前：香港教育的故事》（香港：進一步多媒體有限公司，2003），頁23-24；陸鴻基等，《香港碑銘彙編》（一）（香港：市政局，1986），頁45-47。

36　清初時，香港區屬於廣東省廣州府新安縣。

37　王齊樂，〈第二章 香港的前代教育〉，《香港中文教育發展史》（香港：波文書局，1983），頁36-37。

38　錦田陽屬符協公自卜：「因奉漢戴公與安人秦氏合葬於土名程山坑，卯乙向之原。……二世祖冠，宋貢元，乃漢戴公長子也。……姚詹氏，……公與孺人合葬元朗後水門山，甲寅向之原，其形肖金鐘覆地。……此亦符協公所卜。……三世祖旭，宋封君，乃冤公之子也。原配安人廖氏，續娶葉氏。……封君與二安人合葬于土名淺灣曹公潭，丙向之烈，其地喝形七星伴月，……此地亦係符協公所卜。故堪輿學家言「吾族吉地固多，而甲科咸稱皆藉公墓丙向之

蔭焉。」載於《南陽半年刊族譜專號》〈東莞武山鄉支派源流〉。

39　羅香林、莫秀馨、張月娥、許劍冰、胡潔榆、龔春賢，《一八四二年以前之香港及對外交通——香港前代史》（香港：中國學社，中華民國52年6月），頁201。

40　爾東，〈聚星樓〉，《追尋新界古蹟》（香港：明報出版社有限公司，2008），頁106-107。

41　鄧昌宇、彭淑敏、區志堅等編著，《屏山故事》（香港：中華書局（香港）有限公司，2012），頁56-57。

42　嚴瑞源，《新界宗族文化之旅》（香港：萬里書店，2005），頁105。

43　鄧覲廷，名朝聘，字勳猷，道光十七年（1837）中舉。

44　同上註，頁102-103。

45　鄧昌宇編著，《屏山故事》（香港：中華書局（香港）有限公司，2012），頁78。

46　鄧昆池訪問片段，2012年8月21日。鄧昆池為屏山鄧族第25代傳人。1930年代出生，於達德公所及元朗官立小學就讀，其後升讀元朗官立中學，旋考入崇基學院，後又轉台灣大學農務系。大學畢業後，鄧昆池入職漁農署任農林督察，直至退休。

47　根據《念恭堂黃氏家乘》記載，黃石為沙頭東涌（近今日深圳福田區）人，在宋理宗淳祐十二年（1252年）中舉，七年後，於開慶元年（1259年）登進士，初任梅州程鄉主簿。由於沙頭涌位於沙頭角，即今深圳福田地區，故有認為非最早出自香港的進士。

48　方駿、熊賢君編，《香港教育通史》（香港：齡記出版有限公司，2008），頁41。

49　王齊樂，《香港中文教育發展史》（香港：波文書局，1983），頁74-76。

50　方駿、熊賢君編，《香港教育通史》（香港：齡記出版有限公司，2008），頁41。

51　1905年（光緒三十一年）8月4日。

52　楊智磊、王興亞編，〈第十一章　清代後期考試管理的變革〉，《中國考試管理制度史》（鄭州：中州古籍出版社，2007），頁703-708。

53　Martin, W. A. P., c. 1896. *A Cycle of Cathay; or China, South & North, with Personal Reminiscences.* New York: Fleming H. Revell, Ch.2, pp. 42-43.

54　位於上水的廖萬石堂是廖族最大的祠堂，建於1751年（乾隆十六年）。因為廖氏遠祖廖剛及其四名兒子曾先後在北宋時出任高官，俸祿合共一萬石而得名。後人將其祖祠命名為廖萬石堂。堂中的配賢祠，安奉中舉有功名祖先的神位。

第三章

公開評核的濫觴

輔翼書館與補助學校的資助

引 言

　　香港開埠初期，港英政府對教育採取自由與放任的態度，只是鼓勵教會及私人辦學。西方傳教士來港，承襲西方傳統的教會學校成為另類主流，從1842年到1859年先後開辦不下十多所，除了馬禮遜學堂與英華學校外，還有聖保羅書院、英童學校等。然而，這些教會學校在開創之時面對很大的挑戰，它們得不到華人支持，有些家長甚至對之抗拒、排擠。隨着洋行與華資商行紛紛成立與發展，雙語人才甚為渴求，教會學校由西洋教士辦學，英文教學便成為這些學校的一大優勢。大部分入讀教會學校的學生，無疑為期望自己將來能於政府或洋行謀得優差，大多學懂了英文，便離開學校到洋行或政府找工作。

　　史劍域（Frederick Stewart）早於1871年提出《補助書館計劃》（Grant-in-aid Scheme）的草案，但當時的計劃只限於資助沒有宗教課程的書館，旨在配合英國教育世俗化。視學官[1]在視察書館時，對於某些項目如教學方法、校舍、點名冊的記錄、分班安排、紀律等表現不達標，書館的補助金亦會因而減少；而學校選用的課本必須充分涵蓋將會被考核世俗教育課程的內容。計劃實施以後，視學官會到訪所有參與計劃的學校，除了常規視察，亦會進行年度考試，按學生的及格率頒發資助。

　　這些年度考試，雖旨於考核書館運作的表現而定其資助金額，但其中部分評核項目仍是評估學生的學習表現，由於書館的補助取決於學生的考試成績，因而機械式的操練，往往成為他們日常上課的主要活動，為了令成績較弱的學生亦能通過視學官的考試，有些書館會集中「操練」學生，以求達標，這與今天的公開試相比較，實在不遑多讓，是以當年資助計劃內的考核可說是今天公開試的濫觴。

一、 早年重商而輕教育的英國傳統

清政府於鴉片戰爭戰敗，1842年簽訂《南京條約》，將香港島割讓予英國，但其實早在十八世紀初期，英國船舶已在香港水域活動。開埠後，香港政府只關心設置管治機構、建立殖民統治秩序、修築辦公房舍，以及開山闢路等，以拓展貿易。早在1841年，當時擔任駐華商務總監的義律（Admiral Sir Charles Elliot）與英軍司令伯麥（James John Gordon Bremer）為了鼓勵商業發展，聯名發表文告，宣佈在港的華商財產將得到英國政府的保護，允許商船自由進出香港，並保證任何中國船隻進入香港時都不需要向英國政府繳納關稅，藉以奠定了香港作為自由貿易港的地位。[2]除此之外，義律亦在維多利亞灣劃出40幅地段，各以底價10英磅公開拍賣，當時投中的英商中，有渣甸洋行（Jardine Matheson & Co.）、顛地洋行（Dent & Co.）、林賽洋行（Lindsay & Co.）和端拿洋行（Turner & Co.）等。[3]由於當局為商人提供了經商貿易的有利條件，「淘金者」紛紛湧進香港，到了1843年，香港已經有十二家大商行，印度人開設的大商行也有六家，其餘的商行有十多家，可見政府對商貿大開方便之門，因而亦有人將香港政府稱為「商業政府」。[4]

早年殖民地政府大舉興建與拓展與商業有關的活動及基建，而對於在殖民地興辦學校或教育事宜相對來說並不熱心。[5]方美賢在其《香港早期教育發展史》中，將本土的早期教育發展分為五個時期，她將1842年至1859年的期間稱之為香港教育的植根時期。她指出香港開埠初期，教育的發展呈「不顯著及緩慢狀態」，政府對教育採取自由放任（laissez-faire）的態度，因此並沒有在香港設立「國家教育」（State Education）的制度，只是鼓勵教會及私人辦學。[6]

二、十九世紀香港的教會學校

十九世紀英國的教育狀況與當時香港的相當接近，尤其在初等教育方面。當時有機會接受教育的中國兒童，大都在書室、祠堂或由慈善團體捐獻的義學內上課；而在英國普遍能夠支持廉宜學費的家庭，亦會讓孩子在老婦人主辦的家庭小學（Dame School）或一些找不到工作或身體殘障的人辦理的私立學校上課。上流階級家庭的英國孩子，跟中國富有家庭的子弟一樣，他們會先在家跟隨保姆或家庭教師學習，到他們年紀稍長就送到寄宿學校。[7]由是觀之，十九世紀中英兩國的統治階層，均未視教育為國家的公共事業，大多將教育交由私人慈善團體或教會興辦。

開埠早年香港的辦學情況，主要仍為書塾與書院等傳統中式教育。隨着香港成為英國殖民地以後西方傳教士來港辦學者漸增，承襲西方傳統的教會學校亦成為另一類辦學主流。今日為數不少歷史悠久的教會學校都成為培養男、女精英的集中地。然而，當時社會上對教育理念不時有着不同的意見，華人家長對這些教會學校多予抗拒及排擠，而教會與政府對這些學校在經濟上的支持亦不足夠，使這些學校辦學之路極為崎嶇，有些數年後便要結束營辦。[8]儘管如此，這些教會學校始終為香港開啟新式教育之門，培養出香港最早留學西方的華人精英。

香港教育史上第一所新式學校是馬禮遜教育協會（Morrison Education Society）[9]創辦的馬禮遜學堂，又名馬禮遜紀念學堂，於1839年11月1日在澳門創建，4日正式上課，第一屆共招收6名男生，有「中國留學生之父」之稱的容閎[10]是其中一員。鴉片戰爭後，香港成為英國的殖民地，而馬禮遜教育協會認為，被英國佔領的香港，正好為擴張傳教計劃「提供特別適合的機會」，以及「順利實現其意圖提供保護的地方」，因此決定將學堂遷往香港。[11]馬禮遜教育協會會長顛地（Lancelot Dent）去信港督砵典乍（Sir Henry Pottinger, Bt, GCB）尋求資助，很快便獲答允，砵典乍認為西方傳教士來港辦學有利英國對香港的長期統治，因而全力支持馬禮遜教育協會的辦學計劃，允許馬禮遜教育協會成為社會公益事業團體，以便較易獲得政府經常性的資助。[12]香港政府將位於港島東區的小山撥予該會興建學堂，並將小山冠名「馬禮遜山」，亦即現今的「摩里臣山」。馬禮遜學堂在1842年11月1日正式由澳門遷港，開辦的課程包括英文、中文兩種。西學課程有英文、地理、歷史、算術、代數、幾何、初等機械學、生理學、音樂等，1846年還曾開辦化學課。西學課程全採用英文課本，用英語教學。中文科包括《四書》、《易經》、《詩經》、《書經》等中國傳統經學。然而隨着砵典乍離任，加上馬禮遜教育協會與倫敦傳道會於辦學理念方面出現矛盾，學堂失去政府的支持，卒於1849年結束。

另外一所於鴉片戰爭後遷港的教會學校，是1818年由馬禮遜教士於馬六甲（Malacca）創建的英華書院，它於1843年末遷港。雖然英華書院是由倫敦傳道會（London Missionary Society）的傳教士所辦，但它的辦學理念亦考慮到當時港口地區商業、貿易、外交、教育等世俗領域對具有中、西學知識人才的需要，因而開設大量世俗課程，培養社會急需的雙語人才，以配合香港的發展。[13]理雅各的原意乃將英華學校打造成為華人地區的一所高等學府，但因為得不到洋貿公司與政府的支持而擱置計劃。後來英華書院為了得到倫敦傳道會的經濟支援，一度易名為「英華神學院」，

以培養華人傳教士和以訓練教會工作人員為辦學宗旨，但由於願意成為傳道人的華人學生甚少，生源出現問題，因而再變回英華書院，但最後於1856年，學院因收生不足和經費困乏，被迫結束。[14]

後人讚揚馬禮遜學堂及英華學校為香港培養了留學西方的華人精英，並將西方教育模式帶入香港，但是，普遍來說，當時的教會學校不太受華人歡迎。開埠初年在華辦學的西方教會學校常面對生源緊張的問題。由英美傳教士開辦的教會學校從1842年到1859年先後開辦不下十多所，除了馬禮遜學堂與英華學校外，還有聖保羅書院、英童學校等。儘管香港人口按年增加，但這些教會學校的學生人數，包括兼收女生或另設女學在內，最多也只不過三、四十名，最少的只得十多名，學校的規格跟當時中式的書塾差不多。1859年，這些由基督教教會營辦的學校亦只餘下三數所。撇除當時天災與瘟疫造成大量人口死亡與遷移等因素，早年教會學校生源緊絀，主要是由於除基督徒的子女以外，就只有窮苦家庭的子弟入讀。這些教會學校大多都不收學費或膳宿費，有的甚至供給衣服、路費等，對於不能支付塾師學費的華人家庭來說，確實有一定的吸引力。鑒於十九世紀中葉後，中國與歐洲列強成對峙局面，華人盡量避免與洋人接觸，又或根本不接受西方思想，有些家庭寧可將孩子留在家中，都不願將他們送到免費的教會學校受教育[15]。至於富有家庭，父母會將孩子送到內地較著名的書院就讀，因為「讀書中舉以耀門楣」的心態仍是當時大部分在港華人的思想，是以當時以傳教以及培養華人傳道人作為辦學目的的教會學校，並不受居港普羅大眾的歡迎。[16]

隨着洋行與華資商行紛紛成立與發展，雙語人才甚為渴求，英語成為找「筍」工的籌碼，由於教會學校由西洋教士辦學，英文教學便成為這些學校的一大優勢。入讀教會學校的學生多為學習英語而來，期望自己學成後能於政府或洋行謀得優差，因此大多到學校來學習英文，到在洋行或政府找到工作後便立即離開學校，不繼續學習[17]，使在教會學校完成訓練出來從事傳教的學生少之又少，這令教會不滿，因而削減，甚至撤回資助。[18]

再者，當時不少由教會學校開辦的女學受到華人社會大力的排斥及抗拒，除了受到「女子無才必是德」的中國傳統思想影響外，當時擔任視學官的歐德理（E. J. Eitel）於致輔政司史釗域的信函中提到，某教會所興辦的女子訓練學校的女學生，離校後都成為「涉外婚婦」（kept mistress）[19]，學校因而惹來非議，以致女學被迫暫停，亦令當時的社會間接相信學習英語會令女兒變得媚外，敗壞傳統倫理的道德，因此大部分的華人都不希望自己的女兒接受西方教育。[20]

三、公共教育的萌芽與發展：皇家書館與《補助書館計劃》

開埠初年，港英政府對教育的參與是僅提供少額的捐助。1845年，當時擔任中文秘書（華民政務官）的郭士立（Karl Friedrich August Gutzlaff）[21]建議政府向每所私塾撥款10元。1846年，英國殖民地常務次長史提芬爵士（Sir James Stephen）認為能滿足所訂條件的中文學塾都可以酌情得到資助，而條件包括「資助要求適度的」、「沒有宗派爭論發生的」、「沒有任何偶像崇拜偏見的」，以及「獲當時第二任港督兼學者戴維斯（Sir John Francis Davis）信任的」。當時一共有三所學校獲得政府的資助。不過，這三所學校皆有基督宗教教育元素。雖然基於《南京條約》規定，英國人不得干涉華人的傳統習慣與信仰，但根據當時政府批准補助的方式來看，還是在乎香港的中國兒童能否從教育獲得基督教的知識與教義。[22]

港督戴維斯在1847年11月成立教育調查小組，調查有關維多利亞城、赤柱、香港仔三處地方的中文學塾的辦學情況，而在12月的《政府憲報》中公告，在以上三個地方各選一所管理成績較好的中文學塾，給予每校每月10元的資助[23]，教育調查小組當時亦建議政府成立教育委員會（The Education Committee）[24]，監管這些受補助的學塾，以防止學塾不恰當地運用這些資金，而受資助學校的教師亦必須向委員會呈報學生的姓名和數目，以及其資助的情況；委員會亦會定期派遣視學官，觀察學校辦學的優劣，以決定政府是否會繼續給予資助。這三所中文學塾無疑成為政府在教育補助政策方面的試點，開創輔翼學校的先河以及政府管理教育的先例，標誌着香港公共教育制度的萌芽。[25]

直到1851年，接受政府資助的學塾一共只有5所，政府用於公共教育的開支比例仍舊是非常低，1854年寶靈爵士（Sir John Bowring）擔任總督時，在寫給政府的文件中提到：「政府撥給警察的費用是8,620鎊，比對之下，教育的開支，卻只有120鎊」[26]，這令港督決心推動香港的教育事業，在他任內，受資助的中文塾館由5間增至19間；學生的出席人數，也由102人增至男生873名、女生64名，而每年的教育經費更升近十倍，增至1,200鎊。[27]

當時教育委員會亦建議將香港政府所資助的學校，完全收歸政府直接管理，而這些受資助的中文塾館亦改名為「皇家書館」或「國家義學」，成為本港史上最早一批的官立學校，及後皇家書館和學生的數目亦按年有所增加。

四、《補助書館計劃》與輔翼書館的年度考試

1862年，史劍域（Frederick Stewart）抵達香港，接替德籍牧師羅存德（Rev. Wilhelm Lobscheid）擔任皇家書館的視學官（Inspector of School）。[28]視學官每月到訪不同的皇家書館視察其狀況，並撰寫視學報告，交代學生的學習情況、學校的營辦與運作情況、評鑒教師的教學質素以及提出建議。剛開始時史劍域須視察16所分佈在港島不同地區的學校，有些書館較為偏僻，需攀山涉水才能到達。因此翌年他將常規視察的學校數目減至5所。但自1861年，九龍成為英國殖民地後，他視察的學校範圍亦延伸至九龍半島，包括兩所位於馬頭涌與旺角的書館，以及在1869年加入紅磡與土瓜灣的書館。[29]史劍域在1865年成為香港教育司署的首任署長，帶領本土教育進入現代化的階段，因此後人亦稱他為「公立教育之父」。史劍域在任期間，將政府的教育資源集中，創立中央書院，並擔任中央書院的校長，實施中英文課程並重的雙軌學制，加入自然科學、物理、幾何、政治經濟等現代西方科目，培訓接受新式教育的雙語人才。史劍域在任期間草擬並推行《補助書館條例》，將現代化的辦學與管理模式帶入受政府補助的學校內，監管書館的運用，提升其辦學質素。政府的資助計劃直接鼓勵民間團體與教會積極辦學，由於教會辦學向來有學費減免，甚至提供食物或衣物予貧窮家庭的孩子，使得父母較為願意將孩子送到這些補助學校，就學的兒童數目得以上升。

補助書館亦稱為「輔翼書館」或「輔翼學校」。史劍域早於1871年提出《補助書館計劃》（Grant-in-aid Scheme）的草案，但當時的計劃只限於資助沒有宗教課程的書館，旨在配合英國教育世俗化，然而該限制引起教會學校極大的反響，掌管天主教與新教學校的神父或傳道者認為，不少書塾使用的漢文課本如《千字文》、《三字經》等，同樣蘊含傳統道教或儒家思想的道德教誨，因此單單以沒有教授宗教科目為準則的資助條件，對基督宗教背景的學校並不公平，因此最後仍准許學校在課餘時間教授宗教科目。[30]當時基督新教的學校大多接受此修改之建議，但天主教在原則上仍然表示反對，大多不願接受政府的資助。[31]史劍域在1873年再次提交議案，並於同年4月24日獲得立法局批准實施。

《補助書館計劃》當時以「社會契約」（civil contracts）的方式推出，而非教育法例，因此並不要求所有學校參加，但對於一些希望獲得政府資助的學校而言，則需要遵守計劃的守則。[32]

根據1873年4月26日刊登在《香港轅門報》（*Hong Kong Gazette*）的〈輔翼獎賞規條〉一公告中，政府對某一書館在發放補助之前，受補助書館必須符合以下條件：

(a) 書館必須為初等的公眾義學（public elementary school）；

(b) 書館非為個人經營（private emolument），並以不牟利為目的；

(c) 校舍的衛生設備良好、光線充足、空氣流通，有足夠的室內空間容納學童；

(d) 掌教（教師）必須「稱職」；

(e) 平均出席的學生人數不得少於20人；

(f) 每日世俗科目的授課時間不得少於4小時；

(g) 學童名冊須詳細記錄及小心保管，並維持良好的紀律；

(h) 書館須有清晰的分班架構，並依照既定時間表上課。[33]

假如視學官[34]（Inspector）在視察書館時，對於該校在教學方法、校舍、點名冊的記錄、分班安排、紀律等方面認為不合乎水準時，書館的補助金將會每項遞減5%。有鑒於英國本土以及延伸至香港有關宗教與世俗教育的糾紛，因此輔翼獎賞規條中亦列明，政府將不會干預書館的宗教背景及宗教指導的課時，只是宗教指導的課時必須安排在規條限定4小時世俗科目的以外。政府對於聘請老師的準則、書館採用的課本，以及書寫的方式不會作任何干預，但學校選用的課本必須充分涵蓋將會被考核世俗教育課程的內容。計劃實施以後，視學官將會到訪所有參與計劃的學校，除了常規視導，亦會進行年度考試，按學生的及格率頒發資助。然而，有鑒於香港當時不同階級的華洋學童的教育需要，計劃亦依書館的種類分為五種資助組別：

第一組：中文教育的書館；

第二組：中文教育而附有英文教育的書館；

第三組：西式教育的中文書館；

第四組：西式教育的任何歐洲語文書館；

第五組：西式教育的任何歐洲語文而附有中文科的書館。

資助金額因書館的組別、科目、級別而有所不同。考核科目的數目隨年級增加，範圍亦逐年擴闊。以第二組中文教育而附有英文教育的書館為例，第一年只考漢文，考試範圍包括閱讀和朗讀，書館採用首本中文課本的其中一篇、默寫同一書內五個常用詞，以及背誦同一書內一篇課文，每名及格學童將獲兩元資助。翌年除了漢文考試

的程度與資助金額增加以外，亦加入英文課程。考試範圍包括英文閱讀，即朗讀書館採用首本英文課本中其中一句短句，並用中文解釋其中數個字詞，並考英文書寫，在同一書中默寫其中一句短句。亦會考核英文習字，但學童必須於另外兩項英文考試中獲得及格的成績，否則此項將不被計算，及格學童每名可獲4.5元，資助之金額與課程餘此類推。第三至五類組別之學校，初小的基本課程除語文外，亦包括算術。不同組別的書館到四、五、六年級以後，則增加不同的必修科目，如地理[35]、自然科學、歷史等。根據《補助書館計劃》第二十二條，來自第三、四、五組書館的第四、五、六年級的學童，亦可以考核以下一個或多個科目：代數（Alegbra）、幾何（Geometry）、自然地理（Physical Geography）、自然科學（Natural Sciences）等，假如學童考試及格，政府亦會給予資助，只是報考之前，學校必須證明學童已獲有充足的教導。計劃第二十七條中亦指出，任何級別的女校，凡設有簡易針黹（plain needlework）的課程，亦能從考試中獲得補助，表現普通的獲一元，優良的有二元。

五、「依考試成績頒發獎金」的起源——十九世紀英國《教育修正法案》

《補助書館計劃》各項細則與規定，尤其是「依考試成績頒發獎金」（payment by result）這制度基本上以英國1867年修訂、1871年實施的《教育修正法案》（*Revised Code*）為藍本。英國率先在1862年推行《教育修正法案》，其一目的當然是希望將教育普及至各社會階層。然而，面對日益龐大的教育開支[36]，以及克里米亞戰爭（Crimean War）的沉重負擔，英國國庫面臨財政緊縮的壓力。因此《教育修正法案》的主要目的，將教育普及的同時，亦肩負減低公共教育開支的責任。[37]

英國議會自1833年撥出第一筆總額20,000英鎊的教育撥款後，公共教育開支持續上升。直到1849年，教育開支接近110,000英鎊，至1858年，近十年間，教育開支的數字翻了六倍，撥款總額高達670,000英鎊，令到教育開支成為當時英國政府最龐大的公共開支[38]。因此，英國中央政府在1858年委託紐卡素公爵（Duke of Newcastle）成立一個皇家調查委員會，名為「紐卡素委員會」（Newcastle Commission），研究當時教育開支的成效，以及國家普及教育的概況。委員會在1861年提交研究報告，名為《皇家委員會英國普及教育概況報告書》（*Report of Royal Commission on the State of Popular Education in England*），報告書的第六項重新提出一個在歷史上多次推行的「按考試成績頒發獎金」資助原則[39]，每一個在初等學校就學的學童，只要通過考核閱讀、寫

作以及算術，即合稱「3R」[40]的考試，便可以獲得國家的資助。

當時，身任樞密院副院長兼教育署署長的是Robert Lowe，他任內的主要任務便是有效控制教育開支，以及保證巨額的教育資金能用得其所。Lowe對於紐卡素委員會提交的報告書，有關「按考試成績頒發資助獎金」的建議甚為贊同，因此在草擬《教育修正法案》時，多番參考了報告書的建議，最主要是將「按考試成績頒發獎金」的原則作為初等學校的資助條件。在「按成績頒發資助」的制度實施以前，資助發放的金額主要取決於皇家視學官的視學報告，而Lowe認為視學官的視學報告只能評鑒老師的教學質素與方式，並不能有效地量度學生的學習成果，因此難以衡量國家所投放的教育資源的效果，反之而言，考試的方式就是最直接地反映與量度學生的學習效果以及學校辦學的質素。Lowe亦斷言反對每個老師應獲得相同水平的薪水，更提出「以考試成績作為頒發資助」的方式，學生成績直接與教師的薪金掛鉤，懶惰或教學質量欠奉的老師，將在經濟資源上受到懲罰。Lowe在1862年2月13日在下議院為《教育修正法案》護航時曾說：

> 我不能向下議院諸君保證，這定必是一個實惠的法案，然而我能保證它定必能達到某一目的：假若它不廉宜，它定必是有效的，假若它並不那麼有效，至少它很廉宜。而現行的制度兩樣都做不了⋯⋯我不敢說實際的資助總額是多少，但我肯定公眾會認為資金的運用是物有所值的[41]。

《教育修正法案》在1862年5月9日正式頒佈。主要的資助準則基於學生的出席率與考試成績。每個學生出席率不少於200天（早或午課），將獲4先令；通過「3R」考試獲8先令，不及格則每科扣2.8先令，資助金額四分之一為老師的薪金，另四分之三用作學校的營運開支。雖然考試方式取代了視學報告作為發放資金的準則，然而，考試人員依然由皇家視學專員（Her Majesty's Inspectors, HMIs）擔任。皇家視學專員每年都會到每所學校，評核學生於閱讀、寫作及算術方面的能力。「3R」考試共分為六個不同程度，旨在保證學童在七至十多歲的在學年齡中，都能獲取足以應付人生未來的基礎學術能力。每年視學官都會到每一間受補助的學校進行考試，每位學童有一次考試機會，學童必須通過前一個程度才可以晉升，考取高一級的考試。其他審批資助的項目與規定包括：學校設備、校長資歷、有否妥善收藏校錄日誌、為女生提供針線課等，但資助金額主要仍是着重於學童的出席率與考試成績。

Lowe決意將資助科目限制在3R的概念，早見於他在1859年至1860年度的教育報

TABLE 2 *Revised Code, Clause 48*

Cl. 48	Standard I	Standard II	Standard III	Standard IV	Standard V	Standard VI
Reading	Narrative in monosyllables.	One of the Narratives next in order after monosyllables in an elementary reading book used in the school.	A short paragraph from an elementary reading book used in the school.	A short paragraph from a more advanced reading book used in the school.	A few lines of poetry from a more advanced reading book used in the first class of the school.	A short ordinary paragraph in a newspaper, or other modern narrative.
Writing	Form on blackboard or slate, from dictation, letters, capital and small manuscript.	Copy in manuscript character a line of print.	A sentence from the same paragraph, slowly read once and then dictated in single words.	A sentence slowly dictated once by a few words at a time, from the same book, but not from the paragraph read.	A sentence slowly dictated once by a few words at a time, from a reading book used in the first class of the school.	Another short ordinary paragraph in a newspaper, or other modern narrative, slowly dictated once by a few words at a time.
Arithmetic	Form on blackboard or slate, from dictation, figures up to 20; name at sight figures up to 20; add and subtract figures up to 10; orally from examples on blackboard.	A sum in simple addition or subtraction and the multiplication table.	A sum in any simple rule as far as short division (inclusive).	A sum in compound rules (money).	A sum in compound rules (common weights and measures).	A sum in practice or bills of parcels.

Source: *Report of Committee of Council on Education 1861–2, the Revised Code,* p. xiii.

1862年英國《教育修正法案》第四十八條款六個級別的3R考試範圍。

告（*Report of Committee of Council on Education*）。他在報告中指出，初等日校的首要功能是培養學生閱讀（read）、寫作（write）及計算（cipher）的能力，因為這些能力是學習一切知識的基礎。同時，教育普及與受惠的階層主要是勞工階級的孩子，而Lowe無意使教育成為提高勞工階級孩子的階級流動工具，縱使這論點為後人所詬病，但Lowe堅持若教育須改革，重點則在於增加受教育學童的數目，降低文盲率，而非着重學童受教育的過程與質素。Lowe在國會的辯論發言中，清楚表達當時推行普及教育的態度：

> 當孩子11歲離校時，他懂得閱讀、寫、及計算，難道這還不足夠嗎？不要忘記這制度是為不用付學費的孩子而設，我們這制度並非專門提升其事業發展，這非我們的原意，我們提供的只是切合其將來工作需要的教育，因此我們必須仔細審視在這個制度下受教育的人的階級位置[42]。

然而，單單將考核的科目限制在「3R」，卻帶來非Lowe所願見到的惡果。不少學校或老師為了鞏固資助的金額，因而只開辦獲得資助的「3R」科目，其他科目包括科學、地理、歷史，甚至宗教等[43]，都因為不受資助而減少課時，甚至不開科，刻意

簡化初等教育的課程，學生知識接收的層面亦因而縮窄。另外，學校的資助金額因取決於學生的3R的考試成績，對於學生而言，機械式的操練或學習3R的考核範圍，成為他們日常上課的主要活動。為了令到成績較弱的學生亦能通過視學官的考試，有些學校過分集中鞭策處於及格邊緣的學生，而忽略栽培能力條件較佳的學生，埋沒了他們發揮潛能的機會；亦有一些學校，在入學試中淘汰一些能力條件較弱的學生，以免影響學校的及格率。除了成績以外，出席率亦是其中一項頒發補助的基本條件，但十九世紀的英國，道路交通系統尚未完善，惡劣天氣如大雨或下雪，使得學童難以回校上課，因此有些學校無所不用其極，如在天氣惡劣之時不讓學童回家，或勒令一些出席率不達標的學生退學等等。[44]

英國國家議會的教育撥款遞減情況（1860-1866）

年份	學童平均出席人數	國家議會的教育撥款（英鎊）
1860	803,708	724,403
1861	855,077	813,441
1862	888,923	774,743
1863	928,310	721,386
1864	937,678	655,036
1865	1,016,558	636,806
1866	1,048,493	649,307

資料來源：Final Report for the Commissioners Appointed to Inquire into the Elementary Education Acts, 1888, p. 18；參考D. W. Sylvester, *Robert Lowe and Education*, London: Cambridge University, p. 82.

從以上統計來看，Lowe 於《教育修正法案》的兩個主要目的：將教育推廣至不同階層的學童與降低教育開支，似乎能一一達到。學童平均出席數字上升，反映學童數目增加，教育撥款自1862年法案實施後亦有顯著的下調。但「按考試成績頒發獎金」一規條就如前文所述，只資助「3R」科目而受人詬病。因此在1867年，教育署的成員決定增加將受資助的科目，令到學校的課程更為多元。[45]新修訂在1871年實施，每一個學童能另外報考「3R」以外的兩科，包括地理、歷史、文法、幾何、代數、自然科學、政治及經濟（Political Economy）或其他指定科目，每一科及格另獲3先令。[46]此修訂在一開始時大受歡迎，但報考率在1890年大幅下降15.9%。額外的科目僅供小四至小六生報考，此外，儘管年齡合資格，但往往只有同年齡中最出色的學生才獲批報考這些額外科目，變相間接影響了能力較遜學生的學習機會。及後的修訂由個

人報考制改為班級考試制，以改善學生修讀科目數目的機會之問題。然而經過多番修訂，以考試成績決定資助金額的制度，最終仍在1897年廢除。[47]

六、《補助書館計劃》於香港的實行與影響

回說香港，港府推行《補助書館計劃》旨在推廣基礎教育，此與英國教育法案類近。史劍域在1870-1871年度教育報告中就曾有意效法英國推行強制教育，只是他指出當時在港的華人多屬貧苦人家，包括農民、工人或漁民，難以支付子女教育開支，推行強制教育意味政府必須提供學童的衣、食，甚至住宿的補助，此將成為一大開支。[48]加上漁民人口平日多在船上生活，當要出海捕魚時其子弟亦往往要隨船而去，不能定時上學。流動人口的種種不穩定因素，限制了政府推行強制教育的可能性。因此推行《補助書館計劃》就成為了推廣初等教育的折衷方法。

史劍域所草擬《補助書館計劃》的規條，與英國《教育修改法案》的補助規定與要求，基本上如出一轍，包括學生出席上課不得少於200日，世俗教育課程與課時的規定，書館必須隨時開放讓視學官視察，書館的管理人員須仔細記錄賬目讓視學官查考。但有關書館的宗教背景、宗教指導課時、聘請老師準則、課本、書寫的方式等，只要不偏離世俗教育原則，政府不會干預。學校資助的金額主要仍是取決於學生的考試成績，但學校設備硬件以及教師資歷亦同樣影響資助發放。英國學生的考試及格平均率一般不到80%，而香港在推行這以考試成績頒發獎金一制度的數年內，除了書館數目的增加以外，考試及格率亦平均逾80%；對史劍域來說，這計劃算是一大成功。[49]

《補助書館計劃》雖訂明只要書館採用的課本合乎世俗教育的原則，以及涵蓋視察官年度考試的範圍，政府將不會干預書館採用的課本，然而，在1873年推行《補助書館計劃》時，史劍域同年亦成立了學校課本委員會（School Book Committee），負責管理世俗教育的教科書事項，並將一系列愛爾蘭國立學校的用書翻譯成中文，成為各年級不同世俗教育科目考試的中文課本，予中文教育為主的書館。[50]這些由學校課本委員會翻譯的教科書，在後來大量教會學校加入補助書館計劃以後，亦隨之獲不少中國內地教會學校採用。[51]

《補助書館計劃》的書館數目 （1873-1891）

年份	宗教自願補助書館		世俗自願補助書館	
	學校數目	學童人數	學校數目	學童人數
1873	6	442	30	1,838
1874	9	632	30	1,931
1875	9	679	30	1,927
1876	11	751	30	2,171
1877	14	996	30	2,148
1878	17	1,021	30	2,101
1879	19	1,417	31	2,043
1880	27	1,808	36	2,078
1881	37	2,237	35	1,986
1882	41	3,068	39	2,114
1883	48	3,517	39	2,080
1884	55	3,907	35	1,978
1885	55	4,041	35	1,803
1886	56	3,951	34	1,893
1887	61	4,160	33	1,814
1888	63	4,325	34	1,933
1889	69	4,814	35	2,293
1890	76	4,656	36	2,514
1891	81	5,132	36	2,540

資料來源：Hong Kong Annual Report of the Inspector of Schools for the year 1891, *Government Gazette*, 19th November, 1892, No. 472, p. 962.

1873年《補助書館計劃》實施首年，共有五所新教教會學校獲政府補助，包括聖士提反書館、灣仔禮拜堂書館、太平山禮拜堂書館、維多利亞男童館及白思德唐文女館。羅馬天主教會的補助學校僅限救主書院。翌年，白思德館擴充三所，巴色傳道會的書館獲加入計劃，令到受補助的新教書館達九所。然而，1876年，因為天主教會不滿補助法例中必須教授4小時世俗科目的規定，下令計劃內唯一的天主教書館救主書館退出計劃。但同年另外加入了三所新的新教教會書館，乃聖保羅書院、聖士提反堂書館及維多利亞女館。[52]

初期天主教及基督教會均不滿法規所訂的種種限制而不願參加這補助計劃。但經1877年及1879年法規的修改，取消了對學生人數及非宗教科目授課時間限制後，接受政府補助的教會學校從1873年的六所，迅速增加至1880年的27所，到1890年時，更達76所。[53]宗教補助書館數字的增加除了因內容修訂而令羅馬天主教會學校加入，主要是政府亦將補助的書館擴至中學。

在補助書館制度施行初期，如英國一樣，政府把初等教育的工作交予補助學校負責[54]，政府則集中資源與精力發展中央書院。1879年，計劃廢除平均出席須有20個學生的規定，令生源較少的學校亦能獲得補助，補助書館數目逐漸增多；另外，計劃亦將「初等」一字刪去，即中等學校亦將包括在資助計劃之內。1893年，補助計劃再有另一次重要的修訂，法規決定增加對補助學校的校舍、設備等的資助，但亦意味政府對於學校的設備要求亦更為嚴謹。1895年，補助學校增至100所，學生數目則達5,000人，較當時官立學校多出一倍以上。此後補助學校的數目一直比政府學校為多，至1896年到達高峰，共有106所。但至二十世紀初卻只剩不到50所，不少華人小學因校舍簡陋設備不足而遭受淘汰。[55]《補助書館計劃》中「依考試成績頒發獎金」的資助方式在1904年終告廢除，改為取決於視學官的視學報告，觀察的項目包括學校的紀律、衛生條件、學校設備、學生整體表現等，而資助金額將按每所學校的學生人數發放。[56]

學生補助的金額，隨着計劃的發展，不同學校組別之間的資助金額進一步拉開。雖然早在計劃之初，因語言的不同與學校組別的差異，以西方教育為主的學校，或有提供英語教育的學校學生，往往比就讀於以中文教育為主的書館的學生，高出0.5元至一元，而隨年級科目的增加，令兩者的之間的差距進一步拉開。然而，從補助計劃及其後的發展，可見政府有意將資源集中在英文或西方文化教育的取向。從1890年至二十世紀初，英文學校每名學生按人頭每年所獲補助為24元，但中文學校的學生則只有3至11元，最高亦不及英文學校學生的一半。有關課室容量、人數限制等，計劃對中文學校所訂的標準較低，因此校舍的設備及租金補貼，亦令兩者差距變得更大。[57]

各類考級的考生人數及獲頒獎金（1884-1887）

考級	第一類書館[58]學生數目				及格獲頒發的獎金（元）			
	1884	1885	1886	1887	1884	1885	1886	1887
一	76	128	271	372	146	160	462	654
二	557	739	652	639	3,124	3,052	2,496	2,464
三	470	446	474	487	3,208	2,196	2,184	2,100
四	120	128	138	153	840	624	640	856
五	26	26	44	32	230	210	320	250
六	2	9	11	13	24	108	120	108
總計	1,251	1,476	1,590	1,696	7,572	6,350	6,222	6,432

資料來源：The Effects of Revision of Scheme (1883) on Schools in Class 1, Education Report 1887, *Supplement to the Hong Kong Government Gazette*, 21st April, 1888, No. 171, p. 406.

此外，從上表可見，學生的數目與分佈主要集中在首四個年級，第五與第六級的學童每年都大幅下降，原因為不少學生於完成四年級課程後，便往外找工作，亦有學生在四年級畢業後，便考入中央書院的第八班或其他英文書館繼續學業。

七、《補助書館計劃》與本土女子教育發展

《補助書館計劃》的實施無疑鼓勵民間團體辦學，使到就學的學童比例得以增加。根據史劍域1876年的視學報告中的統計數字，學童的出席率整體上提升了12%，而政府學校輔翼書館亦各有13%與11%的增幅。一般而言，這計劃帶來正面影響，此於女子教育尤甚。例如，在同年的數字中，女童就學率上升27%，包括政府學校中有30%的提升，輔翼書館亦增加了25%的女生比例。[59]

在史劍域抵港以前，即1867年前，本港只有一所女子學校，位於上環。至1886年，受政府資助的女校共有30所，其中只有一所為政府學校，其他均為教會或民間團體所辦。女學生的比率亦由1837年13.33%（304名），增至1891年的36.38%（2,791名）。基督教新教與羅馬天主教會的補助學校大幅增加，英國提倡女子教育的潮流令本港女子學校如雨後春筍般分佈於香港各地區。[60]

歐德理接替史劍域的《補助書館計劃》工作，就這計劃而言，其中最重要的影響，厥為大大提高女子接受教育的機會。他在1889年7月時寫到：

> 讓女童就學，使她能夠獲得終身受用的訓練，這對中國傳統思想來說，完全屬於西方外來的挑戰。五十年前，對在港的華人父母而言，讓女兒受教育被視為邪魔外道。現今有不少的教會女校受惠於《補助書館計劃》強大的資助，於殖民地各處扮演着重要角色。經歷教會女校多年為本土女童提供學位空缺的訴求，今天的華人父母，開始懂得讓女兒接受教育是一件正確與恰當的事。每位華人母親假如能夠提供得體的衣物，免除孩子的家務責任，都應該讓女兒在輔翼學校或皇家書館讀上至少三至四年，學習中文或縫紉，訓練規矩與紀律性。當他們感受這些本土學校帶來的益處，這些華人父母必會把對女子教育的民族偏見丟開，成為教會學校熱心的支持者。[61]

歐德理雖然認同《補助書館計劃》對促進女子就學的成果，但香港的《補助書館計劃》有如英國教育修訂法案般，要求女子學校為學生提供針黹課程，以作為資助條

件之一，歐德理在1888年的教育報告中訓示一些女校過於集中訓練女子的針黹技術。由於這一門課程甚有經濟價值，這些女子學校往往被認為較少提供一些較欠缺經濟價值的教育。

註：

1 即Inspector，皇家視學官當時亦稱為監督督學。

2 周子鋒編，〈2.4 自由貿易港政策的確立〉，《圖解香港史：遠古至一九四九年》（香港：中華書局（香港）有限公司，2010），頁28-29。

3 元邦建，〈第五章 基礎建設時期（1841年-1898年）〉，《香港史略》（香港：中流出版社， 1997），頁111。

4 元邦建，〈第五章 基礎建設時期（1841年-1898年）〉，《香港史略》（香港：中流出版社， 1997），頁101。

5 余繩武、劉存寬編，〈第七章 香港的教育和新聞事業〉，《十九世紀的香港》（香港：麒麟書業有限公司，1994），頁267。

6 當時的英國政府對教育採取不干預政策（Policy of Non-intervention），原因為十六世紀宗教改革（Reformation）以後，歐洲社會普遍有將公共教育事務交由教會管理與提供的共識。雖然英國國王會定期捐款資助牛津和劍橋兩所大學和若干貴族男童寄宿的學校，但捐獻的目的亦只為皇家「儲才」之用，亦沒有就捐獻制訂任何教育綱領或發展策略，兩所大學基本上仍是由英國國教會（Church of England）控制。雖然社會上要求英國政府增加對教育支持，但英國政府還是不太願意對教育負起辦學的責任，直至1833年才首次作出年度的教育撥款，補助個別教會團體辦學經費，只不過社會上仍沒有整體教學綱領和全國性或地區性資源調撥。回說香港，港府初期不將教育納為公共事務或福利的一環，某程度上亦是跟隨英國的傳統。見方美賢，〈第二章 香港教育之植根時期（1842-1859）〉，《香港早期教育發展史》（香港：中國學社，1975），頁13。

7 Ng, Lun Ngai-ha. 1984. "Chapter II: The Earliest Government Schools in Hong Kong". In *Interactions of East and West Development of Public Education in Early Hong Kong*, Hong Kong: Chinese University Press, pp.19-20.

8 Leung, Kwong-Hon. 1987. "The impact of mission schools in Hong Kong (1842-1905) on Traditional Chinese Education – A Comparative Study". Ph. D diss. University of London.

9 馬禮遜教育協會於1835年成立，以紀念在1834年因病逝世的馬禮遜牧師。馬禮遜牧師是第一位來華傳教的傳教士，他在1807年9月4日，受基督教新教倫敦會的派遣到中國開闢新教區。

10 容閎乃中國近代史上首位留學美國的學生，亦為首名中國人在耶魯學院就讀，後又創設幼童留美計劃。其後，美國耶魯大學授予容閎榮譽法學博士學位，表揚他對於中國和美國之間文化交流的貢獻。

11 方駿、熊賢君編，《香港教育通史》（香港：齡記出版有限公司，2008）。

12 同上註。

13 同上註。

14 同上註。

15 根據1876年《香港轅門報》（*Hong Kong Government Gazette* GA1876, No. 41, 9th February, 1876, 1875年）的數據，在1875年共11,364名六至十六歲的兒童中，有9,300名不曾受過任何的教

育，失學文盲的學童高達80%。

16　Leung, Kwong Hon, "The Impact of Mission Schools in Hong Kong (1842-1905) on Traditional Chinese Education – A Comparative Study", Ph. D Dissertation, University of London, 1987, pp. 231-234.

17　十九世紀在香港接受西方教育的學生畢業後，有在港英政府擔任職員或翻譯，有在香港或中國其他通商口岸任洋行買辦，有到中國某些官方機構（如中國海關）任職，另有少數人到國外升學或謀生。然而劉氏指出十九世紀英國官方在香港辦學培養中國學生，是出於鞏固香港殖民地統治和擴大英國在華侵略勢力的雙重目的。劉蜀永，〈19世紀香港西式學校歷史評價〉，《劉蜀永香港史文集》（香港：中華書局（香港）有限公司，2010），頁216-232。

18　Leung, Kwong-Hon. "The Impact of Mission Schools in Hong Kong (1842-1905) on Traditional Chinese Education—A Comparative Study." Ph. D diss. University of London, 1987.

19　鴉片戰爭後，歐亞裔男子來港經商或工作，包養華裔女子，這些女子便是涉外婚婦，而她們所生的非婚生子女便是歐亞混血兒。

20　Sessional Paper 1889, p. 275, "Girls' School" by E. J. Eitel, 5/7/1889; Leung, Kwong Hon, "The Impact of Mission Schools in Hong Kong (1842-1905) on Traditional Chinese Education – A Comparative Study", Ph. D Dissertation, University of London, 1987, pp. 202-203.

21　郭士立（1803年7月8日-1851年8月9日），是香港英治時期的高級官員，德籍基督教新教來華傳教士，職稱為撫華道。於鴉片戰爭時，擔任英軍司令官的翻譯和嚮導，亦參與起草《南京條約》。

22　方美賢，〈第二章 香港教育之植根時期（1842-1859）〉，《香港早期教育發展史》（香港：中國學社，1975），頁13。

23　方駿、熊賢君編，《香港教育通史》（香港：齡記出版有限公司，2008），頁54。

24　1847年11月11日，教育調查小組呈給輔政司斬威廉的《教育調查報告》記載：當時香港有中文私塾八所，分佈在維多利亞、香港仔和赤柱三地。

25　吳倫霓霞指出，當時教育委員會的組織架構，受着英國將地方教育交由教會辦理的傳統的影響，主要的執委亦由教會人士出任。她指出教育委員會剛成立之初，主席是香港區聖公會的史丹頓牧師，政府官員只佔其中三席。至1852年委員會改組後，政府官員更只剩負責華人事務的註冊署長／撫華道，其他的執委由其他來自不同教會的教士組成。因此這些受政府資助的學塾，無疑變成教會傳播福音的地方。吳倫霓霞，〈教育的回顧（上篇）〉，王賡武主編，《香港史新編》（香港：三聯書店（香港）有限公司，1997），頁417-461。

26　吳氏指出，1853年政府用於資助學塾只有104英鎊，佔該年總支出不到0.3%。

27　方駿、熊賢君編，《香港教育通史》（香港：齡記出版有限公司，2008）。

28　Bickley, Gillian. 2002. "The Education Reports 1848-1896 and their Writers." In The Development of Education in Hong Kong, 1841-1897: as Revealed by The Early Education Reports of the Hong Kong Government, 1848-1896, Hong Kong: Proverse Hong Kong, pp. 84-89.

29 Bickley, Gillian. 1997 "Tours of Inspection". In *The Golden Needle: The Biography of Frederick Stewart (1836-1889),* Hong Kong : David C. Lam Institute for East-West Studies, Hong Kong Baptist University, pp. 84-86.

30 方駿、熊賢君編,《香港教育通史》(香港:齡記出版有限公司,2008)。

31 同上註。

32 Ng, Lun Ngai-ha. 1984. "Chapter VI: Consolidation in Supervision of Schools: The 1913 Education Ordinance". In *Interactions of East and West Development of Public Education in Early Hong Kong*, Hong Kong : Chinese University Press, pp. 91-93.

33 Grants-In-Aid, *Government Gazette*, 26th April, 1873, No.71, p. 187.

34 皇家視學官當時亦稱為監督學院。

35 第四級的地理考試範圍包括扼要的中國地形,而第五級考試範圍則是在第四級考試範圍加上廣東省地形等。

36 Sylvester, David William. 1974. *Robert Lowe and Education*. London : Cambridge University Press.

37 榮艷紅,〈「按成績撥款」:1862年英國教育修正法案及其影響〉,《教育的傳統與變革──紀念《教育史研究》創刊二十週年論文集(四)》(2006)。

38 譯自Robert Lowe 1859年7月22日在國會發言,參考D. W. Sylvester, *Robert Lowe and Education*, London: Cambridge University, p. 60。

39 榮艷紅,〈「按成績撥款」:1862年英國教育修正法案及其影響〉,《教育的傳統與變革──紀念《教育史研究》創刊二十週年論文集(四)》(2006)。

40 閱讀(Reading)、寫作(wRiting)以及算術(aRithmetic)這三門按考試成績頒發資助的科目,在法案中統稱為「3R」。

41 參考D. W. Sylvester, *Robert Lowe and Education*, London: Cambridge University, p. 61.

42 參考D. W. Sylvester, *Robert Lowe and Education*, London: Cambridge University, p. 62.

43 雖然很多人批評Lowe為對抗宗教的世俗主義者,但Lowe無意將宗教於教育的角色完全的去除。Lowe認為補助的目的是為了令學校擁有一定的資源運作,而Lowe將資助科目限制在3R的目的,是確定所有學校都會開辦這些課程,保證學童在教育過程中獲得聽、寫、讀與算術的基礎謀生技能。反之,Lowe認為學校的角色本應兼承將宗教、道德教育推廣之責任,而宗教亦是必要的科目,因此Lowe在英國教育修訂法案的註腳中,亦建議視學官將學校的宗教教育納入為評鑒學校辦學質素的範圍之一,以確保學校之辦學並不過於狹隘。

44 Sylvester, David William. 1974. *Robert Lowe and Education*. London : Cambridge University Press.

45 當時Lowe亦從院長之職位退下來,職位由其指定繼承人擔任。

46 Sylvester, David William. 1974. *Robert Lowe and Education*. London : Cambridge University Press.

47 *Ibid.*

48 Item 35-36. *Inspector of School's Report for the year of 1870.*

49 Bickley, Gillian. 1997. *The Golden Needle: The Biography of Frederick Stewart (1836-1889).* Hong Kong : David C. Lam Institute for East-West Studies, Hong Kong Baptist University.

50 Bickley, Gillian. 1997. "The Flowers are still there". In *The Golden Needle: The Biography of Frederick Stewart (1836-1889)*, Hong Kong: David C. Lam Institute for East-West Studies, Hong Kong Baptist University, pp. 1-8.

51 Bickley, Gillian. 1997. "The Disciplinary Term Begins". In *The Golden Needle: The Biography of Frederick Stewart (1836-1889)*, Hong Kong: David C. Lam Institute for East-West Studies, Hong Kong Baptist University, pp. 140-144.

52 吳倫霓霞，〈教育的回顧（上篇）〉，王賡武主編，《香港史新編》（香港：三聯書店（香港）有限公司，1997），頁417-461。

53 同上註。

54 同上註。

55 同上註。

56 Ng, Lun Ngai-ha. 1984. "Chapter VI: Consolidation in Supervision of Schools: The 1913 Education Ordinance". In *Interactions of East and West Development of Public Education in Early Hong Kong*, Hong Kong : Chinese University Press, pp.91-93.

57 同上註。

58 第一類書館即中文教育的書館。

59 Annual Report 1876, *Government Gazette*, 10th March, 1977, No. 58, p. 131.

60 Annual Report of the Inspector of Schools for the year 1891, *Government Gazette*, 19th November, 1892, No. 472, p. 964.

61 Bickley, Gillian. 1997. *The Golden Needle: The Biography of Frederick Stewart (1836-1889).* Hong Kong : David C. Lam Institute for East-West Studies, Hong Kong Baptist University.

第四章

升中機制

從小學會考到學能評核

引 言

本章旨在探討香港初等教育至中等教育階段的公開考試評核機制從戰後迄今的演變。隨着時代變遷、社會轉型、人口結構變化,本地教育政策與學制在1950年代開始配合當時社會發展,使這階段的公開考試機制變動甚大。

戰後香港人口驟增,至1950年代已達250萬。當年的教育金字塔呈下層闊大、中上層狹窄的形狀。港府成功擴充小學,小學教育日漸普及,當時聯合國教科文組織視小學教育為基本權利,鼓吹人人有權完成小學,而把中學教育看作非基本需要,政府運用公帑推動中學教育只是量力而為。是以在五、六十年代,港府採取甄別手段,篩選部分小學畢業生升讀中學。[1]

教育司署率先在1949年將以往官立小學的年度期末考試轉型為公開考試,即「小學會考」,其後在1962年改制,易名為「香港中學入學考試」(Secondary School Entrance Examination,簡稱SSEE),即一般所稱的「升中試」。

升中試推行共16年,港府在1977年舉辦最後一屆後,升中試便成為歷史,由學能測驗與香港中學學額分配機制調控學童的升中派位所取代。落實九年免費教育後,本身設於小六的公開甄選機制亦因而推延至中三才舉行,用以甄選成績優異學童升讀為數有限的資助高中學額,此機制名為「初中成績評核」,俗稱「中三淘汰試」,運作模式及理念與香港中學學額分配的機制相近,同樣以校外測試及校內成績調整個別學生的成績及排序,以決定升讀高中的機會。隨着高中學額逐漸增加,初中成績評核試只推行了數年其功能便逐漸不明顯,很快便被校內評核機制取代。

2009年落實十二年免費教育,中學由三年初中、兩年高中與兩年預科的七年制課程,改為三年初中與三年高中的六年制課程。中學階段免費教育由中三推至中六,讓所有學童得以不間斷地完成中學課程,不再需要經過淘汰與分流,初中階段評核機制的甄選功能至此告一段落。

這些初等教育至中等教育階段的公開考試或測驗,不論於考生年齡、考試的機會、目的與功能、試題模式、科目種類、甄別及評核方式等,都經歷不少改變。而教育與考試制度的轉變,使生於不同年代、各種不同家庭背景的人,經歷截然不同的求學路徑與階段,亦或多或少影響他們往後所走的人生路途。

一、小學會考——過渡時期的甄選機制

談及戰後小學升中學的公開評核機制，先由一位著名考評人士的小時候說起，先看看他那些年的經歷：

我是廣東人，生於上海，在內地唸小學，1954年來香港，本應升讀五年班，但因為連英文字母也不懂，只能重讀四年班。完成小學課程後便獲得保送應考小學會考，之後獲派往皇仁書院唸中學。[2]

小學會考全名為「小學六年級會考」（Joint Primary 6 Examination），始於1949年，前身為官立小學的年度考試。官立小學的年度考試以往由官立學校中主理課程、考試及獎學金的常務委員會籌辦。[3]

根據小學會考的規則及課程綱要，小學會考的考試目的有三：

(1) 頒發結業證明書（leaving certificate）予考試及格的學生，以茲證明考生完成官立小學的課程，具備小學學歷，好讓畢業生尋找工作[4]；
(2) 甄選官立、資助與私立小學的學生，升讀官立中學或資助中學；
(3) 用以作為頒發政府獎學金的依據。

小學會考雖然在1949年轉型為公開考試，但初期仍只開放予極少數官立學校以外的學生應考，且必須獲校長推薦保送，而且名額極少，每所私校只能保送兩至三名學生，因此私立學校的學生校內成績須出眾，才有保送應考的機會。對貧苦學子而言，這一公開考試便是主要向上流的途徑，小學會考中名列前茅的學生更可以獲教育司署頒發獎學金，鼓勵他們升讀中學。

不過，官立學校與私立學校這兩類初等教育辦學機構質素與課程差異甚大，而早期考生仍以就讀於官立學校的學生為主，因此考試設計亦較貼近官立學校的課程，以及官立學校學生程度。非官立學校學生的及格錄取率普遍極低，但亦反映這甄選機制能將最優秀的貧苦學生送進官立學校。隨着1951年學制統整，小學會考亦逐漸應用甄選學生於升讀補助中學的學額。雖然小學會考的轉型只屬半公開的形式，排拒大部分的學生，但它確實標誌着戰後教育邁向平等的步伐。

二、戰前與戰後人口遞變與初等教育的發展

第一次與第二次世界大戰之間，是香港迅速發展的黃金期。當時，香港整體人口由於移民人口湧入而大幅攀升[5]，學生人口增長幅度更遠高於總體人口數字的增幅。中小學生的人數由1920年不到3萬人，到1939年高達近12萬，反映不到二十年間，學生人數的增長了四倍。[6]不過，雖然學生人數大幅增長，但就學人數卻僅佔學齡人口的一半。[7]原因是香港當時並沒有義務教育的政策，大部分的學校都要收費。官立或政府補助的學校，普遍學費雖然比一般私校低廉，但仍非一般普羅大眾所能負擔，且學額有限，又以西式教育為主，因此就讀這些學校的學生，大多是來自極為富裕的家庭或是雙語精英階級的孩子，不然便是依靠政府獎學金才能求學的優異學生。當時大部分華人子女，大多就讀於學費較廉宜的傳統學塾[8]，學習年期較短，學生往往獲得基本的認字與珠算能力後便往外尋找工作。[9]

雖然傳統學塾為當時的教育主流，但辦學質素與設備差異甚大，根據1938年的《教育報告》，香港當時有1,060所註冊的私立漢文學校，某些設有中學部。這千多所私立學校當中，273所獲政府資助，少數學校有獨立校舍，大部分學校須租用地方辦學，學校最少有一位老師。[10]由本地社團、教會開辦的義學則規模較大，教師亦比較多。教師的資歷差異甚大，內地不少文人南來開辦私塾，著名的有盧湘父開辦的湘父學塾[11]，但由於大多私塾缺乏規管以致良莠不齊，亦有教員是未曾接受任何教學訓練便當教師。雖然有不少私立漢文學校為義學，但普遍仍要收費，而由著名文人開辦的私塾，脩金更屬天價。[12]

當時另一類主流學校為私立漢文學校，屬於跟隨內地壬戌學制[13]的新式學堂，較著名的有子褒學塾。由於當時升讀官立學校或補助學校極為困難，香港私立的中學數目亦不多，因此不少家長待子女完成香港的私立漢文學校的小學課程後，便將子女送往內地，尤其廣州的中等學校升學。總的來說，戰前初等教育發展已算蓬勃，為當時的勞動力傳授基本知識及謀生技能。[14]

不過，英國殖民地教育諮詢委員會（Advisory Committee on Education in the Colonies）審閱香港教育司署在1934年提交的年度教育報告，對當時香港的教育甚為不滿，尤其在初等教育方面，因而在1935年派遣皇家視學官賓尼（Edmond Burney）到港，全面視察香港的教育概況，並寫成《賓尼報告書》（*The Burney Report*）。《賓尼報告書》指當時的官立小學有20所，另有332所受政府資助的學校，但仍然容

納不下所有適齡學童，部分華人子女就讀於註冊的私立漢文學校[15]，這些學校雖受政府監察，卻不受政府資助。報告指這些私立學校的師資良莠不齊，學校環境差異甚大，有些設備齊全，光線充足，但不少的校舍卻甚為簡陋。《賓尼報告書》指出這些佔大多數私立漢文學校大多依舊沿用「紅皮書」，即《三字經》、《千字文》等蒙學經典作為主要課本，並教授簡單的算術與有限的地理知識，學習以背誦為主。賓尼認為這並不足以開展學生個人智能發展與啟發學生學習興趣。為改善當時辦學質素參差的狀況，《賓尼報告書》提出政府應開辦更多設備完善的官立學校，增加公費資助學額，革新官立學校入學方式，增加音樂、體育、工藝等科目，多方面發展學童的個人能力。

港府接納《賓尼報告書》的建議，準備對香港教育展開全面改革，可惜一切的改革卻因香港淪陷而擱置，直至香港在1945年光復以後，戰前訂下的教育改革才慢慢重新展開，其迫切性則來自戰後大幅增加的學生人口，而譚錫麟正是「戰後嬰兒潮」的寫照：

> 我土生土長，在香港出世，受香港教育。先父在二十年代來港，我出生時，剛為香港淪陷、日軍佔領期間，這段時間香港人生活一般很清苦。我是四邑人，以往很多四邑人抵港，與南洋或美國有點關係，都是經營出入口生意為主，家父也經營這種生意。不過，由於戰事百業停頓，我很遲才有機會受教育，九歲始入學。

> 當時甚少官校，絕大部分都是私立小學，學費相當貴，一個月學費要24元。一般從事文員的人工資每月約百多二百元。我讀的也不是正規學校，而是私塾，即所謂的「攴攴齋」。我的啟蒙老師是一位中醫，上午教我們，下午把脈看診。校舍是他的客廳，他用兩張四方櫈擱起牀板，我們需自備椅子，較好的有椅背，較差的只有小櫈。老師教我們，我僅讀三個月私塾，讀了三本紅皮書，即是《人之初》、《天地玄黃》[16]、《天子重賢豪》[17]，跟着讀第四本，就是《論語》，《孟子》，《大學》及《中庸》。每天上課時，我們不求甚解。老師只不過是昨天教一點，回家時你有否背誦？翌日回到學校，首先要背書。轉身就背，若你背得「甩咳」（不順）或不記得，真的會拿戒方，往後一扑，提示你下一句。甚麼科目也沒有，只有這一科——國學。讀畢三個月後，我被老師打到不敢上學。因當時真的不求甚解，《論語》、

《孟子》、《大學》，《中庸》等。那些哲學思想，一個小孩子只是八、九歲，只懂「唸口簧」。最後，我央求父母給我轉校。

我有11位兄弟姊妹，我排行最小。哥哥們多早已出外工作，他們答應供我讀書。停學幾個月後，我轉到位於歌賦街的國華小學入讀二年級，現時該校已不存在了。幸得良師的教導，自己也能跟得上，可以跳班。因當時來說，沒有規定一年升一班。當時私立學校最重要是學生準時交學費，如欲學費便宜一點，可做「走鬼學生」[18]，遇上視學官前來，需由後門逃到外面。每當教育司署的視學官前來，我們都很害怕，以為前來看學生，殊不知是前來看老師！這所正規小學的校長是一位老師宿儒，重視國學，所以我由二年級已開始讀《唐詩三百首》、《宋詞》和《古文評注》等，這逼使我們學習過的，當時可能不求甚解，但現在仍記憶猶新，能背誦出來。唯學費始終昂貴，先父生意失敗，家庭負擔便落在兄長身上，其後他們要成家立室，希望將供我讀書的職責盡量減輕，因此我讀至小學四年級便要停學。[19]

香港淪陷時期，學生人數遽跌，由120,000多跌至8,000人。日本投降後，北上逃難的人逐漸回港。隨着中國大陸再次陷入內戰，內地社會動盪，華南一帶大量難民湧到香港；加上戰後嬰兒潮，香港的人口與學生人數驟增。香港人口由1945年不足600,000人，至1958年超過2,000,00人，十年內人口翻了三倍。學生人數則由1941年11,800人跌至1945年4,000人。然而，到了1946年，只是短短一年之間，香港復學加上南來避難的學生（以小學生居多），令當時學生總人數驟增至87,000人，至1948年，學生人數已回復戰前的數字了[20]。然而不少校舍遭受戰火破壞，因此大部分學童的上課地點，並非在正式的教室，而是在臨時搭建、設備簡陋的房子、天台或是租賃唐樓內等。

三、戰後初等教育大幅擴充

由於學生人數大幅上升，為了安撫及重整戰後的民生狀態，政府推出各項教育措施應付龐大的學額需求，包括按照戰前《賓尼報告書》於1950年擬定推出十年建校計劃，興建為數足以容納所有學童的初等學校，以及中等學校，包括五所資助中學、兩所私立中學、兩所中專等，有限度配合初等教育擴張。[21]然而，戰後因為難民持續湧入，留港定居與復學人口遞增，建校速度追不上人口增加，因此政府邀請英國曼徹

斯特郡的首席教育官菲莎（Norman G. Fisher）來港視察本地教育情況，並提出一系列的改革建議。菲莎認為教育司署考慮的《十年計劃草案》，由1950年至1961年內增加50,000個學額，並未能解決學額短缺問題，應要在七年之內增加30,000個學額，港府接受了《菲莎報告》的建議，教育司署在1954年訂下《小學擴展七年計劃》，除大量興建小學外，亦推行紓緩學齡人口膨脹的過渡政策，例如提高班級人數、實行半日制，以及增加資助學校的名額等。[22]

1951年至1961年間，政府小學驟增至80間，受資助的學校亦增至接近500間。政府除了增加由公帑提供學額，亦訂定法例，鼓勵父母送子女上學，如限令主流學校按月收費，使得家長不必一次過繳納全期學費，以減輕負擔。另仿照英國本土的學制，採「以戰養戰」的方式，增加中學學費，補助官立小學學費，令官立小學學費由每月6元減到5元，中學資助學額亦進一步增加，官立中學免費學額在1953年亦由10%，增至30%。[23]

戰後政府大量興建小學，除了穩定民生，最重要是響應聯合國教科文組織等國際權威的號召，讓人人皆有完成小學的權利，當時並無意積極拓展中學教育，[24]因為在五、六十年代，香港工業大幅發展，需要大量低工資、低技術的生產力，中學學歷被視為非必要，因此戰後初年中學仍以私校為主，港府只興建少量的中學，以及增加津貼中學與補助中學的比例。

小學畢業人數持續遞增，但政府興建及資助的中學數目卻沒有相應增加，公私立學校之間的學生人數的差距日漸拉開，以1966年為例，私立中學的學生共有130,000人，但官立、津貼、補助中學的學生合共才50,000人。到1971年，全港中學適齡人口約500,000，在學人口佔總數一半，其中170,000人就讀私立中學，而公費中學學額僅有70,000人。[25]由於小學人數迅速膨脹，公費中學學額長期緊張，小學升中學的公開考試機制無疑主宰了學子的命運，尤其對於不能負擔私立學校過於昂貴的學費的家庭，倘若希望子女繼續升學，便只能透過小學會考或升中試，決定子女能否繼續升學。

四、戰前的官立小學畢業考試——小學會考的前身

戰前教育司署每年都會舉行入學試，招考男女學生免費入讀官立學校，以低廉的學費與獎學金，吸納來自其他津貼、資助或私立學校的傑出學生。

1951年統一學制實施以前，中學學制分兩類，一類為如皇仁、英皇、庇理羅士

等官校，或英華、拔萃等補助學校，學制悉依英國傳統的八年制，最低班為第八班（Class 8），最高為第一班（Class 1），就如下面兩位受訪者秦景炎及李宏輝，均曾於八年制的官立學校肄業，先看秦景炎的憶述：

> 我在掃桿埔嘉道理官立小學讀了半年，就升第七班[26]，一直到第五班，考那個中三試，那時是三年制。我每年的成績都很好，總是首兩名，後來獲取政府的獎學金，便升讀皇仁。我1949年入讀皇仁，一直讀至中六。那時我家境較差，記得當時入師範有些津貼予學生，出來教書待遇也不差，於是我便入讀「羅師」[27]了。[28]

再看李宏輝的片斷：

> 爺爺很早便出來工作，及後自己幹點小生意，爸爸修畢中三便出來工作，在外國商行任職，我們算是中等人家。戰時學校停課，我還未讀滿一年，即小學仍未算畢業。1945年，學校重開，不久我轉讀敦梅小學。它在本港是一所很大、很有名的私立小學，同是用「支支齋」形式授課。校長拿着幾條籐條巡堂，老師在黑板亦放置幾條籐條。今天教的古文，明天就要背。當時是「抽背」，不懂的會被打籐或留堂，直至你背到為止。強迫唸書形成習慣，覺得這並非困難的事。其後我報考灣仔書院第七班，結果成功考進，讀了幾個月，升進了第六班，再過幾個月又跳到第五班。那時的班級是由八至一這樣倒序排列。後來讀了一年多的英文，便升讀皇仁讀第四班，正正式式全年讀書的是三年，第二班已算是中學畢業了。[29]

稍為不同的是李宏輝是由私立漢文小學考進官立學校，由於學制年期不一，他本應由最低的第八班讀起，但由於李宏輝認為自己有能力，「不甘心自己讀第八班」，因而報考第七班入學試，最後成功考進。

李宏輝的故事反映當時頗多漢文小學畢業生的升中經歷。由於當時的私立漢文小學大多跟隨內地壬戌學制，與漢文學校與官立及西式補助學校的班級制度明顯不同，教育司署須開辦多個不同年級的招生試，包括「漢文小四會考」、「小六結業考」與「第五班考試」，頭兩個考試主要為入讀官立初中而設，而第五班考試則為入讀官立高中而設，而上述兩位受訪者均成功通過第五班考試，入讀皇仁中學的高中部。

戰前教育署曾規定投考英文學校第八班的學生必須完成漢文小學的高小課程，

即是小六才可以投考。但自1949年起，教育司署開辦「漢文小四會考」，讓希望投考英文第八班的學生，可以提早兩年升讀英文中學。參與「漢文小四會考」的學生，只要成績優良便可以直接升讀英文學校第八班，僅僅及格的考生仍能升讀漢文小學五年級。礙於漢文小學學生的英文程度較弱，有不少漢文學校的學生往往需要完成六年小學課程，透過小學畢業會考的成績，才有機會升讀官立英文學校，所以這些學生的年齡往往較同級同學大。

根據1951年官立漢文女校的報告，共有79人應考初小四年級學年結業試，其中64人及格，約有一半成績較優秀的學生入讀英皇書院第八班，6名入讀庇理羅士女校，其餘的學生則原校升讀五年級。而同年小學畢業會考中，共有56名六年級學生參加，其中51名及格，一半升讀庇理羅士女校第八班，9名入讀英皇小學，14名入羅富國附校初一，而有3名女生雖及格卻不獲派位。[30] 由此可見，不少學生在小四會考落第時，仍把握小六畢業會考機會入讀官立英文學校的第八班。

官立學校以外的學生，如獲保送便可以參與這些招考入學試，只是男女學生的保送條件有所不同，男生必須來自政府津貼學校，而女生則沒有此限制，這或許與當時男女生比例差異較大有關，不過每校的派送名額寥寥可數。根據教育司署的資料，每50名學生，可以選派一名，而每100名，則可選派兩名，但最多亦不得超過3名。[31] 初期的小學會考，公立及私立學校的考生加起來只有千多人，規模不大，試場也只有四個。

統一學制以前，補助學校主要自辦入學試，吸納來自不同初等學校的優異生，這些學生不少來自當時一些頗為著名的學塾，由於傳統私塾或漢文初等學校都是六年一貫制，且與教會學校的教學語言不同，有些英文較好的學生或破例升讀第七班，但大部分就讀國內小學或漢文小學的學生，轉入這些補助教會學校，都必須重讀第八班（小五），以下是羅慶麟的求學歷程：

> 我出生於戰時走難的年代，兒時在內地住了一段時間，直到1950年代才到香港來。到港以後，我到一所私立小學就讀，入讀二年級，讀的書都頗傳統，以古文為主。我在這校一直讀到六年級畢業，考上了一所英文學校，一切也要重頭開始。我之前英文讀得不多，幾乎要到最後一兩年，才開始讀得較為深一點，追得很辛苦。因此到了英文小學就讀，變相需要留班，當時很多人也是這樣，我們叫第八班，即是小五。換句話說，我已完成了中文小學的課

程，但又要再讀英文小學，沒法子，畢竟用不同語文，學的東西也不一樣，因此在第八班，即小五重新開始。幸好該校可以由小五、小六，即我們當時稱為第八班、第七班然後上中學，而這所中學也開設預科，所以我在那兒從小學五年級，讀到中學七年級，那就兩年小學、五年中學、兩年高中，我總共在這所學校讀了九年，然後入讀香港大學，整個過程沒有間斷過。[32]

礙於官立與私立學校之間的學制差異甚大，課程規劃、功能及學生程度不一，升讀官立中學的學生大部分仍是來自官立小學的學生，官立學校以外的學生要成功入讀官立中學並不容易。戰前及戰後初期官立學校以外的中學，大多自辦入學試，取錄學生的程序並不受教育司署管轄。直至教育司署決定統一中小學制，並決定從官立學校以外的津貼、補助中學中增加學額比例，小學會考便成為升讀補助中學的跳板。[33]

五、《菲莎報告》、更改學制與小學會考的統一

《菲莎報告》除了提出大幅興建小學、大量提供小學學額以外，另一項重要的建議，乃是官立學校與補助學校應分為小學與中學，並各設獨立校舍。報告指出小學教育並不應只作為中學教育的預備課程，而是獨立的教育階段，不應單以升讀中學為目標，課程應切合大部分學生離校後的工作需要。《菲莎報告》亦提出學校在小學課程完結後，應為畢業生提供離校證書（Lower School Leaving Certificate），用以尋找工作，或依據成績升讀中學。教育當局大致上接受建議，只是建議中的低年級離校證書，易名為小學畢業文憑／小學離校證書[34]（Primary School Leaving Certificate）[35]，學生只需要在小學畢業會考獲得及格成績便能獲得證書，以證明其小學學歷。

1950年代本港新舊學制對比圖

舊學制		新學制	
漢文學校	英文學校[36]	中文學校	英文學校
初小一		小一	
初小二		小二	
初小三		小三	
初小四		小四	
高小一	第八班	小五	
高小二	第七班	小六	
初中一	第六班	初中一	中一

初中二	第五班	初中二	中二
初中三	第四班	初中三	中三
高中一	第三班	高中一	中四
高中二	第二班	高中二	中五
高中三	第一班	高中三	中六
			中七 （或中六高班， 1952年後）[37]

資料來源：參考A. Sweeting, 1993. *A Phoenix Transformed: The Reconstruction of Education in Post-war Hong Kong*, p. 176.

　　1951年官立學校響應《菲莎報告》的建議率先改制，將中小學均分為完整的六年學制，因此當年宣佈實行新學制的同時，官立英文學校由以往的八班制，改為中一至中五的初中制度與兩年預科制，新制度意味着官立英文學校不再招收第八班學生，因此改制後，當年有志於投考英文官校最低班者，亦無望透過考試入讀英文官校。[38]

　　1958年以前，各考生於小學會考應考的科目基本上大同小異，所有學生共考四科，包括中文[39]、英文、算術、常識（General Knowledge）。除了常識科只有一份考

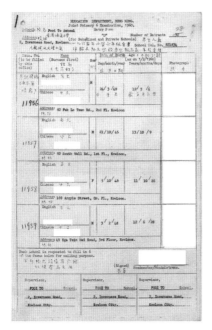

1960 年津貼及私立學校小學六年級會考報名表。（圖片由培道女子中學提供）

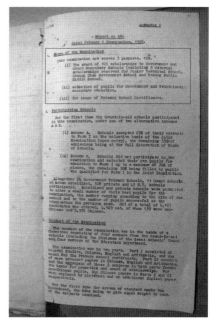

1956年香港小學會考報告，內列設此試的目的（見框內文字）。（圖片由英華女學校提供）

1959年小學六年級會考證書，內列英文、中文、算術、常識等四科成績。
（圖片由培道女子中學提供）

卷以外，各科均分為卷一與卷二。自1958年開始，常識一科也分拆為卷一與卷二，卷
一的考試範圍為小一至小四的常識課程，包括香港本土概況與認知，例如基本的公
民知識與衛生常識、交通安全規則、工業、公共事務與設施、職業等。卷二主要考核
小五與小六的課程，分為甲、乙兩部。甲部有關香港政府的行政，例如政策執行、
立法、殖民、稅務結構、公共開支的運用等；乙部則是有關世界的基礎認知，例如認
識七大洲四大洋、各地的主要山脈與河流、各國的重要城市與其產物等。常識科試卷
一分為二後，學生可以另報考特別技能科代替常識科的卷二，包括農村科學（Rural
Science）、木工（Housecraft）、手工科（Handicraft），此修訂相信能夠反映小學會
考開放考試機會予新界農村小學與實用小學的學生。

　　小學會考考生須考四科，只一科及格便可獲畢業證書。考試及格與否主要取決
於各科卷一的成績，假如卷一不及格，卷二則用以彌補卷一的成績。根據小學會考守
則，各科卷一及格代表學生在該科達到小學六年級應有的水平（normal attainment）。

六、政府以資助強迫補助學校開放學額

　　早年小學畢業會考只在官立學校實施，按照規定，夜校和私立小學畢業生不得

參加會考。然而，《菲莎報告》認為應將小學會考普及化，讓官立學校以外的學生都有機會獲得小學畢業會考證書，證明其學歷以便到社會工作。此外，小學會考普及化亦增加官立學校以外的學生升讀官立、補助中學的機會，假若學生成績出眾，便能藉由免學費額或學費減免等獎勵，增加升學的機會。[40]教育當局把逐步開放小學會考這問題交予補助學校委員會研究，該委員會建議將辦學較為優秀的私立小學納入補助學校，其中日校5所，夜校9所。儘管如此，1953年的小學有160,000名小學生，但參加小學畢業會考卻只有1,688名。[41]1955年考生有3,000人，但分配的學額卻不足1,000。由於早年小學會考的報考資格仍是有限度開放予非官立學校的學生，應考學生仍以官小生為主，故當時官立小學學位炙手可熱，而非官立學校的學生必須非常優秀，才可以獲保送資格。看看鍾展鴻的憶述：

> 古時有「孟母三遷」，母親為了給我良好教育，不是三次搬家，而是安排我轉了三間小學，用心良苦，影響我一生。小時候家住灣仔駱克道，一年級就讀尊德私立學校，二年級轉到荷李活道官立小學，要坐電車上學。翌年，即1958年，東院道官小新校落成招生，位於銅鑼灣，離家不太遠，於是轉調到這學校上午校三年級繼續學業。母親有先見之明，她想我入讀官小，一來因為學費便宜；二來，當年官小有個優勢，六年級學生全部可以參加升中試，私立小學只有少數六年級生獲准參加，機會頗為懸殊。[42]

也看看黃浩潮的個人故事：

> 我生於廣州，其後到港定居，在當時位處堅道128號的一間私立小學讀二年級。它是獨立校舍的，分上、下午班，上午是聖約翰英文中學，下午是南僑中學，設有附小。那時私立學校有派學生參加教育司署舉辦的小學畢業考試。1958年，當時南僑附小只有六個配額參試，我是其中一個，考中文、英文、數學、常識四科。[43]

鍾展鴻與黃浩潮的經歷，正好反映戰後初期就讀於私立或官立小學升中的機會相差頗遠，官立學校學生均可投考小學會考（升中試），而私立小學只有極少的保送名額，成績表現必須極為出色才有被保送的機會。由於學費廉宜、辦學質素有保證而又確定能保送小學會考，所以當時官立小學的入學競爭十分激烈，每年超過45,000人報名，而學校能提供的學額卻不足9,000。[44]私立學校的保送名額在升中試年代慢慢增

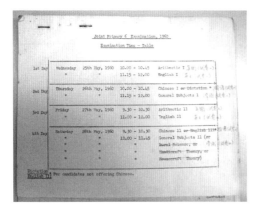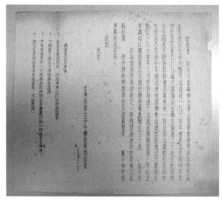

私立小學保送參試名額有限，成績相對欠佳及與條例不符等的學生均不獲保送。右圖為培道於1960年僅30名學生獲選取參試函；左圖為該年考試時間表。（圖片由培道女子中學提供）

加，然而在小學會考的年代，私立學校的保送名額始終有限，大部分有意升中的學生還是需向私立學校叩門，而一些獲保送的學生，雖然成績及格卻依然因為學額有限而不獲派位。由於興建學校的速度難以趕及解決社會問題，因此，政府解決「學校荒」、「學額不足」等問題的另一手段，便是從現有的學校擴大小學會考的派位學額。

長久以來，政府並不干預各校收生方式，而補助學校一向自辦入學試取錄新生，然而，施偉庭指出戰後政府逐步以不同方式加強對學校及教育的控制，而介入學校取錄學生的方法，則為其紓緩學校荒的手法。日佔時期，不少學校校舍遭受破壞，需要撥款重建及增加校舍，以應付急增與復學的學生人口，政府因勢利導，利用撥款迫使補助學校接受政府對學校體制改革的提議，及收錄循小學會考派位的學生，此舉卻引起不少補助學校的迴響。例如當局就以建設校舍的資助計劃遊說男拔萃學校參與小學會考，並開放一部分學額供小學會考派位之用。[45]

根據英華女學校的校史記載，教育司署在1955年向補助中學發放的備忘錄中，要求校方接納政府對學校體制改革的提議，包括將小學與中學部分開，增加每班人數至45人，及收錄循小學會考派位的學生，否則不會提供有關資助。[46]政府認為既然補助中學收取政府資助，理應開放學額予有能力就讀的小學生，而藉公開考試派位的模式較為公平。英華女校的校長在寫給教育部門的信中提及其憂慮：

校董會原則上願意接納一個合理的比例從小學會考升上來的學生，我們認為中華基督教會創辦學校的學生，應有較大進入本校的機會，而我們亦不應該被迫取錄不願意接受宗教教育的學生。

儘管以上憂慮，但由於政府多次拒絕英華小學的撥款，英華女校最終亦妥協，在1955年開始取錄循小六會考以及其後升中試派位的學生。至1969年，該校小學部停辦，所有英華女學校的中一學生都是循升中試派位而來，學生按公開考試的成績入學，亦容許跨區讀校，因此住在其他區域、相對貧窮的學生透過公開考試亦有機會入讀名校。[47]

施偉庭記述聖保羅書院的校長史伊尹上校（Colonel Evan George Stewart）極力反對開放學額予小學會考的及格生，認為資助學校與私立學校的學生質素甚為參差，他引用以往小六會考的數據，指官立小學的學生及格率達54%、資助小學學生為31%、私立小學學生為11%，而後者往往已是經學校甄選保送，理應為最出色的學生。他亦引用學校小五入學試的例子，521名的應試生，他們只取錄69人，當中31人已在私立學校完成小六課程。[48]

雖然補助學校普遍反對政府以資助迫使他們開放學額予小學會考派位，但最終仍與政府妥協，學校的資助來自政府，因此反對的空間相對少，小學會考的考生可以選擇的學校亦逐漸得以增加。

早期的小學會考，考生選擇中學的志願並不以個別學校作為單位，而是按照類別，例如資助性質（官立、津貼、補助）、學校類型（文法、工業、職業）、宗教背景（天主教、基督教、佛教，或無宗教）與學生性別（男校、女校、男女校）等，而每名學生只能依中學類別排列志願，而非以個別學校為單位。例如考生屬意「官立中文男女校」，他／她的選擇便包括了「長洲官校、金文泰中學、元朗公立中學」三所中學，編號為「F」；如女生屬意「補助、聖公會、中英文女校」的，學校則包括了「拔萃女校、協恩女校及聖士提反女校」，編號為「J」等。每名小學會考考生可以填寫三個志願。不過這種以「學校類別」作為選項的方式亦很快為「選擇個別學校」所取代。

學生之所以要將學校資助類別以為選拔考量，主要由於當時不同資助性質的學校，每年要付的學費及雜費等總數額差異甚大。總體來說，工業或職業學校的學費最廉宜，其次則為官立學校，而新界地區的官立中學又比市區官立學校便宜，市區的

約240元一年，但新界地區的只需120元。津貼學校之間由則由10元至360元不等。收費最昂貴為補助學校，大多為360元至400元，更有一些補助中學的一年學費接近500元。[49]

由於小學會考的成績與發放獎學金考試有關，家庭經濟因素亦納入考量，因此在考生登記表上，亦須提交包括家長職業、家庭經濟總收入，以及供養人數等資料。

七、以獎學金擇優

自戰前開始，教育司署設立的招生試除了作為甄選之用途，另一目的便是頒發獎學金予名列前茅的考生，獎學金金額足以支付官立英文中學五年制課程的學費，名額只有約30個，早年亦僅限於來自資助學校的學生。[50]

自1951開始，教育司署增設中學生獎學金甄別試，考生資格根據小學六年級會考的成績決定，特別為公私立學校成績優秀的學生而設，名額增至100名。設這項獎學金甄別試的原因，是由於私校的保送生，儘管能考獲政府學校的學位，但對於家境貧困的學生，學費可能成為剝奪其接受中學教育機會的主因。因此考生如能獲頒獎學金，便能用這筆錢支付中學階段的學費。

此一新設的獎學金甄別試所考的科目，大致上跟小學會考差不多，包括中、英、數、常四科，華人學生與外籍學生考核科目稍有不同，考試在每年7月底分兩日於英皇中學進行。[51]

獎學金甄別試委員會按照各校考獲獎學金學生發放金額，這些學校包括皇仁中學、英皇中學、庇理羅士女書院、金文泰中學及各資助[52]中學。

教育司署除了以獎學金或免費學額吸引優秀學生升讀文法中學外，亦給予工業學校獎學金資助形式的免費學額，旨在吸引優秀但貧困的學生學習謀生技能，配合香港工業發展。下面譚錫麟的受訪片段反映當時除了透過小學會考以外，仍可循不同的途徑升學：

> 猶幸先父認識當時華民政務司署的一位師爺，得他介紹，前往華民政務司署贊助部分學額的一間學校——香港仔工業學校就讀，期望可學一門手藝，畢業後不用徬徨。同時，該校行英文中學制[53]，由小學五年級可以一直讀至中五，起碼有七年時間能安穩讀書。因此我投考了香港仔工業學校的「華民

生」學額，由華民政務司署贊助我的學費。幸好我能考上，在這七年裏，生活無憂的渡過中小學課程。此校培訓學生的目的並非為升學，學生由中一開始要選修一門工藝，讀至中五。當時有三科，第一科是電機機械，第二科是機械，第三科是木工。當我們完成小學六年級後，不用應考任何公開考試，即是校內成績優異便可升班。特別是「華民生」，除了學校要求外，華民政務司署亦會前來看我們的成績及各項表現。幸好我的成績尚算不錯，完成小學階段時，我可優先選擇修讀的科目。當時成績較好的，大多選修電機機械；其次便是機械，較弱的才選讀木工。我的成績不差，故可以選擇第一志願的電機機械，我並無參加升中考試。完成五年（課程）之後，亦毋須參加中學會考。香港仔工業學校在當時可說是另類學校，不用經歷公開考試便可完成中小學教育。[54]

八、小學會考易名為中學入學試

小學會考正式運作大概只有十多年，1962年起便由中學入學試，即「升中試」（Secondary School Entrance Examination，簡稱 SSEE）取代，此試的功能着重甄選學生升讀中學多於證明學生的學歷。

1960年，小學生有41萬人，翌年，港府宣布小學會考將會改為中學入學試，到1967年時，升中試考生33,245，獲分配學額11,080個。從以上數據，可見小六學生並非全數參加升中試，學校要依據以往成績，取得投考的相當學生名額，一般不逾60%，其他不具應考資格的須自尋出路。[55]

輿論主張廢除小學會考，原因之一是中學學額逐漸增多，甄選學生的迫切性有限；此外，試卷設題部分過於艱深，令大部分為求得到畢業證書的考生蒙受不必要的折騰。另有一說為「天書風波」[56]，有聞當時某家出版社出版的國文習作題目，恰好與該年小學會考的題目相似，認為一些購買了這套練習的學生可藉此有所得益，當時還有一爭議便是1961年的常識科卷一的題目溢出課程範圍，由於常識卷在1958年後分拆為兩卷，卷一主要考問香港常識，而卷二考問世界地理與歷史問題，但在1961年，有家長寫信投訴該年常識卷一考試題目包含大部分實為卷二的世界地理歷史題目，對於在市區就讀小學的學生影響不大，因為大部分市區考生，常識卷一與卷二並考；然而對於在新界就讀的學生，往往以農村常識科取代常識卷二之考試，對於常識卷二的內容疏於準備，認為不公平，甚或影響新界學生升讀中學的機會。[57]

九、中學入學試——邁向教育均等

教育司署宣佈在1962年起舉辦「升中入學試」，亦即中學入學試，名正言順為甄選學生入讀中學的公開考試。升中試與小學會考分別在於升中試僅考中文、英文、算術三科，不再考常識，三科在同一天考完，考卷程度稍為降低，程序亦較以往簡化。升中試在五月上旬舉行，由下午約一時開始，至約五時前完成所有科目的考試，除中國語文乙部是短答題外，各科試題以多項選擇題為主。

1962年香港升中試考試時間表[58]

1962年		時間		科目
時間	科目	1963年起	1970年起	
1:30-2:15	算術	1:15-2:00	1:00-1:45	中文 / 特選英文一
2:45-3:30	英文 / 特選英文一	2:40-3:25	2:35-3:20	算術
4:00-4:45	中文 / 特選英文二	4:05-4:50	4:10-4:55	英文 / 特選英文二

升中試除科目與試題模式革新外，亦降低了考試的門檻，使之逐步開放，讓大部分小學生可以參加。以往小學會考不設補考機制，但到升中試的年代，對於成績接近取錄邊緣的學生，將准予補考，並參考學生在校內的成績。根據《1962年的升中試守則》所載[59]，凡在教育司署註冊的學校，均可為其小六學生申請參加考試。升中試首年規定每所小學可保送60%的小六學生應考，比例參考去年小學會考的成績而有所遞增，而翌年開始，報考人數的規定除了既往所訂準則，保送60%小學六年級學生外，另加一準則：該校上年考獲受政府補助中學學位考生人數百分率的兩倍，學校可按其大者辦理。假設某學校的小六生總數為100人，其60%則為60名小六生，但假若其校上年度80名考生中，獲公立中學取錄的學生有40名，取錄率為50%，此校今年將可以保送所有的學生，即100名學生應試。1969年，與考人數的基礎由每所學校小六學生60%提高至80%，另一同樣是取其大者辦理。1970年後，學校保送的考生人數不再設上限，各校校長可選派全部六年級學生參加考試，教育司署甚至規定學校保送學生應考比例不得少於50%，稍後更提高至60%。[60]學校選取標準視學生在校之各科成績而定。升中試在這二十多年間，考試費一直維持在兩元，清貧學生更能申請減免。

升中試考試委員會一半的委員由教育署長（Director of Education）委任，包括主席與秘書，以及中、小學校長，另一半則由補助學校、資助學校與私立學校的校議會或組織遴選代表參加。轄下委員會包括學位分配委員會（Allocation Committee），負

責監督中學學位分配事宜，由部分考試委員會的委員兼任；科目委員會則就中國語文、英文、算術三科的試題形式與內容提出意見；審題委員會分別負責中國語文、英文、特別英文卷一與卷二[61]，以及算術的中文及英文版本試題的擬題及審題，各委員會的委員悉數由教育署長委任。隨着應考人數不斷增加，1965年引入電腦閱卷，自此多項選擇題的試卷多由電腦批改，短答題則依然委任學校的老師評閱。

升中試的其中一個特色是每卷題目甚多，多到一般考生都做不完。每卷均設大量題目，似乎非要考生答不完為止，有指早期升中試數學科題目數逾90，若要完全作答，平均每題時間少於半分鐘。此外，升中試最初數年對考生設定限制，1962年至1964年，每科試卷分兩部分，首20分鐘只可做第一部分，之後25分鐘做第二部分；自1965年起，各科始不再設分部限時。

獲派位的學生依據成績與志願分派到五年制或三年制的中學。獲五年制學位的考生將會依成績分為X1、X2、X3、X4、X5五個組別，每組別有5,000人，而分至三年制中學，將分為Y1與Y2，每個組別有23,000人，其餘的考生將分至Z1至Z5，學額的分配由X1優先，假若X1至X5派完以後，仍有五年制學額的空缺，則會由Y1、Y2補上，或若X4的學額位於偏遠地區，會詢問家長是否願意將孩子送到較近居所的三年制中學。以下是劉賀強的故事，從中可窺探升中試的點滴：

當時我讀的小學兩班均有機會參加升中試，但某些學校只派部分學生應試。那時「很大陣仗」。記得升中試在下午舉行，試場在梁文燕小學。在家中吃過午飯，回校集合，我們身穿校服，由老師帶領沿必列者士街走下去。當我們走進試場時，老師還對我們說小息時不准離開，考完就回校。那試場還齊集其他學校的應考學生。

當時學生很少機會旅行，對我們而言，那次屬一個開心的經歷。可能當時社會和孩童較單純。相反考試壓力落在幾位任教六年級的老師身上，他們替我們補課至晚上，其壓力緣於期望我們考得好，能升讀中學，有好的前途。

我記得考到的成績未算優秀，考到中、英、數三科的級別為3、2、2[62]，但也能派往英皇書院，之後在英皇書院讀了七年。[63]

升中試對劉賀強口中的老師來說，壓力不在參試學生之下。陳本漢當時在東院道官小任教，他憶述當時的境況：

要在短短的七、八個月裏，給學生們充分準備去應付他們要闖過學業的第一關口「升中試」，談何容易？首先學生不習慣應付緊密的課程、練習及測驗，更重要的是欠缺充足的時間進行訓練。試想在每日最多兩至三堂的時間，既要完成學校所採用的課本和升中試的考核範圍，又要撥出時間給他們做測驗，之後又要講解測驗答案，詳細解釋容易犯錯的地方，因此很多時候老師們都不辭勞苦，向主科以外的任教老師商借時間，繼續未了的指導，此舉無疑是剝奪了學生學習其他科目的機會和興趣。幸好學生們也深明大義，不以為苦。

在課餘我也難得有空閒時間，放學後很多時也要學生多留一、兩小時，繼續集體在禮堂補課。每日早上要花時間打蠟紙，以備油印，星期日或公眾假期也不時召集學生回校補課。我每年在學生參加「升中試」後，又要被外借到教署考試部門協助派位工作，但此舉能令我對升中試運作程序加深了解，有助指導高年級的學生，故年年被外借，我也不推辭。[64]

教育署一向不贊成老師給同學補課，也三令五申地嚴禁要學生買太多補充練習，以免增加他們學習的壓力，但我們身為老師，為了替學生爭取好成績，對教署的指令只好陽奉陰違，因為理想和實踐，是互相矛盾的，要「馬兒好，又要馬兒不吃草」，怎能成功呢？當然入讀名校並不表示學生一定前程似錦，學業有成，但至少能收到「近朱者赤」的效果，使學生培養高尚品格，做人處事有正確態度。[65]

司徒華當年亦有教導學生如何應付升中試，潘天賜用文字載錄：

在升中試時代的早期，他（司徒華）任教六年級，全班四十多人，在他悉心教導下，全部獲派中一學位。以當今的宣傳手法來看，這是「及格率百分之百」了，大可以在學校門外張掛大幅橫額，以廣招徠。當然，司徒先生沒有這樣做。[66]

其後司徒華在葛師觀塘學校任校長，學生全來自學校附近的徙置區公屋，是社會的最基層，如果升中試考不上，只有成為童工，或往當學徒。[67]因此，當時當校長的司徒華親自任教一班六年級中文和數學兩科，以實踐找尋幫助學生的有效方法：

他（司徒華）的方法也不外是操練。他針對過去升中試的題型，自編補充教材，每日下午給學生補課（當時小學是半日制，他教的是上午班）。他很明白，學生每日上課五小時，課後還要補課兩小時，回家又要做家課，學習生活非常苦悶，因此，他還給學生安排文康活動，假日還帶學生去郊外旅行，以調劑生活，維持愉快的學習心情。司徒先生雖沒有明言，但同時任教該班英文科的老師，也配合着同樣的做法。就這樣，老師和學生一起捱足一年苦，換回了百分百升中的成果。司徒先生更加明白，以他自己的實踐和付出，要求每位老師同樣如此做，是不可能，也不公道的。他並沒有把自己實踐的經驗定為全校執行的制度。

從轉述司徒華的文字，可見學校為幫助學生應付升中試所花的心血，亦反映當時社會對這個考試的重視程度。[68]

十、反對升中試的聲音

升中試自1962年舉行以來，一直受到教育界人士、市民、學生、家長的抨擊。不少評論認為學校為了校譽過分為學生應付升中試，而忽略了其他非應試科目的教導，繁重的操練令到學生百上加斤，亦無暇參與課外活動，認為升中試戕害學生身心，妨礙他們的正常發展。

為了爭取中學學位以及增加學校之校譽，甚多學校便把教育孩子的責任束之高閣，把教育原則棄置一旁，而想盡各種方法迫害孩子們——嚴酷地甄選一年級學生，給予大量的家課，迫使學童由一年級開始便做中、英、數三科補充教材，由五年級甚至四年級便開始惡性補習——早、午、晚三補甚至星期六下午及星期日上午亦必須返學補課，以期在升中試考獲較佳成績，如此殘酷地迫害孩子，虐待孩子，剝奪孩子底休息時間，遊戲以及全部童年的歡樂時光，那些自以為辦學優良的「教育家」或教會人士竟然對受害的孩子絲毫不感到抱歉和慚愧，卻反而沾沾自喜，引以為榮。

升中試之所以存在，乃是由於中學學位不足，賴以選拔升中生而設者，但結果卻變成為名校選拔優等生而設，由此而造成校際競賽，校與校之間競相擠迫學生，虐待學生，迫令學生做超時的家課及進行近乎迫害的惡性補習，升

中試逐變成一隻巨大無比的惡魔，其加諸於孩子們的精神壓力及負荷，真是非筆墨所能形容。[69]

僧多粥少固然是引致學生致力操練應試的原因，而望子（女）成才亦是傳統家庭對子弟的盼望。教師教，學生學，本來理所當然，唯其他持分者總希望應試學童能攫取好成績，卻又希望他們不要太辛苦。

教育界人士除了撰文評議升中試的弊病，1973年文憑教師事件亦以「升中試，壞制度」為口號，主張老師、學生們杯葛升中試。[70]

1973年文憑教師減薪事件中，他（司徒華）率先提出以取消升中試作為文憑教師接受減薪的條件之一。當年教師監考升中試時，身上都貼着「升中試·壞制度」的標貼。[71]

儘管如此，1973年12月發表的教育綠皮書只是提出「必須減輕升中試對小學教育之不良影響，並須擴大甄選分配中學學位的基礎」[72]，說明當時政府的態度仍主張保留升中試。直至麥理浩任港督時，於1974年10月發表《香港未來十年之中學教育》白皮書，訂下目標在1979年推行九年強迫免費教育，並廢除升中試。在1977年10月5日，麥理浩向立法局宣讀任內第六份的《施政報告》當中，再決定提早在1978年新學年施行九年強迫免費教育，使香港所有適齡兒童和青少年都要強制接受教育至初中三年級的程度。

回頭望過去，應付以往升中試辛苦，抑或近年操練TSA（Territory-wide System Assessment，即全港性系統評估）辛苦？在網上有一條資料，竟然是希望回復舉辦升中試：

近二十年的教育改革和派位計劃，朝令夕改，怪招層出不窮，真的很難叫人有平常心。回想多年前被人苛責的升中試，倒還比較簡單和公平。當年升中試只考中、英、數三科，學生到了小五階段才開始操練，例如老師會為學生預備練習用的「週紙」（即每週做一份）。跟現時最大分別的，是小一至小四這幾年基本上全無壓力，小學生可以輕輕鬆鬆的上課，老師也可以快快樂樂的教學。小學校園真的像個遊樂場，每天聽到學生的歡笑聲，就像伊甸樂園一樣。當然踏上五年級，就要認真一點去備試了。但因為只考中、英、數三科，其他科目如社會、健教、音樂、美勞等都不受影響，仍可從容的學

習。而且唸到小五，學生們都起碼十歲了，辛苦一點也不成問題，而且備試用的「週紙」只是每週一次，壓力未算大。

升中試的公平，在於所有小六學生一次過考同一份試題，成績最優秀的就被派到他們最心儀的中學。那日子低下階層的父母們想兒女脫貧，出人頭地，第一關就是要他們考好升中試，因此不少出身觀塘雞寮或大磡村的小孩子，因為在升中試取得佳績，都順利考上英皇、皇仁、聖保羅等名校，從此平步青雲，再考上香港大學甚或取得獎學金負笈海外留學。今天香港的小孩子沒那麼幸福有升中試了。以前為人詬病的升中試，回想原來才是最好的。[73]

由此可見，各界人士對考評制度的利弊及其公平性的看法仍然是人言言殊。

十一、九年免費教育與升中試的取消

1974年政府頒佈《香港未來十年之中學教育》政策白皮書，建議從1979年起實施九年義務教育，義務教育年限由小學延至三年的初中教育，所有兒童將接受九年相同課程的普通教育。由於所有學生均有升讀中學的機會，因此白皮書亦建議在1978年5月以後，取消原有中學入學試，另外研究新制度讓教育司署能在「全面監督下控制小學生升讀中學的情況」。此外，白皮書建議所有完成中三課程的學童均須參加一項名為「香港初中會考」的新公開考試，對一些有意繼續接受初中以上教育的學生進行甄選，並提供畢業證明予其他畢業生，好讓他們能藉以謀求工作或尋找其他出路。

按照1974年的教育白皮書的規劃，原訂在1979年實施的九年免費教育卻提早一年在1978年推行，政府的理據認為當時已有充足的初中學額提供予適齡學童。然而，當時港府特意提早一年推行九年免費教育，實際上是解決當時一個「出口經濟危機」的手段。

1970年代為香港輕工業發展「芳華正茂」的年代，紡織業的成品不少外銷歐美市場。所謂的「出口經濟危機」，便是當年香港與歐洲經濟組織（European Economic Community）磋商紡織出口的配額時，該組織直指香港經濟的繁榮，是來自童工的勞動力，剝削兒童的權利，而不予接受其出口貨物。[74]歐洲經濟組織的指控，為港府構成嚴重的國際信用危機。

第二次世界大戰後，國際勞工組織分別在不同年份通過《最低年齡公約》，將

兒童的合法工作年齡、工作環境、時數、條件逐步提升。這些公約在限定就業最低年齡時，基本都將就業年齡與兒童的受教育年限聯繫一起。1973年的國際勞工大會，將當時十個最低年齡公約整合為《准予就業最低年齡公約》（第138號公約）[75]，並將兒童就業的最低年齡限制在不低於完成義務教育的年齡，並在任何情況下不得低於15歲[76]，讓兒童能夠在適齡的時期接受充分的教育。[77]由於當時香港童工法定最低年齡為14歲[78]，低於國際慣例的15歲，因此遭受國際組織的指控與出口制裁。蔡寶瓊編的《千針萬線：香港成衣工人口述史》內刊載當年「埋夾高手：少年工」湯月娥的述說：

> 我當時小學還未畢業，還有一個學期才讀完，家人卻已叫我出來工作。當時在工廠當雜工，許多都是拿兒童證的。不足齡很多，有些只有十歲。借別人的兒童證改名換姓是流行的做法。母親要我工作，我不答應，求她讓我讀完那學期。學期一完，便有工廠請雜工。當時我住的地方有許多年輕女孩出外工作，我便和她們一起上班。那年是1964年，我出來工作的第一年呢！那時我十三歲。⋯⋯從那時起，我便一直做製衣一行，工作至今。[79]

為了挽救當時的國際信用危機，港督運用他的決策權，臨時決定在1978年實施九年免費強迫教育，同時立法將工作的法定年齡提高到15歲，此舉顯示香港政府有意讓兒童接受教育至合法的工作年齡[80]，亦表示香港繁盛的工業發展並非來自廉價的兒童勞動力或剝削兒童。

由於九年免費教育落實於1978年推行，因此最後一屆的升中試便在1977年舉行。

十二、升中試對不同人的影響

在1960年代，升中試對學子來說是一個很重要的關卡，那時的教育是只要「忌廉」（cream）的體制，換言之，只重視升中試成績最好的一羣，才可升讀中學，主要原因厥為中學官津補學校的學位不夠，因而很多適齡的學童，對升中的概念往往因個人背景而早有打算。蔡寶瓊在《晚晚六點半──七十年代上夜校的女工》一書內便載錄了只完成小學階段、因着種種因素而未能繼續學業的學生，她們不是沒有獲分派學位，只因個人背景才另有打算，例如下面個案中的Betty及Alda[81]：

> 我小學畢業就沒有繼續讀書。升中試我有被派位，但因為我爸爸很早過身，靠媽媽養數名姊弟，當時升不到中學都早有預算。姊姊們四年級便工作賺

錢，自己便想，最多小學畢業，便會走相同的路，所以沒有太大的怨恨。弟弟順理成章地升學，最初讀書時他和我同班至小學畢業，他可以升學至大學畢業。[82]

我小學讀嘉諾撒（日校），其實我是派到中學的，派往寶血（女子中學）。我本以為沒有書讀了，因為我媽總是說：隔離左右都沒書讀的。我們住木屋區，很多人都沒有機會讀書。我媽常說，你派不到位就沒書讀。他們（家人）從來都不管我讀書的事，那我只有自己揀學校。我揀寶血，後來派到寶血，我就好開心，以為有書讀。誰不知我老實說：「又是女校？」意思說女校讀了也沒有用。後來我媽說，阿哥又讀書（其實他派不到位），讀私校，要用很多錢，阿媽就問，你還讀嗎？那時我真笨，竟然回應：「不讀就算啦！」回想起來就覺得自己好笨，也很嬲他們……小學讀完六年級就做工廠，做暑期工，其實當時好慘，做了好幾年都用別人的（姓）名，不太開心。我最不高興的，是家人「屈」我，對人說我自己不要讀書，其實是他們不要我讀的。我多麼希望我遲兩屆畢業，到時「強迫」我讀書嘛！屋企的人就沒有藉口不讓我讀了。[83]

　　雖然升中試為應考學生帶來不少壓力而備受抨擊，但升中試無疑亦標誌了教育機會均等化的發展，只不過前文引述Betty及Alda與升中機會擦身而過的經歷，正反映性別、社經階級的不公平，限制了個人受教育的機會。那時不少十來歲的青少年工人，「往往因為家庭壓力被逼退學，到工廠裏工作幫補家計；尤其是有很多女孩子，小學剛畢業就被家長送到紡織或成衣工廠做工，賺錢供她們的兄弟升學。如果她們不甘心失學，唯有『晚晚六點半』上夜學了。」[84]

　　升中試所強調的背誦式和操練式教育，對一些學生來說，會構成學習上的障礙，以下徐立之的經歷，或許乃當時不少學生的「集體回憶」：

思想靈活的徐立之在背誦式的教育制度下從來都吃虧。他自言記性不好，急起來就甚麼都不記得。默書「肥佬」是家常便飯，測驗的地名、人名、年份總是記不牢。有一次參加英文朗誦比賽，唸到一半已驚到唸不出。由於不懂得考試技巧，升中時他只考進中文中學——巴富街官立中學，進不了香港大學，他要當建築師的願望難圓，老師說他分析力強，就是不勤力，其實他是勤力的，只是不背死資料。考試前，同學都致電求教，電話多得父親罵他整

天講電話。他為同學一一解答疑難，但考試成績卻不及他們好。[85]

升中試這種「一試定生死」的公開考試模式，也許只能透過「九年強迫教育」的制度來取代，才能稍為緩解。

十三、小學會考與升中試的藍本

第二次世界大戰後，英國推出《1944教育法案》[86]，奠定了戰後英國教育條例的法制基礎，影響及後四十多年的教育發展。英國教育改制亦間接影響香港的教育政策。《巴特勒法案》（Butler's Act）的改革，尤其影響中等教育方面的發展，它將義務教育的年齡推至15歲，並取消所有公立中學的收費規定和明顯帶有不平等色彩的初等教育傳統，實踐「全人中學教育」（Secondary Education for All）的理念，讓所有的英國兒童在六年初等教育後，能繼續接受四年的中等教育。[87]既要實施全國性的中學教育，學制亦必須統一，因此法案重新釐定公共教育的學習階段，將原先分為初等教育（elementary education）與高等教育（higher education）兩種分類體制，重新區分為5至11歲的小學教育（primary education）、11至18歲的中學教育（secondary education）以及專上教育（tertiary education）。學童完成小學課程以後，必須參與一項名為「11歲甄別試」（11+ Examination）的、由小學升中學的公開考試，而「三分流制度」（tripartite system）根據學童考試成績的好與壞，按照成績的排名與家長意願，將三分之一的學童分流到文法中學與工業中學，其餘的學童則分配至實用中學[88]，三分流的制度旨在將不同學術能力的學生分流至不同的學校接受教育。「11歲甄別試」在1947年正式實施，考核科目包括數學、基本解難（General Problem Solving），以及寫作。然而，「11歲甄別試」實施多年，一直受工黨詬病為將學生分類的考試制度，有不少研究發現社會地位階級較高的學童多入讀以升讀大學為主、菁英導向、學術地位較高的文法中學，而來自貧窮家庭的孩子，則大多分流至工業或實用中學，此以考試分流的制度，「鞏固了社會僵硬的階級分野」[89]，有違教育平等的理念。再者，三分流制度依據學童的能力與取向，分配至不同功能的學校，主導他們小學階段後的命運，亦被批評過早決定學生的未來職業，因為學童一旦被分派至任何一種類型的中學，便難以逆轉或轉校。直至綜合中學（comprehensive schools）[90]在1960年代受工黨大力推動而普及，以及工黨上台宣佈廢除「11歲甄別試」，才使得這個考試在1976年被廢除。英國「11歲甄別試」的考試功能與派位分流的方式，遂成為香港初等教育階段後公開

考試的藍本。[91]

十四、中學學位分配辦法與初中成績評核辦法——
強迫教育後甄選機制的改變

小學完結階段設置小學會考或中學入學試，目的終究為了甄選學業成績優秀的學生，升讀有限的公費中學學位，雖然由小學會考演變至中學入學試，不論是考試機會或派位的比率與數目，均隨普及教育的發展逐漸擴充，但在落實九年免費教育以前，終究有不少學子因失落於升中考試，或如上文Alda和Betty等經歷，受制家庭經濟或社會文化的影響，而要另尋出路。1974年宣佈落實九年免費教育以後，政府便着手研究取代升中試的分流方法。

多年來升中試遭受抨擊的原因，乃是「一試定生死」的「高風險」性質，考生偶一失手便大有可能失去晉升中學教育的機會，為每屆高小學生帶來無窮的壓力，反對升中試的人指出高小課程因受升中試的考試內容主導而變得局限及僵化，一些非考試科目不被重視，甚或被借堂去操練試題。因此社會大眾及教育界對於小學完結階段新設的甄選機制寄予厚望，期待這項新政策能夠緩解學生的考試壓力，讓學校課程及學生身心能均衡地發展。教育當局最終決定中學學位分配辦法，即以「低風險」的學能測驗配合已調整的校內成績，處理小學升中階段的分流與派位。

政府雖然自1970年代推行中學擴建計劃，意圖增加高中學額，但政府無意為所有學生於九年義務教育完結時，提供高中學額，因此在高中學額有限的情況下，政府認為必須設立甄選機制。起初早年策劃中三階段的考試機制時，政府並無考慮公開考試以外的甄選模式，因此提出一項名為香港初中會考的新公開考試，但遭到社會人士大力反對，認為取消了升中試而另設初中會考實為本末倒置，既無助降低學生的考試及讀書壓力，並割裂五年一貫的中學課程。政府因而重新着手研究，最終決定採取類近中學學位分配的甄選制度，以校外測試及校內考試調整學生的成績與排名，選拔學生升讀不同類型的高中，而此制度名為初中成績評核辦法。

不論是「中學學位分配辦法」或「初中成績評核辦法」，兩項新措施與過往小學會考及升中試最大的分別，是不再以學生個人一次性的公開考試成績作為甄別的依據，而是利用公開測試調整學校的排名，配合學生校內三個學期的成績，統整學生全面的學業能力，分派至切合其學業能力的學校。

十五、學業能力測試的出現

1978年之前，所有小六畢業生須先參加升中試才可獲分配中一學位，分配學位的優先次序，取決於學生在升中試考獲的成績。由於公開考試只考中、英、數三個主要科目，使小五與小六學生只集中於「操練」這三科，而忽略了其他科目和活動，致令整個小學課程嚴重扭曲。

1978年9月，免費及強迫教育擴展至初中階段，每名兒童都享有九年免費教育，再不需要靠富競爭性、高風險的公開試篩選學生升讀中一。這個學位分配辦法由幾個因素決定，包括學生的校內成績、中央運作的「學業能力測驗」（「學能測驗」）調節、家長的選擇及學校網等。

小六學生是否獲派自己選擇的學校，大都取決於其校內成績排名次序。這排名次序由三次校內評核決定（小五尾、小六初、小六中），除體育及聖經等科外，所有科目都要評核，用意是保證學生得到均衡的教育。

各學校有不同的課程，教學方法亦各異，是以把所有學校呈報的分數來排列先後次序，並非公平分配。而全港參與派位學生均參與學能測驗，他們考獲的成績用以於調整學校的校內成績，這反而可令到各參與學校的調整分數置於一個公平劃一的先後次序。學能測驗在每年的12月第一週的星期二下午舉行，包括文字推理（Verbal Reasoning）和數字推理（Numerical Reasoning）兩部分的多項選擇題試卷，每份試卷的考試時間均為45分鐘。考生最終不知道自己的得分，考生成績只有獲分派的中學得知。在教育當局方面而言，這種以學能測驗配合派位的辦法確能改善以升中試「半天定生死」的小學升中境況，在教署官員來說，學能測驗對學生來說乃一低風險的評核，且學能測驗旨在評核學生的推理能力，學生試前並無需要作準備。

> 當時政府提出類似智能試的學能測驗取代升中試，學生因而要繼續參加公開試，並依據成績在區內分成五個相等的級別，按級次分配入不同的中學。[92]

對這個名義上為改善升中試的流弊而設的測驗，不同的持分者例如家長及教育團體等有不同的體會及意見：

(1) 學能測驗能否考查學生在校所學？

(2) 由於考題保密，學校及家長均無法清楚及了解測驗各題所考核的能力，唯有經常訓練，以期取得較佳成績，因而重蹈覆轍，影響日常教學。[93]

可惜，業界持分者均認為這測試乃高風險的評核，且會影響各校學生的派位的結果，所以逐漸出現操練學生應付學能測驗的現象。

由於小學教師般切希望學生在學能測驗中有良好的表現，以爭取學校有較佳的整體成績，往往集中教授零碎的知識，頻頻操練學能測驗式試題，以致忽略其他較有價值的教學活動。[94]

十六、初中階段的甄選機制——初中會考與「中三淘汰試」

1974年頒佈的《香港未來十年內的中學教育》白皮書，提出當有足夠的中學學位分配予所有學童時，便推行九年免費教育並取消升中試。[95]由於義務基礎教育由六年擴展至九年，而政府無意為所有學童提供中三後的學額，使資助學額不足的問題，亦由初中伸延至高中，因此白皮書提出於中三完結階段，設置一項名為香港初中會考（Junior Secondary School Certificate Examination）的新公開考試，藉以揀選初中生升讀公費資助的高中學額，並依據成績與家長志願，分配學生至官立學校、資助學校或工業學校就讀。

九年免費教育推出，升中試被廢除，政府須另設甄選機制，因此初中會考的對象，便是完成中三課程、而又未有參加升中試的學童。此亦反映早年白皮書提出舉行香港初中會考這一建議時，港府構思未來高中教育的門檻，似乎理所當然循以往路向以公開考試的模式作為甄選機制。

由於初中會考於基礎教育的完結階段才應考，所以它的功能亦相當於以往升中試，除了用作甄選學生升讀高中課程以外，它亦具備結業試的功能，為成績及格的學生提供初中學歷證明，好讓離校生能藉以在社會工作，此亦配合聯合國最低工作年齡為15歲的要求。

初中會考的考試內容根據一般初中教學課程釐訂，本身無特設考試課程。至於升讀中四的程序，教育司署將會根據建議初中會考的成績[96]，甄選並將學生分配至不同學校升讀高中課程。此公開考試雖然同樣牽涉派位與分流的程序，但原意仍是盡量保留合資格的學生原校升讀中四。

以往升中試操練成風的不良印象，使得不少教育界人士抨擊當時政府就初中會考的建議，認為初中會考將會主導初中的課程，並嚴重破壞五年一貫中學教育的完整

性，強烈反對政府於中三階段設立公開考試。

由於反對聲音過大，因此1974年白皮書頒佈以後，研究取代中學入學考試委員會亦於同年11月成立，除了研究升中的分流機制，亦同樣考量初中會考的可行性。委員會一年後發表的報告書，當中顧慮初中會考將會嚴重破壞中學教育的完整性，因此反對於中三階段完結時採用任何公開考試，並建議教育署應着手研究其他方法。

1976年11月，研究選派初中結業升學委員會成立，目的為敦促政府為所有需要的學生提供五年持續中學教育，並廢除任何形式的甄選制度。然而政府的態度認為甄選學生乃是必須的，因此仍然主張保留初中會考。不過，1970年代教育界逐漸掀起熱烈的教育政策辯論，教育團體發表的言論亦愈來愈多。[97]1976年，香港私立學校聯會、教育工作者聯會、教育行動組、香港社會服務聯會等，一共63個團體發表聯合聲明，促請政府擱置香港初中會考。至1977年以前，政府仍堅持在中三完結階段設香港初中會考。[98]直至1978年5月，港府與多個教育團體終於達成共識，宣佈不會於中三學年末設置大型的公開考試，取而代之的甄選機制名為初中成績評核辦法（Junior Secondary Education Assessment，簡稱JSEA），此機制於1981年實施，處理中三後的甄選及分流。[99]

初中成績評核辦法的運作模式與中學學位分配辦法頗為相似，由校外試及校內成績調整學生的派位優次，所有學生均須參加一個由中、英、數三科合成的公開測試，如中學派位辦法的學能測驗一樣，藉校外試的成績調整學校之間的程度，校內的成績則取決於個別學生中三上、下學期所有科目的成績[100]，即除了中、英、數等基本科目以外，以個人的校內成績及經調整的學校排名調整學生高中派位的名次。家長一共可以選擇15所不同的學校，並從16個地理分區中選出5個屬意的區域。

雖然初中成績評核辦法的運作模式與學能測驗相近，校外只用作調整學校之間的評分調整試，其分數不會直接影響學生個人的升遷機會。然而初中成績評核辦法自1981年施行以來，卻飽受抨擊。反對的人士認為該辦法依然阻礙中學課程的正常推行與發展，破壞學生正常的學習及妨礙其參加課外活動，增加中三學生的心理壓力。另外，亦有人認為當時初中成績評核辦法因簡稱為「中三淘汰試」，讓人誤解校外試為主要的甄選機制而遭到強烈反對。[101]

十七、人力資源規劃與資助高中學額不足

中三淘汰試的出現，是由於中四學位不足，政府需要仰賴一個甄選機制選拔學生。1970年代末開始，政府開始以「人力規劃」（manpower planning）的思路制訂教育政策，以人力需求來調控學位的供求。[102]初中成績評核辦法實施以前，政府約可為40%的學童提供高中資助學額。[103]1977年政府發表的《高中及專上教育：未來十年內香港在高中及專上教育方面發展計劃》綠皮書，提出擴充高中學位的方案，並建議在1981年將資助高中提高到50%。雖然政府承諾不以公開考試或初中會考的方式選拔學生，但由於實際升學人數遠超過此比例，因此綠皮書建議中三後亦需設置一個評核試，而民間稱之為「中三淘汰試」，這個考試主要作用是依據學生成績和該年的中四學位，定出每校升讀中四的學生人數，稱為「獲選派資格率」，不獲選派的學生部分會被吸納往工業學院，或到社會工作。在首年推行時，約有90,000名中三學生參加此評核試，其中60%獲派官立或資助的中四學位。[104]

這個考試引起一眾反對之聲，學界的吳明欽更指出：

> 中三試嚴重地打擊中學學制，腰斬了完整的、一貫的中學課程，使本來已經是以考試為中心的中學教育更加以考試為中心，妨礙青少年身心的發展。[105]

後來為了緩解民間對「中三淘汰試」的不滿，政府於《高中及專上教育發展》白皮書提出將資助學額提高至60%。到1985年時，政府資助的高中學額增逾70%。政府增加資助的高中學位方式，包括在現有的學校增加高中班級，並從辦學較為出色的私立學校「買位」。

1980年代香港人漸趨富裕，對學歷的要求更為重視，高中教育的需求因而急增，政府雖然依據人力需求來調控資助高中學額的增幅，但仍然不能滿足當時社會所需。由於高中學額供應不足，一些所謂的「高中學校」，專門提供文法高中課程的私立學校亦應運而生，讓不能升讀資助高中學額的學生繼續升學。

> JSEA（初中成績評核）的運作如何影響學校？第一，大家知道，JSEA要作評核，向教育局呈分，包括中、英、數三科，換言之，你不可能不重視這三科的成績。以校內的情況來說，中一至中三有很多科目需要學習：中、英、數以外還有宗教倫理、地理、世史、中史，早年更有經公、綜合科學等，可是

分數的比重，往往以中、英、數佔的百分比為高，因為知道他們去考試時，很着重這三科考試的成績。第二，其實對教育的影響也很直接，1980年的時代，全港有很多中學的班級結構是不規則型（asymmetrical，有稱為凸字型班級制或非平衡班級制）學校，六班中一，到中四時只辦四班，因此最少有三分之一學生被淘汰，不能原校升讀。他們一定要被派往另外的中學去。

到了1990年，教育局也知道「一為直上，另一要淘汰」這個政策行不通，你不能夠對學生有兩種不同的政策。當時真的整個北區沒有一所學校不是不規則型的，整區如是。反觀市區有很多都是規則型學校，豈非製造不平等！即這區比較好，那區差一點！

當時有些「高中學校」專收容不獲派位的高中生，現在都沒有了。可以說，不規則型學校乃JSEA的產物。1998年，政府正式發公函，說所有非平衡班級結構的中學將逐漸轉為平衡班級結構。[106]

除了上述高中學額不足外，潘萱蔚的憶述，亦反映當時初中成績評核辦法的另一問題。當時的中學分為「平衡班級結構」（亦稱「長方班」）學校，以及「非平衡班級結構」（亦稱「凸字型學校」），「平衡班級結構」學校的班級結構為5-5-5-5-5-2-2，中一至中五各有五班，而中六、中七各有兩班。「非平衡班級結構」學校的班級結構則為6-6-6-4-4-2-2，即中一至中三每級六班，中四及中五各有四班，而中六、中七各有兩班。「平衡班級結構」學校多為辦學多年的學校，而「非平衡班級結構」學校則為一些新界及新市鎮中的新辦學校。班級數目的不均，亦影響不同學校學生升讀高中的機會。由於初中成績評核辦法優先取錄原校直升的學生，因此對於就讀「非平衡班級結構」學校的學生，難免於升學機會方面不公平，隨後因校舍改善計劃增加課室比例，以及學生人數自八十年代後逐漸下降，學生升讀資助中四的比例才大幅增加。

十八、逐步取消初中成績評核辦法

1982年國際教育顧問團受港府邀請，訪港檢討香港教育概況，並發表《香港教育透視》報告書。報告書認為香港學童在求學過程經歷太多考試，指出減少考試次數很重要，建議盡快取消初中成績評核，認為政府應為任何有志繼續接受教育的學童提

供資助學位，並建議政府增加買位的費用。及後，1984年教育統籌會發表第一號報告書，提出擴張資助高中學額或初中後的教育機會，並提議當資助高中學額能足夠提供95%的中三學生升學時，便可以把初中成績評核辦法逐步廢除，預計在1991年便可以完成程序。教統會的方案雖獲政府接受，但民間反對的聲音依然不斷。[107]1985年1月10日的《明報》社論指出，政府在開擴高中教育方面效力不足，認為政府應該更積極開拓資助高中學額，改善及擴充現有中學的設備，從現有的資助中學提供更多高中學額，或從辦學優良的私校中「買位」，理應可以提早兩年達成為95%的中三畢業生提供高中學額的目標。[108]

1986年2月，檢討初中成績評核辦法工作小組發表報告書，建議於1987至1988年度起，小部分的中三評核試「選派率」達95%以上的學校，採用「平均獲派資格率」[109]，即以學校過去三年的獲派資格率的平均數作為該年的「選派率」，大部分成績較弱的中學仍然要參加中三試。[110]換言之，「中三淘汰試」真正舉辦的年期只由1981年至1987年。[111]

十九、學能測驗與中學學位分配辦法

前文提及，教育署在1978年提早一年取消升中試，並開始實施中學學位分配辦法（Secondary School Places Allocation System），處理及分配小六升中派位事宜，所有接受九年免費教育的小六學生，都需要參加一項名為學業能力測驗 （Hong Kong Academic Aptitude Test，簡稱 HKAAT）的公開評核，即所謂的「學能測驗」。

批評升中試的人士往往認為升中試只考中、英、數三科，使得學校只偏重三個主科而忽略其他課程。學校為了令學生派位成績佳，難免過分操練學生；另外單憑一個下午的考試表現便決定學童的未來，亦對學童與家長造成很大壓力。因此新的派位方法其中一個重要目的，便是減低學生的考試壓力，使得小學課程更為均衡。雖然所有學生均須參加學能測驗，但學能測驗的成績並不會影響個人的派位名次，成績僅用作調整及比較各校的能力表現。為了實踐均衡教育的目標，學生受考核的科目不單包括中、英、數三科主科，更包括社會、健教、自然、音樂、美勞等各科學習的整體表現。學校需要呈交學生小學五年級下學期及小學六年級上、下學期，共18個月的校內測驗與考試的成績及排名，稱為「校內成績評定」，而得出學生個人的「校內積分」，配合經過學能測驗得出「學能測驗得分」，再計算出個別學生「中學學位分配

調整分」。教育司署將依據「中學學位分配調整分」排列學生的學業成績名次。

在升中試的年代，派位小組依據中、英、數三科的升中試成績，將學生分為17個組別（Block），由於分組比例過窄，掛上「名校」標籤的學校，往往能吸納成績最為優秀的一小撮精英學生。為使教育機會更為均等，中學學位分配辦法大幅減為五個學能組別（Band），每個組別佔20%，假設每個組別的學生能力相等，此舉增加中學學位分配的隨機性，以及學能混合的程度，因而大大減低中學之間學生學能差距的程度，並大幅增加學生組合上的均等程度。儘管「名校」仍能吸納優秀的學生，但他們吸納的學生亦由以往最好的5%，擴展為最好的首20%，理論上增加了學校學生的多元性。[112]

中學學位分配辦法依地區將全港中學分為24個校網（後來改為18個），大大降低學生跨區上課的情況。不過，某些傳統的名校並不希望政府過分干預其收生，因而倡議保留直屬學校的制度。因此中學附屬小學部的學生，揀選直屬中學時有優先入學的特權，而直屬制度可保留高達85%的學額，餘下的學位才由中學學位分配辦法派位，此舉間接令到傳統名校的附屬小學部入學競爭更為激烈。

潘萱蔚對分區派位的看法如下：

全港派位對學生來說，上學不一定方便，全港理論上所有學校，主流的，多是政府津貼，根本沒需要跑來跑去。位於新界區的學校，特別是官立、津貼、補助等的老師也是大學畢業，跟香港島的也是一樣，教育背景不會比你優秀，理論便是這樣，為甚麼仍要學生折騰呢？根本沒這個需要。

現在仍是分區派位，分區派位使學校與學校之間能較為公平地競爭，對學生較為公道。學生當然可以選擇跨區，但那些應不是主流，只是小眾，現在主流仍是分區派位。

你應該也知道，為甚麼獅子山隧道會這麼塞車，除了上班以外，還有很多人出「外」讀書，多數到哪兒呢？九龍塘乃傳統名校區，大部分九龍塘的學生並非在原區居住，所以造成獅子山隧道或九龍塘區內街道經常塞車。[113]

學能測驗推出不久，便出現反對聲音，認為只考中文及數學的學能測驗，會令學生的語言能力（尤其是英文）下降，因而要求取消，並以一項新設而以課程內容為主

的中、英、數應用測驗去作為調整成績的測驗，而檢討中學學位分派程序工作小組亦曾建議教育司署廢除學能測驗，但教育司署在1986年第25號行政通告「中學學位分配辦法的改善措施」中，仍保留當時以學能測驗作為甄選程序。新的中學學位分配辦法倡議將學生的能力組別，由5組擴至25級，即在每個組別內，以同等成績的差距分為五個成績點，學生根據成績點的高低分配學位。[114] 新辦法認為智能超卓或差劣的學生只是少數，因此亦將以往平均分配的五大組重新劃分，第一組為7%、第二組為28%、第三組為33%、第四組為25%、第五組為7%。能力組別亦由以往全港統一分配，採取「就近入學」的原則，能力組別改為個

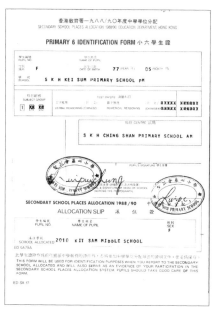

1988-90年度中學學位分配小六學生證。

別校網為基礎，好處是在評估時較能分辨個別學生在全港層面的相對位置；確保同一組的學生成績比較接近，並消除校網與校網之間同組學生能力上的差距。然而，新的中學學位分配辦法將再次將學生兩極化，令到全港成績最突出的7%，集中在極少數的名校中，而一些新設的學校，或因建校歷史較短，未能建立校譽，而不獲家長青睞，沿用既有的派位方法本令這些處於不利位置的新校有機會收錄能力較好的學生，然而更新的中學學位分配辦法卻令學生的分佈再次兩極化，降低了學生的社會與階級流動性，無疑違背了1974年教育白皮書「鼓勵各中學避免採取只取錄優秀學生的政策，改而容納不同程度之學生」的教育原則。[115]

二十、學能測驗的理論的宗旨

站在小學的施政者及管理層方面，應如何看待學能測驗？且聽林惠玲校長的看法：

其實我覺得學能測驗還是「操練」，不過更困難的一點是學能測驗的試題更難掌握、捉摸，以前（升中試）中、英、數只是依着課程綱要，還是有跡可尋，但學能測驗……由於講求的是學能，不一定是把重點放在學科知識方

面，有些題目更是「超越知識」的，考核「價值」，有些東西我們感覺得是問得有點「無厘頭」，可是也要學生能夠理解及回應才行。其實沒有甚麼特別，教師仍是着學生多做練習，以及為他們解釋多一點，多做模擬試題或練習吧了。[116]

顧名思義，學能測驗旨在考核學生的學習能力。根據教育署有關學業能力測驗的文件，學業能力定義為學生表現在學科、課業的能力，而這能力與學業成就有着密切的關係。學業的能力由兩方面構成，一為學生的基礎智能，另一為學生透過正常學習過程中培養的能力。由於學能測驗的功能為衡量與排列學校之間的成績，這測驗理所當然更着重學生在校學習過程所沉浸得來的教育價值，因為它正正反映學與教的效果。學能測驗的設計重點在於評核學生是否能運用學習過程中吸收的一般概念、知識與技能而進行的推理活動。依教育署的立場而言，「培養學生的思考能力理應為各學科的共同教學目標」，假如學校遵照課程發展議會所編訂的課程，採用靈活的教學方法，而令各學科的課程得以均衡發展，此能力理應順着學生心智的成長自然培養出來，而不需依靠刻意操練才能攫取。

學能測驗包括兩份考卷，「文字推理」（verbal reasoning）及「數字推理」（numerical reasoning），全為多項選擇題。「文字推理測驗」的題目材料，主要是以小學生在日常生活中所接觸到的事物，所吸取的常識及一般文化，社會、家庭、教育等範疇的常識為基礎。測驗的目的不在考驗學生的記憶能力，雖然學能測驗並沒有任何指定的課程範圍，但測驗範圍亦不能踰越一般學科知識範圍。文字推理測驗試題用的字彙、詞語、句子組織均是小六學生在一般的學習過程中應接觸到的，前提是學生須有正常的記憶能力和理解能力，熟識小學的常用中文。在文字推理測驗中，涉及需要學生特別記憶的材料都不會用來擬題，用字盡量顯淺，以免干擾學生的思考活動，抵觸思考推理的原意。

學能測驗重點在考核學生的思考與推理能力，在「文字推理測驗」一卷中涉及的思考過程所處理及運用的概念，包括理解文字、辨別詞義、遵照指示、歸納事物、對比關係、排行序列、觀察、推論事理、分析資料等，這些題目均以文字作為思考骨幹，透過文字衡量學生處理與運用概念的能力，而歸納的測驗題式有續句、類別、對比、問題、重組句子、排句成段、代號推理、邏輯推理、作用推理、序列推理，和閱讀推理等11類，共85題。

「數字推理測驗」則共50題。雖然是有關數字推理，但教育署亦強調非只測驗「數字」，而是一份應用基本數學知識的測驗卷，綜合「數學概念」與「思考過程」兩個方向來擬定。「數學概念」基本考核的課題包括度量衡、圖形、分數、數型、單位兌換、組合、排列、方向、時間、數字的分類排列關係結合、因數、倍數、四則運算、價錢、統計、代數、周界面積、算式推斷、基本運算和關係及運算符號等。「思考過程」包括基本運算、理解、應用、推理及找尋數學規律等。數字推理測驗並不要求繁複的計算或「套公式」的運算，而是着重數學知識的運用，對數學概念的理解以及思考力的掌握。

「文字推理測驗」與「數字推理測驗」均採用多項選擇題的形式擬題，兩卷分別由教育署邀請專職人員負責擬設，加以審訂後始推出預試，預試的結果及成績將會由電腦進行分析，教育當局會保留預試中良好的題式，並再次進行預試，確保測驗的信度和效度。

學能測驗每年約在小六上學期12月初舉行。正式舉行前，教育署會在11月將試題練習送予各校，讓學生熟習試題模式。

二十一、學能測驗的迴響

學能測驗甫推出時，鑒於以往升中試操練成風的現象遭受社會各界人士抨擊，教育司署的發言人每每講解學能測驗時，總強調「測驗成績不一定會隨着練習次數而提高」[117]，有不少教育界人士與家長為此與課程無關的公開考試，能夠令老師與學生因考試壓力得以鬆綁而感到欣慰。

不過，輿論中反對學能測驗的聲音也不少，認為學能測驗只是「換湯不換藥」、不考英文的「新升中試」，目的仍然是要把學生分成等級，標籤效應猶在。雖然個別學生的成績並不會影響自身的派位，但由於學生的成績影響學校的排名，不少人認為以往的升中試只是學生與學生之間的比試，然而新的測驗方式卻成了學校與學校之間的比拼。因此當時有評論者認為一些重視校譽的學校，仍會頻頻操練學生，冀能保持學校既有的優勢，預料學能測驗的「應戰之風」將不下於升中試。以下為1977年《華僑日報》的報導，反映當時社會對學能測驗作為調整學校排名機制的擔憂：

學生一如升中試之前，受到同等身體及心理上的摧殘，因為一間學校獲得好成績，校內同學便有優先選擇區內聲譽良好中學的權利，另一學校整體成績低落，校內同學便無此權利，於是該校成績斐然的同學就給其他同學扯低了。[118]

當年取消升中試，改用學能測驗，是因為小六的公開考試造成極之嚴重的「填鴨式」教學。學校和家長都全神貫注逼使學生準備中、英、數三科考試，其他甚麼都不重視。這樣畸型的教學，從四年級或更早便開始。支持改革的人士相信取消了「一戰定生死」的三科升中試，可以減輕學生、家長和教師所承受的壓力，在小學創造空間進行較有意義的教育。反對新辦法的人卻認為測驗與小學的學科無關；實行學能測驗，只會令學生和教師分神，忽略基本學科的教與學，損害學生基礎。新制度推行以後，「填鴨式」教育依舊存在，但填的材料不再是中、英、數，而是模擬學能測驗的多項選擇題。[119]

二十二、「囚犯的兩難」──學能測驗操練成風

撫心自問，我們學校當中有多少是從來不會訓練學生做學能測驗練習的呢？[120]

教育署認為學能測驗主要衡量各學校的成績，測驗內容並不與學生校內成績掛鈎，理應能消除學生公開考試的壓力。在教育署派發的文件中，有一列為「學校對學能測驗應有的態度」，當中更闡明：

(1) 學校只需遵照課程發展委員會的規定，均衡施教各學科的課程，學校毋須為了應付學能測驗，而在測驗舉行前將全部小六課程趕完；更不必在小六前做任何模擬學能測驗的練習。

(2) 各學科的教師都有責任培養學生的思考推理能力，而不應把責任推卸到語文科和數學科的同事身上。

(3) 學校操練以應付學能測驗，必定會破壞校內課程的均衡發展，而且誤導學生只重視學能測驗而忽略校內學科。學生升讀中一後，將會因各學科根基未穩，以致難於應付中學課程。

教育當局主張學校毋須給學生為應付學能測驗而進行操練，它引用外國的研究數據說明過多的練習亦不會提升成績；支持保留學能測驗的聲音，認為學能測驗操練成

風源於學校過分要求學生機械化地操練學能測驗，而問題並非學能測驗本身，但亦有教育界人士表示操練實為無可厚非。有學者以「囚犯的兩難」（Prisoner's dilemma）比擬操練學能測驗與否的矛盾之處。[121]學能測驗剛剛實施之時，確能反映各校學生應有的水平，並可依據以排列學校的優次。但隨着各持分者漸能掌握學能測驗的命題趨勢，部分學校會一如既往進行操練，而有些學生經過操練以後，確能提升學校平均分及排名，間接令學生獲得更好的中學派位分數；反過來不進行操練的學校卻因此而陷於劣勢。推行20年的學能測驗，最後的結果卻是雙輸，所有學校都必須承受操練的惡果。因此，不少小學自四年級開始便會為學生準備學能測驗，或犧牲其他科目的上課時間以進行文字或數字推理的練習。[122]由於所有學校都困在一個無休止的學能測驗遊戲中，所以各方都不能在中學學位分配機制的「學能測驗得分」中得益。儘管教育署強調「不應操練」，或將操練成風的罪名加諸學校老師頭上，但是當學校及家長理解學能測驗的成績與學校所獲分配各級學生人數的比率息息相關時，往往面對操練與否的兩難。

二十三、「評非其所學」──學能測驗的取消

> 最致命的是「學能測驗」的內容與小學課程不相符，所謂「評非其所學」，教師和學生付出了不少時間和努力去完成兩個課程（正常的課程及學能測驗課程），對學生發展基礎能力、語文能力和其他學習能力毫無幫助，致使小學教育的效果下降。因為大部分的五、六年級的中、英、數上課內容是核對答案，不是填ABCDE便是PQRST[123]，絕少老師會思考如何使操練「學能測驗課程」令學生學得有趣。這種教學便是摧毀小學生學習興趣的罪魁禍首。[124]

為準備學能測驗，學生操練成風，影響其正常的學習生活，因而這個取代升中試的機制備受抨擊。1990年代以後，學能測驗最受人非議之處，卻是它的考核內容脫離了小學生應有的學習範圍，試題的設計亦與原定考核的思考推理能力有很大的落差，終究不能有效地評核學生學業的成就，過多的操練亦被指磨滅學生的學習興趣。

雖然學能測驗作為有效的評核機制獲得肯定，但卻發現它偏離當初設定的考試目標──「考核學生的思考能力」。例如「文字推理測驗」的研究結果顯示有關測驗並不能分辨出多種推理技巧，很多題目都只局限一種文字推理技巧。加上學生過分着重練習推理，亦使得邏輯推理的能力逐漸被鑒辨模式的能力取代。

同一報告書中亦指出，「文字推理測驗」題目實際上是以語文能力為依歸的，然而，文字推理的題目用字往往無上文下理可循，短句之間毫無關連，甚至在一些題目中，亦只有不過三、四句本為相連的句子，並無摘錄原文的段落或較長一點的文章以供推理。換言之，文字推理的題目只鼓勵學生將推理技巧應用在低層次的語言單位，例如字、詞和一些帶有句羣的片詞，此點亦被攻擊為造成小學生語文能力下降的重要原因。

「數字推理測驗」研究的報告則表示，它基本上仍是一項成績測驗。測驗題目的內容一般取材自小學數學科課程，但卻也有三分之一的數字推理題目所涉及的題材並不在小學課程的範圍內，但並不表示有關題目較為艱深，而是學生需要運用較高層次的思考方式才可解答這類問題。數字推理的構思，在擬題時本以考核多種不同的推理技巧為依歸，但有時原定用來量度學生某一技巧的題目，結果往往變成考核另一種推理技巧。

再者，當時學校過於着重操練，學生在熟習題目後，多會循同一步驟來解答學能測驗題目，而非真的運用邏輯推理的能力，或說邏輯推理的能力已逐漸被鑑辨模式的能力取代，偏離最初的測試所設定的原意。

一羣積極的小學教育工作者均有同感，就着已經實行十多年的學能測驗提出疑問，究竟學能測驗是否一個公平合理的升中派位機制？而更重要的是學能測驗是否能有效地評核學生學業的成就，使人得知教與學的效能，從而就整個小學教育制度，包括師訓作為檢討和改善？

學習與評核應該是相輔相成的，「評非其所學」就無法知道學習的進展如何，校內對各科目的評核，就是基於這個原則，是因為有了學習目標，才需要評核學生是否達到學習目標，不論是「考試帶動學習」抑或是「學習帶動考試」。[125]

二十四、切合香港需要的評估

八、九十年代開始，世界各地大力推行課程改革，而課程的改革必定牽涉評核方式的改革。考試於教育持分者來說，不再只作為排序學生能力優次的工具，而是成為有效衡量、監察及輔助學與教的工具。社會對考評的要求，不單是滿足「評核所

學」（Assessment *of* Learning）的功能，而更着重「評核促進學習」（Assessment *for* Learning）的功能。

根據《教育統籌委員會第四號報告書》（1990）第52頁：

> 正如我們較早前指出，香港的教育制度已由選擇性的教育變為為所有兒童提供九年強迫教育。因此，評估制度不再單純扮演挑選精英的角色。現在更需要的是，確保我們的評估制度亦能起到進程的作用，即應能提供所需的資料，以協助教師和學生改善教授與學習情況。經小心詳細討論後，本委員會認為香港需要一個符合下列三個主要條件的評估制度：
>
> （a）　向學生與教師提供所需的資料，以達到進程的目的；
>
> （b）　向僱主及家長提供清楚列明學生成績的報告；及
>
> （c）　使政府在徵詢市民的意見後，能夠訂定教育標準並監察教育水準。

1990年《教育統籌委員會第四號報告書》建議推行「目標為本」（Target and Target-Related Assessment，簡稱TTRA，後改為Target-Oriented Curriculum，簡稱TOC）課程改革，尋求更為有效評定學生成績的辦法，而制訂與發展的「學習目標及目標為本評估」的架構。報告提出香港的公開考試向來偏重甄選學生的功能，採用「常模參照」（norm-referenced）的評核理念，將學生的成績互相比較，以甄選學生升往另一個學習階段。

然而，隨着出生人口下降，足夠的公費學額，以及均等和免費教育政策的實施，甄選學生的需要相對減低，因此考試的功能亦應由揀選學生，給學生排序，轉變為具備能夠輔助學與教的有效工具。以上的引文，正好説明當時社會正尋求一種切合「香港需要」的評估，而新的評估制度，不論是校內日常評估，或校外公開考試，其主要功能便是提供資料，顯示學生是否達到學習目標，繼而調整課程、進度，甚至是師資訓練的內容。

學能測驗的主要功能為衡量各校學業水平的差距，再根據學生校內成績評分，按學生能力依次分派中學學位。但由於學校急切希望學生在學能測驗中有良好的表現，以爭取學校有較佳的整體學生成績，所以往往集中教授零碎的知識，頻頻操練學能測驗形式的試題，以致忽略其他教學活動。[126]1996年，由二十多個教育團體組成的檢討升中派位機制聯席，於會議期間提出希望取消學能測驗，使學生能充分利用所有學習

的時間進行有益的正常學習活動，而不需要再為操練「評非其所學」的學能測驗而糟蹋正常的學習生活。[127]檢討升中派位聯席會議（1996）當時提倡校外試改為考中、英、數三科，並以該科目的課程綱要為主要評核內容，不再出現「評非其所學」的情況，並以這個公開試的成績作為調整學校派位的依據，即保留以往中學學位分配辦法中，以校外試調整學生個人校內評分的機制。

2000年5月，教統會推出《教育制度檢討：改革方案諮詢文件（廿一世紀教育藍圖）》，就有關學能測驗的存廢進行諮詢，同年9月推出《香港教育制度改革建議》，不過諮詢期仍未完結，政府在2000年7月4日便宣佈該年將取消學能測驗。[128]直至新的評核辦法推出以前，教統局將參考各校1997年至1999年，共三年的學能測驗結果作為指標，調整學生的校內考試成績。派位組別亦由以往的五組減為三組，每組各佔總體學生三分之一。

此過渡方案一直沿用至2006年度，及後教統局再次修訂中學學位分配辦法，由2007年起採用中一入學前香港學科測驗（俗稱編班試，簡稱為Pre-S1）的成績，調整其中一新生所屬小學之後的小六學生的校內考試成績。

二十五、存與廢、樂與怒——全港性系統評估的推行及其反響

由2004年開始，全港性系統評估（Territory-wide System Assessment，簡稱TSA）取代香港學科測驗，評估於每年6月舉行，目的是了解全港學生在中、英、數三科之水平，以改善學生在這幾個學科的能力，該評估並不計算學生個別的成績，僅用以評估學生整體狀況。學校可參照該校與其他各校成績，了解其學生在中、英、數三科的基本能力水平，並就有關數據，因應學生的能力水平，提供適切的教學改善與安排。除當天缺課學生及國際學校學生外，所有就讀小三、小六及中三的學生均須參加評估。[129]

全港性系統評估主要以紙筆測試形式進行，於2004年年中、2005年年中及2006年年中開始，分別在小三、小六及中三級按年推行。2007年共有逾1,000間中、小學及約22萬名學生參與。2009年，H1N1新型流感在香港社區爆發，該年度的全港性系統評估取消，沒有再另訂日期進行。

就學術研究理念，以及基礎教育實踐這兩方面而言，TSA這種評核制度在整個教育過程中是不可或缺的，厥因評核和教學互為影響。而像TSA這種評核制度在西方國家是一種非常普遍的教育政策之一，如英國的SAT（Standard Assessment Tests，標準

評估考試）、美國的NAEP（National Assessment of Educational Progress，全國教育進度評審）和澳洲的NAPLAN（National Assessment Program – Literacy and Numeracy，澳洲全國學生讀寫及算術能力評估考試）等，因而教育局以至各中小學，特別是小學，甚為重視TSA這個評核的機制。再者，TSA推行時正值小學「殺校」潮，當時有小學不惜違規外洩TSA成績以吸引家長報讀，再加上有教育界傳言指TSA成績是教育局內部評估各校的指標，關乎學校生死存亡，因此學校變得極為重視TSA成績。教育局一方面雖然否認，但另一方面卻向達不到水平標準的學校「施壓」。學校為了提高學生成績，便要求小學生反覆操練試題、參加補課班、甚至額外購買補充練習等，無所不用其極。

有見於每年考核的頻密程度可能對學生構成太大壓力，教育局於2011年11月15日宣佈，2012年及2014年間將暫停進行小學六年級全港性系統評估，而2013年則暫停中一入學前香港學科測驗。但在「停試年」，負責執行評核的機構[130]仍會向學校提供有關試題，讓學校自決是否參與。2014年4月，教育局對TSA推出一系列優化措施，包括取消向小學發放其學生在TSA中的達標率，2015年起隔年舉行小六TSA（逢單數年舉行，個別學校在雙數年仍可以自願形式進行評估），把TSA從小學「表現評量」中剔除，以及提供互動的TSA報告平台。

2014年11月6日，立法會通過「還學生快樂童年」的無約束力議案，其中一項要求是促請教育局「檢討全港性系統評估的考核內容，避免學生要機械式操練試題，以及研究應否取消全港性系統評估，以減輕學生的學習壓力」。

香港教育專業人員協會（簡稱「教協」，Hong Kong Professional Teachers' Union）在2015年3月進行問卷調查，以了解TSA在小學推行的最新情況，以及教育局在2014年所推行的優化措施之影響，調查結果分別有：

- 73%及70%教師不認同普遍小三／小六學生可於沒有操練情況下應付TSA試卷要求；
- 61%及59%教師認為TSA優化措施無助減少補課／操練；
- 73%及80%教師認為TSA對學生／教師構成的壓力程度達7分或以上的水平（10分為最嚴重）；
- 62%及65%教師認為優化措施不能減輕老師／學生的學與教壓力；
- 67%及65%教師認為小三／小六TSA不應繼續推行。[131]

教協總結認為TSA已經異化，並背離政策原意，其試題的艱深程度已達到「不操不識」的地步，無法反映學生真實水平。因此政府若無法提出積極的有力措施，便應該廢除TSA。

同年10月中旬，有家長在社交媒體設立「爭取取消小三TSA」的專頁，一個半月後參與人數達4.7萬。不少家長在專頁內表示支持取消，並講述自己子女面對TSA壓力的苦況。

在這段期間，不同持分者均對TSA存廢發表意見，現輯錄如下：

- 教育局——局長吳克儉指澳洲、加拿大、美國，甚至一些發展中的國家也有為年幼學生作相類的評估，香港作為國際都會，若取消TSA，會是很大的倒退。他又稱聽不到有人反對TSA的原意及設計。
- 教育局——向學校發出「不操不忙 有效學習」的新修訂《家課與測驗指引》，提醒學校毋須為應付TSA而改變教學及評估方法，以及不應使用着重操練的補充練習或應試練習。
- 立法會——共收取164份意見書，當中有80%認為要全面或局部取消小學TSA，兩成認為TSA可保留及優化。
- 小三及小四學生——分別指TSA令其沒時間玩樂和做運動，應予取消；亦有稱TSA比校內考試輕鬆，不須取消。
- 家長——不滿TSA，指其子女因要應付TSA的緣故，經常被學校要求留校補課，並增加操練，因而造成巨大壓力。
- 田北辰——試做坊間參考教材其中23題小六數學及8題小三中文題目，數學題僅答對11題，答錯超過一半；中文8題錯3題，認為問題較深，未有操練根本不會做。

TSA檢討委員會完成報告，肯定TSA的原意及存在價值，建議減少試題及圍繞基本能力，議決建議邀請約50間小學試考，其他學生可暫緩應試。教育局局長吳克儉認同建議的大方向，並重申不鼓勵操練。此外，試題深淺和題目設計會予以調校，中文科閱讀卷由三篇減至兩篇，字數少於1,200字，題目不多於20題。英文科閱讀卷則由4個部分減至3個，每篇不多於150字，全卷不多於400字。數學科試題數目會較現時少兩成，亦只圍繞一個基本能力，並減少關聯題。約50間小學獲邀試考新試題，校方可以拒絕邀請，而不獲邀的學校亦可自行參加。如果家長有意見，可向校方反映。[132]

TSA推行至今，雖然教育及考評當局力竭聲嘶地強調此評核測驗的作用非為篩選，但仍難免成為學校之間的競爭指標，連同「中一入學前香港學科測驗」（Pre-Secondary One Hong Kong Attainment Test），成為操練學生的重點，教育改革希望擺脫應試教育的努力可謂「付諸東流」。

註：

1　陸鴻基，《從榕樹下到電腦前：香港教育的故事》（香港：進一步多媒體有限公司，2003年），頁123。

2　蔡熾昌訪問稿，2008年12月22日。蔡氏在國內讀小學，其後來港升讀五年級，經小學會考升讀皇仁書院，1964年入香港大學理學院。畢業後在筲箕灣官立工業中學任教，及後轉職市政局圖書館，再轉教育署考試組。其後香港考試局成立，蔡氏主理統計及系統部門工作，後升任香港考試局秘書長。

3　The Joint Primary 6 Examination Committee, Education Department, *Joint Primary 6 Examination 1961, Regulations and Syllabuses*, Hong Kong: Ling Kee Book Store, p.1.

4　當時一般工作的學歷要求為小學畢業。在五、六十年代時，持有小學資歷便可投考警察。

5　根據記錄，1921年香港人口為62萬人，到1931年便約有85萬人，而到1939年底，香港人口估計為170萬，這十數年間，人口以倍增加。

6　陸鴻基，〈一九三〇年代香港教育概觀〉，《兩次世界大戰期間在亞洲之海外華人》（香港：香港中文大學亞太研究所，1989年），頁187-188。

7　根據1931年的人口普查，香港人口約85萬，而5至20歲的學齡人口約有253,000人，然而註冊學校的學童人口卻只有72,917人，説明只有少於三分之一的適齡人口在學，若然只計算5至14歲的初等教育學齡人口，則大概有一半兒童在學。不過，數字上雖然有一半數目兒童就學，卻只有1,367名11歲以下的學童就讀於政府學校及補助學校，受惠於較優質的教學環境。

8　1930年代地盤工人的工資，男工每天只有五至八角，女工約四至五角，工廠女工薪金則更低，當時普通的私立學塾學費約每年六至十二元不等，約相等於勞工階層一個多月的工資，對一般家庭來説，生活已胼手胝足，子女教育無疑為奢侈品。

9　陸鴻基，〈一九三〇年代香港教育概觀〉，《兩次世界大戰期間在亞洲之海外華人》（香港：香港中文大學亞太研究所，1989年），頁 187-199。

10　Education Report, *Hong Kong Annual Report for the year 1938*, p. 9.

11　盧湘父1905年在澳門創辦湘父學塾，以自編的蒙學新教本來教學。他在1911年將學塾遷往香港，倡辦女學，何東之女何艾齡亦曾就讀湘父學塾，湘父學塾後改名為湘父中學。

12　根據1913年湘父學塾刊登的招生廣告，學校一年的脩金便要50元，漢文夜校亦要40元。

13　壬戌學制，亦稱為「六三三學制」，修業年限分為初級小學四年、高級小學兩年、中等教育六年。

14　戰前就學人數少，蓋因不少的學齡兒童屬不穩定的流動人口，有些屬以捕魚為生、居在舢舨水上家庭的子女，四處飄泊，沒固定的住處，難以每天定時到校上課。另外不少的失學兒童為南來避難的移民子女，家長視香港為避難的暫居地，因而不讓孩子就學，造成失學兒童眾多，他們到處流連，間接引起社會不穩。

15　當時註冊的私立漢文學校約有700所。

16　見南朝周興嗣著，原文次韻《王羲之書千字》。

17 見北宋汪洙《訓蒙幼學詩》。

18 即是超額學生，譬如每班名額規定40名學生，私校一般多收，當有教育司署的官員來查時，這些超額的學生需要從後門暫時離開，到那些官員離去後，再回校繼續上課。

19 見譚錫麟、黃浩潮、鄭樹鈞 2012年6月28日訪問稿。

20 P. Donohue, 1959. "School Expansion in Hong Kong, 1945-1958", *Journal of Education*, No. 17, p. 3.〈南遷學生日漸增加 來港肄業數亦不少〉，《華僑日報》，1949年2月21日。

21 Donohue, P. 1959. School Expansion in Hong Kong 1945-1958. *Journal of Education*. University of Hong Kong.

22 區志堅、彭淑敏、蔡思行，〈戰後普及教育的藍圖——《菲莎報告》〉，《改變香港的60篇文獻》（香港：中華書局（香港）有限公司，2011），頁209-215。

23 參考《香港年鑑1954》教育部分，頁59。

24 陸鴻基，《從榕樹下到電腦前：香港教育的故事》（香港：進一步多媒體有限公司，2003），頁123。

25 同上註，頁124。

26 往昔學制，第一班為最高年級，由第八班遞升至第一班。

27 即羅富國教育學院，1939年創立，原稱香港師資學院，為香港第一所專門培訓教師的院校，其後以提倡設立該院校的時任總督羅富國命名，並以羅富國的家族徽章作為校徽，1994年被合併為香港教育學院。

28 秦景炎訪問稿，2009年12月18日。秦景炎戰後入讀掃桿埔嘉道理官立小學，中學升讀皇仁書院，其後入讀羅富國教育學院，畢業後任教香島道官立學校，其後考入香港大學繼續進修，大學畢業後任教於維多利亞工業中學，後調職至考試組，出任科目主任之職，及後獲送往美國受訓，回來主理多項選擇題的開發。

29 李宏輝訪問稿，2010年1月29日。李氏曾任教育署助理署長，孔仙洲紀念中學校長等職，2013年逝世。

30 〈一年來之官立漢文女校 校長昨在畢業頒獎禮中報告〉，《華僑日報》（1951年2月1日），此載自方駿、麥肖玲、熊賢君編，《香港早期報紙教育資料選萃》，頁136-139。

31 〈本港教育署定期招考男女免費學生〉，《中興報》（1935年6月5日）。載自方駿、麥肖玲、熊賢君編，《香港早期報紙教育資料選萃》，頁2-3。

32 羅慶麟訪問稿，2012年7月18日。羅慶麟50年代初就讀於敦梅學校，其後轉讀聖保羅書院，後入香港大學地理系，畢業後先後於聖馬可中學及筲箕灣官立中學任教，至1970年轉職考試組，出任科目主任，其後又轉任人文學科組的首席督學。

33 A. Sweeting. 1993. *A Phoenix Transformed: The Reconstruction of Education in Post-war Hong Kong*. Hong Kong; New York: Oxford University Press.

34 證書後來易名為小學六年級會考證書（Joint Primary 6 Examination Certificate）。

35 Norman G. Fisher. 1951. *A Report on Government Expenditure on Education in Hong Kong, 1950*, Hong Kong: Noronhu, pp.29-31.

36 包括官立學校以及西式教育為主的教會學校。

37 至今又改回六年中學的學制。

38 由於學制統一，該年的漢小四會考提早告一段落，該年的新生主要透過各小學校長保送。

39 部分非華人的學生，可以報考程度較深的附加英文取代中文科。

40 Norman G. Fisher. 1951. *A Report on Government Expenditure on Education in Hong Kong, 1950* . Hong Kong: Noronhu. pp. 29-31.

41 *Hong Kong Annual Departmental Report by the Director of Education for the Financial Year 1953-1954*, p. 69.

42 引述鍾展鴻，《我們來自東院道官小》，頁166。

43 黃浩潮訪問稿，2012年6月28日。黃浩潮少時就讀於南橋中學附小，其後升讀南橋中學、中華基督教青年會中學，完成高中課程，並應考第一屆香港中文大學入學試，獲新亞生物系取錄，翌年轉歷史系。畢業後曾任教協同中學、保良局第一張永慶中學。考評工作方面，黃氏歷任中國歷史科考試工作人員之職，亦曾獲邀請出任會考委員會委員。

44 〈本年官立小學一年級 四萬餘人申請 學位不足九千〉，《華僑日報》（1961年5月15日），第四張第四頁。

45 A. Sweeting. 1993. *A Phoenix Transformed: The Reconstruction of Education in Post-war Hong Kong.* Hong Kong; New York: Oxford University Press.

46 英華女學校校史委員會編，《百年樹人百載恩 英華女校校史1900-2000》，2001，頁144-146。

47 同上註，參考 "Silcocks to the Director of Education, Hong Kong". 1955年5月4日，頁145。

48 A. Sweeting, 1993. *A Phoenix Transformed: The Reconstruction of Education in Post-war Hong Kong*, pp. 178-179.

49 *Annual Departmental Report by the Director of Education for the Financial Year 1950-1951*, p. 18.

50 *Education Department Annual Report,* 1939.

51 〈教育當局今年度起增設中學生獎學金甄別試 獎額一百名 定本月三十日舉行 資格根據小學會考成績決定〉，《星島日報》(1951年7月7日)，載自方駿、麥肖玲、熊賢君編，《香港早期報紙教育資料選萃》，頁183-184。

52 原文為稱為「獎助」學校。

53 即前文所提及的八年一貫學制，第八班相等於小五程度，由於譚錫麟已考入工業學校，便不用經小學會考或入學試，順理成章升讀學校的第一班。

54 譚錫麟、黃浩潮、鄭樹鈞的訪問稿2012年6月28日。

55 顏明仁，《戰後香港教育》（香港：學術專業圖書中心，2010），頁21，引 *Hong Kong Triennial Survey by the Director of Education for the year 1967-1970*, p. 121.

56 參考http://www.lscoba.com/news/articles/google.html。

57 根據〈小學會考常識科內容超出範圍 新界學生負屈 家長函訴不平〉，《華僑日報》，1961年5月23日，第三張第二頁。

58 見維基百科網頁https://zh.wikipedia.org/wiki/，2016年1月12日瀏覽。

59 〈1962年中學入學考試規則〉，收錄於胡熾輝編，《香港教育年鑑1963至64年度》，頁54-56。

60 J. Canning, *Hong Kong Education Department Annual Summary 1969-70.* Hong Kong: Government Printer, p. 7.

61 指母語非漢語的學童。

62 升中試各科成績分為九等，「1」等最優，「9」等最劣，「6」等以上及格。本書其中作者為1963年升中試考生，中英數分別獲得2-3-3等的成績。

63 劉賀強訪問，2013年3月4日。

64 《我們來自東院道官小》，頁44-49。

65 同上註。

66 潘天賜，《司徒華先生逝世五週年追思特刊》，2015年12月7日《教協報》，頁2。

67 當時「學徒」亦稱「學師仔」。

68 潘天賜，〈「平民教育家」司徒華——憶先生的平民教育實踐〉，《司徒華先生逝世五周年追思特刊》，《教協報》652期，2015年12月7日；詳見司徒華，〈為徙置區學生爭口氣〉，《大江東去：司徒華回憶錄》（香港：牛津大學出版社，2011年），頁406-412。

69 胡振海，《校長手記》（台北：文史哲出版社，1995），頁242。

70 1973年，文憑教師因薪級問題遲遲未得解決，發起抗議升中試行動。教師在監考升中試後，向考生派發「給升中試考生的信」及白底紅字「升中試．壞制度」貼紙，痛批升中試迫使學生長時間溫習，剝奪學生的快樂童年，摧殘學生身心，而教師被迫操練學生應試，亦同受其害。信中又提出要求政府盡速增辦官津中學，以五年為期，逐步達至小學畢業生都可以升讀中學，使升中試可在五年後廢除。原文載〈教師促增辦官津小學，五年以後取消升中試〉，《大公報》（1973年5月4日），第二張第五版。

71 潘天賜，《司徒華先生逝世五週年追思特刊》，2015年12月7日《教協報》，頁2。

72 1973年教育綠皮書。

73 見吳思源，〈還是升中試好〉，載於《基督教週報》（2014年7月13日），第2603期，網頁：http://www.christianweekly.net/2014/，2016年1月12日瀏覽。

74 程介明，〈教育的回顧（下篇）〉，王賡武編，《香港史新編》（下冊）（香港：三聯書店（香港）有限公司，1997），頁472。

75 C138 - Minimum Age Convention, 1973 (No.138), Convention concerning Minimum Age for Admission to Employment (Entry into force: 19 Jun 1976). Adoption: Geneva, 58th ILC session (26 Jun 1973) - Status: Up-to-date instrument (Fundamental Convention)- International Labour Organisation.

76 1973年《准予就業最低年齡公約》第2條第2項。

77 〈第二章 童工權利國際保護的國際法框架〉,《童工權利的國際保護》,廈門大學學位論文,頁12-13 (http://www.docin.com/p-284680630.html)。

78 當年這些輕工業工廠一直以來均僱用了14歲以下的「借證兒童」作為勞動力,可參考湯月娥的故事。

79 葉漢明,〈第三章 埋夾高手:少年工湯月娥的故事〉,蔡寶瓊編,《千針萬線:香港成衣工人口述史》(香港:進一步多媒體有限公司,2008),頁97。

80 A. Sweeting, p. 250.

81 蔡寶瓊書中的女工大多有英文名,如文中所引用的Betty與Alda,此乃她們從工廠女工升級到文職的記號。

82 蔡寶瓊,〈多少夜讀的寒暑〉,《晚晚六點半——七十年代上夜校的女工》(香港:進一步多媒體有限公司,1998),頁17,載錄Betty的故事。

83 同上註,頁20,載錄Alda的故事。

84 陸鴻基,《從榕樹下到電腦前:香港教育的故事》,(香港:進一步多媒體有限公司,2003),頁156。

85 〈徐立之:我一世好運〉,載於網頁:http://www.com.cuhk.edu.hk/ubeat_past/021253/tsui.htm,2016年7月2日瀏覽。

86 《1944教育法案》亦名為《巴特勒法案》(Butler's Act)。

87 徐輝、鄭繼偉編著《英國教育史》(長春:吉林人民出版社,1993),頁289-291。

88 實用中學早在1960年已開始推行,這類中學以英國國會在1944年透過制定《教育法令》而設立的「現代中學」(Secondary modern school) 為藍本,目的在於在傳統文法中學以外給學生多一個選擇。這類中學有別於以教授學術科目為重心的文法中學,它提供更實用和貼近社會需要的課程,從而讓學生投身社會前做好準備和得到所需的技能,使學生能夠適應香港戰後工業化的社會。

89 陸鴻基,《從榕樹下到電腦前:香港教育的故事》(香港:進一步多媒體有限公司,2003),頁125。

90 綜合型中學結合了普通中學與技術中學校的課程,也包括就業訓練的職業課程,以因應學生的需要,讓學生能有機會跨科加廣選修學習,強化通識教育的需求。

91 在小學會考的報名表中,考生除了填寫志願以外,亦須回答問題:「如該考生不獲升中等文法學校,是否情願往政府實用中學升學」,某程度反映小學會考受三分流制度的影響。

92 胡少偉,〈香港考試制度的變革〉,《優質學校教育學報》第五期,2008,頁57-64,文中引黃顯華、戴希立,《香港教育邁向2000年》(香港:商務印書館(香港)有限公司,1993)。

93 這些意見見於教育局網頁：http://www.edb.gov.hk/tc/about-edb/publications-stat，文字經修訂。根據當年的研究數據指出，33%（全部人數為592人）教師提早教授學期的課程；39.5%的教師曾用中文及數學科以外的教節訓練學生應付學能測驗；40.7%的教師認為正常教學已受到影響。（見網頁：http//www.info.gov.hk/gia/general，2016年9月7日瀏覽）。

94 胡少偉，〈香港考試制度的變革〉，《優質學校教育學報》第五期，2008，頁57-64，文中引《教育統籌委員會第四號報告書》，1990年。

95 按照原訂計劃，九年免費教育本應於1979年實施，然而基於前述的政治經濟原因，九年免費教育最終提早一年在1978年實施，升中試亦因而提早一年取消。

96 教育委員會，〈香港未來十年內之中等教育〉，1974年10月16日呈交立法局省覽，(香港：香港政府印務局，1974)。

97 程介明，〈第十一章 教育的回顧（下篇）〉，王賡武編，《香港史新編》（下冊）（香港：三聯書店（香港）有限公司，1997），頁485。

98 A. Sweeting. *Education in Hong Kong, 1941 to 2001: Visions & Revisions*. Hong Kong: Hong Kong University Press, 2004, pp. 60-61.

99 A. Sweeting, ditto, 2004, p. 323.

100 校內成績所包括的科目：中、英、數、理科科目、社會科目及中國歷史。

101 賀國強，〈香港的學位制度分配簡介〉，《當前香港教育問題》（香港：中文大學出版社，1987），頁46。

102 程介明，頁473-483。

103 A. Sweeting. 2004. p. 323.

104 〈一年來之香港教育 學生佔全港人口三分一〉，《香港年鑑1982》（第35回 香港全貌），頁27，內言首屆初中成績評核試有52,521人獲派資助中四學位。

105 胡少偉，〈香港考試制度的變革〉，《優質學校教育學報》第五期，2008年，頁57-64，文中引吳明欽，《教育發展與香港前景》（香港：金陵出版社，1984）。

106 潘萱蔚訪問稿，2013年4月9日。潘萱蔚中學就讀於喇沙書院，後入香港大學修讀中西史，畢業後任教於聖貞德中學，其後於道教聯合會鄧顯紀念中學出任校長；曾任考試工作人員。

107 胡少偉，〈近二十年來香港考試制度的變革〉，《2005華人教育學術研究會「華人世界近年教育改革的檢討」》，2005。

108 A. Sweeting. 2004. p. 287.

109 1989年，教育署一個小組發表了《初中成績評核辦法檢討》，認為平均獲派資格率未能準確反映學校歷屆中三學生的成績，建議採用《給予調整的獲選資格率》代替中三評核試進行分派中四學位。

110 王道隆、崔茂阱、洪其華編，〈第七章 香港的考試制度〉，《香港教育》（深圳：海天出版社，1997），頁159-160。

111 胡少偉,〈近二十年來香港考試制度的變革〉,《2005華人教育學術研究會「華人世界近年教育改革的檢討」》,2005。

112 曾榮光,〈從哪裏來?往哪裏去?尋找《教育改革建議》的實徵基礎〉,1999年,頁4。

113 見潘萱蔚訪問稿,2013年4月9日。

114 吳明欽,〈評教育署之「中學學位分配辦法的改善措施」〉,《過渡期的香港教育》(香港:廣角鏡出版社有限公司,1988),頁29-30。

115 同上註,頁30-31。

116 林惠玲訪問稿,2013年3月25日。林惠玲畢業於羅富國教育學院,其後於香港中文大學教育學院獲教育學士(一級榮譽)及英國必列士圖大學(University of Bristol)教育碩士, 2013年更獲香港教育學院頒授榮譽院士銜,同時獲邀成為香港教育學院附屬學校有限公司執行委員會委員。林氏從事小學教育工作近40年,2011 年退休前為大埔舊墟公立學校(寶湖道)校長。

117 〈學校網資料昨發表 明年中一派位新制 十一萬學童受影響〉,《華僑日報》(1977年5月3日),第四張第一頁。

118 〈升中試廢除後 學能測驗將實施 學校間競爭劇烈〉,《華僑日報》(1977年5月10日),第四張第三頁。

119 陸鴻基,《從榕樹下到電腦前:香港教育的故事》(香港:進一步多媒體有限公司,2003),頁229。

120 鄧薇先,〈學能測驗的問題〉,《小學教育問題多面體》(香港:廣角鏡出版社,1997),頁41。

121 曾榮光,〈第七章 從哪裏來?往哪裏去?尋找《教育改革建議》的實徵基礎〉,《廿一世紀教育藍圖——香港特區教育改革議論》,1999,頁137-139;「囚犯的兩難」(Prisoner's Dilemma)理念出自馮紐曼(John von Neumann)的賽局理論(Game Theory)。

122 根據《九年強迫教育報告》引述《委託研究》報告,總括學能測驗的批評,包括:老師為了使學生在數字推理方面取得較高的分數,刻意把數學課程綱要建議的教學課程提早半年施教。研究報告亦指出學校時間表內的日常教節往往轉用來訓練學生應付學能測驗,大大影響了正常的教學活動,教師工作量亦告倍增,或自行購買坊間出版商仿照實際測驗模式編寫的補充作業練習。《委託研究》亦指出39.5%小學教師曾利用中文及數學科以外的教節訓練學生應付學能測驗,超過半數的小五或小六學生報稱曾在中文及數學科以外的教節為學能測驗作預習。40%的小學教師認為中文科的正常教學已受到影響。

123 本港會考多項選擇題一般選項所慣用的兩套英文字母。

124 鄧薇先,〈學能測驗的問題〉,《小學教育問題多面體》(香港:廣角鏡出版社,1997),頁63-64。

125 同上註,頁33。

126 教育統籌委員會,1990。

127 胡少偉,〈近二十年來香港考試制度的變革〉,《2005華人教育學術研討會「華人世界近年教育改革的檢討」》,2005年。

128 蔡寶瓊、黃家鳴編，〈姨媽姑爹看教改風雲〉，《姨媽姑爹論盡教改》（香港：進一步多媒體有限公司，2003），頁14。

129 經專家診斷後，證實為智障之學生，申報後其成績可獲豁免計算在內。

130 即香港考試及評核局。

131 《全港性系統評估（TSA）問卷調查報告2015》，香港教育專業人員協會、立法會葉建源議員辦事處（教育界），頁8-15。

132 《基本能力評估及評估素養統籌委員會全港性系統評估檢討報告》，教育局，2016年2月，頁4-8。

第五章

考試主導
最先由香港大學主辦的中學會考

引 言

　　二十世紀初，本地教育奉行雙軌制，英文中學跟隨英國制度，中文學校則與內地學制關係密切。1950年代，內地政局動蕩，政權更替，截斷中文學校與內地的聯繫；殖民地政府有迫切需要解決中文學校畢業生的困境，遂設立香港中文中學畢業會考，紓緩當前壓力，亦藉此提高中文教育質素，開始逐步計劃統一本地中學課程。跟戰前相比，政府在取態及政策等方面確有明顯的轉變，積極參與教育規劃，中、英文兩會考同時並存，均由教育司署統籌，頓使本港教育由政府主導。至1960年代末，兩個會考已揭示雙軌教育體系下的課程存在差異，亟須考慮如何把兩會考合併，加上電腦應用和統計數據適時而起，為會考帶來客觀條件，能進一步處理中、英學校教育早已存在的分歧問題。

　　1974年，兩個會考合併成香港中學會考，新增考試學科隨時代所需而生，往後考試和中學課程依此多元化發展。畢竟中學會考的功能以升讀預科為主，跟本地大學入學試息息相關。不少課程和措施等均建基於如何與大學課程銜接及配合其收生所需，此無疑直接影響香港中學教育的發展。

一、戰前的香港中學畢業會考

1937年6月，教育司署舉辦首屆香港中學畢業會考（Hong Kong School Certificate Examination），同時亦為最後一屆香港大學中學畢業會考（University of Hong Kong School Certificate Examination）。[1]首屆香港中學畢業會考的考生共721名，423名考生成功獲取證書。[2]

1937 年香港中學畢業會考部分與考學校及考生成績統計

部分與考學校		應考人數	考獲證書人數	成績	
				及格（Passed）	優等（Honours）
官校	皇仁書院	85	76	67	9
	英皇書院	75	70	65	5
	庇利羅士女子中學	28	無提供	25	無提供
	中央英童學校	無提供	無提供	11	無提供
漢文學校	官立漢文中學	10	7	7	0
	英華書院	無提供	無提供	無提供	無提供

資料來源：Annex I. Report by the Inspectors of English Schools, *Report of the Director of Education for the year 1937,* 9th March, 1938, pp.14-18.

根據《Local Examination Syndicate Constitution》（1937 年 6 月 14 日）所述，教育司署為本地第二班學生而設的香港中學畢業會考，如考獲滿意成績將獲發證書。當然考生在該試取得及格後可繼續學業，升讀第一班，預備應考香港大學入學資格考試[3]；試後官校畢業男生出來主要擔任文職，或小部分轉讀香港官立高級工業學院（Government Trade School）。[4]其時女生跟男生獲同等教育機會，可繼續升學，亦有為數不少受訓成為教師。

考試於每年 7 月（或 6 月下旬）舉行。與考學校包括所有設第二班的官立學校（Provided school）及補助學校（Grant-in-Aid Schools）；中央英童學校（Central British School）[5]的中五級；聖士提反書院[6]（St. Stephen's College）亦獲邀參加。其餘本地學校需經本地考試委員會（Local Examination Syndicate）酌情處理方可報考。教育司在任何時間均保留設置應考年齡限制的權利。[7]

考試委員會屬於教育司管轄之下。該委員會由英文學校督學（Inspector of English Schools）、漢文學校高級督學（Senior Inspector of Vernacular Schools）及所有與考學校的校長所組成；當中不乏渴望成為委員會的準成員，如聖士提反書院等。該會主席

由教育司指定的英語學校督學擔任。凡學校接受會籍者均稱為「成員學校」（Member School），後稱為「委員會學校」（Syndicate School）。新加入的與考學校須經過兩年的觀察期，依年晉升，方能獲得保送學生與考的資格[8]；以及採用如既有委員會學校的學制與課程，並遵循其教學與學術方向。考試委員會採用嚴格的巡視系統，阻止考試水平下降。[9]理論上，若成績欠佳，考試委員會有權取消該校與考資格，惟委員會絕少行使該項權力，反而保留學校的保送資格，延長觀察期直至符合要求為止。由此觀之，最初本地會考委員會的核心為政府官校及補助學校，會考主要切合官方和宗教辦學團體所需，再加上港大入學試，構成一個完整的英文教育系統。

　　香港中學畢業會考由考試委員會主持，一切文書工作及雜費由教育司署負責，最初考試委員會的成員學校及補助學校的考生毋須繳付相關考試費。由於聖士提反書院尚未成為委員會學校，故該校每位考生需繳付考試費 10 元，其餘與考學生繳付考試費 20 元。[10]

　　考試委員會依照教育司核准的課程及規定，負責籌辦考試，審訂課程大綱、規則和文憑格式，另設會考執行委員會（Board of Control），乃考試委員會逐年委任，由英語學校督學擔任主席，其餘成員包括漢文學校高級督學、兩位官立男校校長、兩間補助學校的校長、兩間女校的校長。在後三者中，每年各自從成員學校名冊中遴選一位校長以作更換，另一位則繼續留任。其後，香港淪陷，公開試停辦。

計劃中會考執行委員會（Board of Control）的組成名單

年份	官校男校 （Provided Schools for Boys）		非官校男校 （Non-Provided Schools for Boys）		女校 （Schools for Girls）	
1937	中央英童學校 Central British	皇仁 Queen's	拔萃 Diocesan	聖若瑟 St. Joseph's	法國修院學校[11] French Convent	聖士提反 St. Stephen's
1938	皇仁 Queen's	英皇 King's	聖若瑟 St. Joseph's	英華 Ying Wa	聖士提反 St. Stephen's	意大利修院學校[12] Italian Convent
1939	英皇 King's	中央英童學校 Central British	英華 Ying Wa	喇沙 La Salle	意大利修院學校 Italian Convent	拔萃 Diocesan
1940	中央英童學校 Central British	皇仁 Queen's	喇沙 La Salle	聖保羅 St. Paul's	拔萃 Diocesan	聖瑪利 St. Mary

1941	皇仁 Queen's	英皇 King's	聖保羅 St. Paul's	華仁 Wa Yan	聖瑪利 St. Mary	庇理羅士 Belilios
1942	英皇 King's	中央英童 學校 Central British	華仁 Wa Yan	聖士提反 St. Stephen's	庇理羅士 Belilios	瑪利諾 Maryknoll
1943	中央英童 學校 Central British	皇仁 Queen's	聖士提反 St. Stephen's	拔萃 Diocesan	瑪利諾 Maryknoll	法國修院學校 French Convent
1944	皇仁 Queen's	英皇 King's	拔萃 Diocesan	聖若瑟 St Joseph's	法國修院學校 French Convent	聖士提反 St. Stephen's

資料來源：*Local Examination Syndicate Constitution*, 1937, Education Department, p. 7.

當時成員學校校長有共同義務，需安排其教職人員擔任主考和監考職責，並提供禮堂或合適課室作試場。

起初香港中學畢業會考採用科組制（Group-based），並非如今般以學科（Subject-based）劃分。當時的科目分為5組，考生須報考首4組；在第2組內，除非得教育司明確豁免外，否則華籍考生須應考中國語文，印籍考生則須應考烏都語。第5組為選修科，考生不得報考多於3科。

香港中學畢業會考各科及內容簡介（1937）

科組	組內學科	內容扼要
第 1 組	英文	設 4 張試卷：作文、語法和簡單意譯、指定閱讀的英國文學、默書
第 2 組	第二語言：中國語文、葡語、烏都語、拉丁文、法文、粵語，任何現代語言 *	① 中國語文設 3 張試卷：中國語文、歷史及現代文學翻譯； ② 其餘語言試卷設文法、翻譯及相關作品等
第 3 組	科學 # 和數學	① 科學：物理、化學、初等科學、植物學、家政（只供女生報考）； ② 數學：算術、代數、幾何、三角學
第 4 組	歷史和地理	① 歷史：設歐洲歷史、世界史（內有中史部分）、英國歷史等五部分； ② 地理：分為基本概念及各區兩部分
第 5 組	選修科：聖經知識、國語、西洋畫、中國畫、針黹	
註釋： * 考生如欲報考第 2 組以外的語言，需於報考前 3 個月作特別申請，並繳付 5 元的特別費。此外，粵語僅供非華人及混血兒應考。 # 科學不設實驗試，如有需要，考生可呈交實驗室筆記。		

資料來源：*Regulations for the Hong Kong School Certificate Examination, 1937*, pp. 3-24.

科組制的最大特色是「文中有理，理中有文」，早於1937年的會考規則中已清楚說明，第3組和第4組可互補不足。[13]考生須在同一考試中取得前4組及格，方可獲頒畢業證書；第5組雖不列入畢業證書要求之內，仍會記錄在證書上。換言之，跟現今不同，並非所有考生均能獲發證書。

1937年7月9日，在九龍拔萃書院舉行畢業典禮，校長舒展牧師（Rev. Christopher Birdwood Roussel Sargent）在演詞中對香港中學畢業會考作出嚴厲批評，指出其最大缺點是「如有學生二名，同時考試，其所考之科目亦同，所得之分數亦同，然依考試制度而論，竟能令一學生取得優異，而一學生則不及格。」[14]兩日後，中學畢業會考委員會主席回應，認為批評恰當，並提出理據。以數學一組為例，考生須算術及格，並於代數、三角和幾何三科中預選一科及格。假設甲生選代數，乙生選幾何，試後兩者均於代數得100分，甲生在該組及格，且得優異，但乙生以非選代數之故，則於該組不及格，更甚的是全試不及格，這純屬預測與運氣問題。此外，該主席亦認為時間不足，學生難定科目。考試在6月舉行，而學生須早於2月填妥投考表格及有關學科，故建議延期選科。[15]

1938年，當局對科組制及授予畢業文憑的條件稍作修訂，科組制改為7組；考生須考獲至少7科滿意成績，包括英語、第二語言、其中一科數學科、其中一科科學科、歷史或地理，以及其餘兩科。值得一提，國語（Kuo Yu）由選修科變成第二語言，切合戰時本地華人社會的流動性及需要。[16]

英童學校其實有不同族裔的學生，包括法國、葡萄牙、印度、中國等，學生經常跟隨父母往返香港，動輒離校情況屢見不鮮。為此學校課程跟英、法等國極為相似[17]，有利學生適應及銜接。當男生在學習物理或化學時，女生則跟隨專科老師學習家政或植物學。[18]另一方面，補助學校亦如是。部分外籍學生留在本港升學，故公開試須設第二語言，讓學生報考。及後教育司署作一修訂，拉丁文於1939年及以後不列入會考課程內。[19]

當時官立漢文中學兼師範學校[20]（The Vernacular Normal and Middle School，為現今金文泰中學，Clementi Middle School的前身）的情況較為特別，該校將高中二年級生全部送考首屆香港中學畢業會考。該校以育人為主，增設初級小學四年班，唯課室不足，只能辦至高中二年級。中學畢業會考及格生如欲升讀港大，需前往英皇書院第一班肄業，以報考港大入學試。[21]香港中學畢業會考設立以前，該校行舊制中學四年級，修畢後可報考香港大學中文學院；1933年改中學六年三三制，高中三年級畢業者

香港中學畢業會考各科及內容簡介（1938）

科組	組內學科	內容扼要
第1組	英文	設4張試卷：作文、語法和簡單意譯、指定閱讀的英國文學、默書
第2組	第二語言：中國語文、國語、粵語、葡語、烏都語、拉丁文、法文，任何現代語言 *	① 中國語文改設2張試卷：卷一為中國語文或歷史；卷二為中英及英中翻譯； ② 國語科設2卷，翻譯及口試； ③ 其餘語言試卷設文法、翻譯及相關作品等
第3組	科學 #	設物理、化學、初等科學、植物學、家政（只供女生報考）科
第4組	數學	設算術、代數、幾何、三角學科
第5組	歷史或地理	① 歷史：設歐洲歷史、世界史（內有中史部分）、英國歷史等五部分； ② 地理：設三部分，基本概念、各區、亞洲和加爾各答的東經
第6組	聖經知識	
第7組	西洋畫或中國畫或針黹	

註釋：
* 考生如欲報考第2組以外的語言，需於每年11月30日前作特別申請；並繳付5元的特別費。此外，粵語僅供非華人及混血兒應考。
# 科學不設實驗試，如有需要，考生可呈交實驗室筆記。

資料來源：*Regulations for the Hong Kong School Certificate Examination, 1938*, pp.1-2.

可報考港大文科及國內大學。1927年，馮秉芬為首屆官立漢文中學畢業生[22]，他曾於港台節目《千色教室》中憶述1920年代香港的情形：

> 當時的人大都不喜歡學習中文，因所謂「番書仔」學習外文，很容易找到工作。要是只懂中文，不懂英文的，便沒人聘請，我校中英文並重。

> 金文泰中學以中英文科為主，部分科目採用英語授課，譬如化學、物理學的名詞，中文並不齊全。數學科則中英並重。高班學生人數很少，（當時）不足10人，只有4人能畢業，部分學生到上海復旦或北京北大繼續升學，全都能入讀名校。因我們的程度好，我們兩兄弟[23]得以入讀香港大學中文系。[24]

1939年，羅富國師資學院成立，設中、英文班，官立漢文中學師範班於翌年停辦，其學生撥歸羅富國。自此官立漢文中學的班級變為初小一年級至高中二年級，共11班，符合香港中學會考的標準。

二、戰後的香港中學畢業會考

1945 年 8 月，日本無條件投降，第二次世界大戰結束，香港處於重建階段。戰後首屆香港中學畢業會考於 1946 年 7 月舉行，報考人數僅 197 人，98 名考生取得及格；在學科方面，數學科改設兩卷；並增設初等英語（Elementary English）、初等粵語（Elementary Cantonese）、初等數學（Elementary Mathematics）及高級數學（Advanced Mathematics）四科。[25] 考生須在同一考試取得英文、中文、數學、1 科科學科目，另加 1 科目及格，方能獲得證書。[26]1947 年 2 月 5 日，本地考試委員會宣佈戰前第二班學生可以戰事投考生（War Candidates）的身份應考該年會考：

> ……又訊：昨據中學會考委員會秘書沙堅信（C. W. Sargison）[27] 稱：所有前曾決意投考於 1942 年 7 月間舉行之中學會考試，而因戰事受阻之真確第二班學生，可以戰事投考生之資格，由以前就學之學校報名參加 1947 年 7 月間舉行之中學會考試，各學生必須具確實證明其有投考之權，並且其所修之課程與此項考試所訂之各條例相符。[28]

1945 年至 1950 年間，中學畢業會考基本上維持一個小型私立考試的形式進行，有利委員會學校及新成立的文法學校提供學術訓練；其組內學科跟與考學校課程相符，變化不大。[29] 在戰後首份《教育年報》中，教育司署已察覺中學會考過分側重學術科目，遂考慮擴闊考試範圍；明確闡述其立場：「根本上香港是商業殖民地，每年需要大量曾受教育的年輕男女，故教育一定順應孩子未來生活所需，無論在理論及實踐方面，為他們提供更多出路條件」[30]；其後香港人口急增，港府變得更重視回報，斯時白領並非中學畢業生的唯一選擇，傳統文法學校不能純粹以學術訓練為主，改為傳授學生基本知識和技能，學校課程規劃則圍繞英文、中文和算術等基本學科，而增加術科，冀望學童有更多選科自由，滿足各方所需[31]；又英文科將成為唯一的核心科目。另一方面，當局建議在短期內安排類似香港中學畢業會考的中文考試，授予證書，並獲中國教育部認可，有利本港高中生赴內地升讀大學。[32]

SCHOOL LEAVING
CERTIFICATE
EXAMINATION

All Bona fide Class II students who had intended to enter for the School Leaving Certificate Examination in July 1942, but who were prevented from doing so by reason of hostilities, may be permitted to enter through the schools they were attending for the above examination in July 1947 as "War Candidates".

Evidence must be produced that the candidate's claim to sit for this examination is valid and that the course of study conforms for the regulations laid down for the said examination.

(Sd) C. W. SARGISON,
Secretary,
Local Examination Syndicate.
Hongkong, 5th Feb. 1947.

有關戰事投考生的報導。
圖片來源：*The China Mail*, February 7th, 1947. p. 3.

是以當局作出重大轉變，擬訂並實施新的中學會考課程；

會考不再只為升讀預科的踏腳石，而是測量一般學生完成中學階段的應有水平[33]；新課程於 1950 年會考實施，增設中國文學及歷史（Chinese Literature and History）[34]、初等中文（Elementary Chinese）和音樂科等；1951 年又增設英國文學和公民兩科，前者主要為母語屬英語的考生而設，測試其對指定讀本的深層了解；1956 年，再增設手工藝（Handicrafts）、金工或木工（Woodwork or Metalwork）、裁剪（Dressmaking）、工業繪圖（Geometrical and Machine Drawing）及商科（Commercial Subjects）等，科目雖較諸以前多元化，唯考生起初反應一般，報考新開辦科目的考生人數寥寥可數，最多的一科為打字（Typewriting），亦僅得 88 名考生參試。[35]

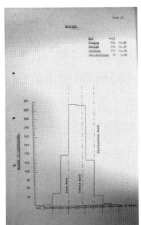
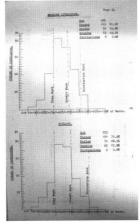

1952 年香港中學畢業會考（Hong Kong School Certificate Examination）英文（左）、英國文學（右上）、生物（右下）等科考試報告中的成績圖示。這份考試報告（Annual Report, 1952）乃由當時的會考委員會（Board of Control）編製。（圖片由英華女學校提供）

1952 年香港中學畢業會考（Hong Kong School Certificate Examination）成績分析（Result Analysis）。（圖片由英華女學校提供）

三、香港英文中學畢業會考（Hong Kong English School Certificate Examinations, 1961-1967）

鑒於非委員會學校的數目遠超委員會學校，以 1961 年為例，委員會學校共 24 間，非委員會學校有 43 間；1962 年，非委員會學校增至 50 間[36]；若考試委員會繼續由補助學校主導，實難兼顧不同學校的教學方向及訴求，故有必要重整考試委員會的架構。1965 年，考試委員會解散重組，從此不再劃分委員會學校和非委員會學校，並加入本地大學、資助學校、私校和教育司署的代表委員[37]，使該委員會的代表性更廣泛，涵蓋更全面，更能凸顯其獨立性，使本地的公開考試能跟英語主導的世界考試掛鈎。[38]

在同一教育體系下，英中會考跟港大關係密切。部分與考學校開始關注會考成績的認可問題，學生讀畢中五後能否達到普通教育文憑考試（General Certificate Examination，簡稱 GCE）（普通程度）的水平？若英中會考能獲國際認可，港大入學試便可除了承認普通程度（Ordinary Level）考試成績外，也接受本港會考等同水平的成績。[39]1963 年 8 月，英中會考考試執行委員會宣佈，自 1964 年起，英文中學畢業會考取消英文默書，以配合港大入學試，而須對會考某些科目的課程作若干修訂。港大入學試停辦普通程度後，由於高級程度（Advanced Level）並未設英文默書，故會考亦毋須再設此卷考核。[40]

另一方面，兩個公開試制度亦出現不少教育方面的問題。1965 年 8 月 15 日，施應元教士[41]在大會堂演講，題目為〈落第——誰的恥辱〉，力陳會考弊病，亦可藉此窺見會考對本港教育的影響，演講部分節錄如下：

> 各校拒絕學生重讀是不合理的，應給予落第學生重讀的機會，學校更應負起就業輔導的最大責任，免出現「畢業便是失業」的情況，至於輔導學生升學，使學生達成深造願望，更不容忽視。

> 學校為了爭取派出會考人數不多，而以高及格百分率為榮，對於學校採取大刀闊斧手段，把學生割棄，據查某校在八班中學四年級中，僅拔取一班升中五，其餘七班的學生進退失據，手足無措；到了中五，學校更全力針對會考課程專授會考試題，希望學生能從容應付，學生考場科以外其他學科的進度，是否能消化則一概不問。[42]

當時的私立中英文小學聯合會主席潘景新亦提出建議，會考制度必須做到對任何學校的考生都絕對機會均等；會考須在各種與考學校的代表及社會人士所共同組成的會考委員會處理下進行。[43]

1965 年這一年對會考來說至為重要，由於中學會考「良好」與英國普通教育文憑試「普通程度」及格掛鈎，為維持兩試（英國普試及英中會考）同科兩份試卷水平的一貫性及一致性，看看兩者的水平是否相若，是以試後當局將答卷送往倫敦大學審視，此措施其後每隔三年進行一次，藉以維持海外認可水平。[44] 此舉深受學校歡迎，會考成績較佳的預科生可專心研習高級程度課程，準備應考港大入學試。1966 年 4 月，當局收到倫敦大學入學和學校考試委員會的消息，香港英文中學畢業會考的良好及格成績等同英國普通教育文憑試普通程度及格，隨後獲澳洲、英國、加拿大等英聯邦大學認可[45]，大大提高英中會考在國際上的地位。

其時，公開試在社會上帶來不同的問題與訴求，當局須迫切面對。大率而言，當中學教育更普及時，會增加能力一般的考生應試，結果達致要求而獲得證書的人數比例逐年下降，而當局須為不及格的考生設想，首次發出考生及格成績通知書（Statements of Success Listing），將及格科目的成績臚列出來。[46] 有關通知書由會考執行委員會印製，各校校長簽署。

同年，香港英文中學畢業會考設自修生（Private Candidates）和成人考生（Mature Students）類別的投考資格。學生須在單一考試中考獲 5 科及格，並得會考執行委員會批准方能報考。成人考生須年滿 25 歲，完成各科課程，使會考執行委員感到滿意，始能以此類別名義報考。[47] 此措施乃順應民意而設，旨在讓更多有需要的人士有機會報考，唯投考資格相對嚴格。

1967 年 10 月，教育司簡乃傑（W. D. Gregg）終於撰文就〈會考制度應否廢除〉的議題作回應。簡氏認為會考制度暫不可廢除，並宣佈英文中學會考委員會對英中會考將取消及格與不及格的區別，凡與考者一律授予證書，並盡量改進命題方式；而中文中學會考方式不變。[48] 至 1971 年，英文中學會考放寬自修生的報考條件，考生須在 5 科不同學科考獲 E 級成績；或在歷屆或英文中學畢業會考取得相關成績，便可以自修生資格報考。[49]

四、未有香港中文中學畢業會考以前

1922 年，中國頒佈「壬戌學制」，仿傚美國「六三三學制」，即小學六年（初小四年、高小二年）、中學六年（初中三年、高中三年），香港私立中文學校多從此制。香港私立中文學校當中不乏位處市區的著名僑校。[50] 其學制和課程跟國內學校無異，唯有資格申請立案的中學多設附小，且具規模，財政穩定，方能符合僑務委員會的要求。當時九龍民範中學何厭[51] 認為，華僑為祖國辦教育，須負起替代祖國政府教育華僑子弟的責任，故其工作目標應以教育部與僑務委員會的教育法則為依歸。[52] 此等學校乃是國內著名學校分支而來，亦有在本港創辦的。由於並非官立學校，可自由招生，在收錄學生方面未有太大限制。國內學生欲轉讀本港中文學校，自可循序插班，但欲轉讀英文學校，則高中畢業生僅可入讀第三班而已，無形中要遲兩年才能畢業。[53] 事實上，部分華僑亦抱過客心態，其子弟最終回大陸就學，故這類學校的學生流動性甚大。

1928 年 2 月 22 日，大學院[54] 公佈《華僑學校立案條例》7 條[55]；2 月 23 日公佈《華僑子弟回國就學辦法》6 條。[56]1929 年 8 月 17 日，廢除《華僑學校立案條例》，教育部公佈《華僑學校立案規程》7 條。[57]1931 年 4 月 22 日，教育部因香港公私立中學校 54 所編制設備師資多與國內現行法令不符，課程標準尤多不合，令廣東省教育廳通告香港私立學校於港政府註冊外，並應依照私立學校規程向該廳立案。[58]

某程度上，國民政府對華僑教育有所規範，直接干預僑校在當地的教學內容。1934 年 2 月，僑務委員會頒佈《修正僑民中小學規程》（第 4 章 課程）中：

（十四）僑民中小學之教科書課程，應依照教育部制定中小學課程標準辦理；但因地方特別情形，得呈請僑務委員會，商同教育部變通之。

（十六）僑民中小學採用外國教科書時，應由中小學教科書編選委員會選定或審查教材，分別取捨。

（十七）僑民中小學除學外國語外，一律以國語為教授用語，小學不得採用文言教科書。[59]

儘管香港的通用語言為粵語，唯一眾僑校妥協，在課程中加入國音（Mandarin）。[60] 誠然立案使僑校身分變得尷尬，既要在本港註冊，亦須向僑委會立案，務求符合條件在

本港辦學，方能保障學生的升學途徑。

　　1932年5月26日，南京國民政府教育部頒佈《中小學學生會考暫行規程》，同日施行。第一條已明確指出其目的為「為整齊小學、初級中學、高級中學普通科學生畢業程度，及增進教學效率起見，對於屬於所屬各中小學應屆畢業經原校考查及格之學生舉行的會考」。[61]畢業會考既可視作檢驗學生是否達到畢業程度的手段，又可用來考核諸校的教學目標和水準。

　　畢業會考對象為中、小學畢業生。以高中畢業會考為例，應考學科有黨義、國文、算學、歷史、地理、物理、化學、生物學、外國語及體育。如會考非各科能及格，不得畢業。有一科或兩科不及格時，其不及格科目得覆試一次。覆試仍不及格者須補習一學年，待下次會考再行應試，但以一次為限。三科以上不及格者留級一次。[62]由於會考標準定得太高，各校評級標準不一，其後當局對會考規程多番修訂，特別在應考學科方面作多番修訂。高中畢業會考的學科將黨義改為公民，並取消體育科；另把留級次數的限制改為兩次，因故未能留級者，得由原校給予畢業證書，載錄畢業會考各科成績，並加蓋「畢業會考不及格」圖記。[63]

　　1934年2月，教育部僑務委員會公佈《修正僑民學校立案規程》，其中兩項別具意思：

一、凡中華民國人民僑居他國者，在僑居地設立學校，須由設立者或其表備具立案呈文及附屬書類二份，是由該管領事轉呈僑務委員會，由僑務委員會會同教育部核辦之。

在未設領事地方之僑民學校呈請立案時，得請當地或附近之僑民教育團體呈或逕呈僑務委員會，由僑務委員會同教育部核辦之。

五、凡已立案之僑民學校，如有應行褒獎補助及介紹學生回國升學事項，均得予以優異之待遇。[64]

　　當時香港華僑教育會[65]（簡稱「僑教會」）是本地的僑民教育團體，惟當時未能向僑委會取得合法地位。各地僑教會向南京僑委會立案的，已有五、六處，[66]而加入本港僑教會的學校只有13間，會員僅200餘人。[67]若僑教會向僑委會立案，可成為民國政府與僑校的橋樑，協助處理僑校立案事宜。凡學校向國內政府請求立案時，僑教會

可代轉致；如對立案手續未明瞭者，僑教會可代為解釋；且各種立案表冊的樣本亦可就近向僑教委員會領取。

同年，大學院亦公佈《修正僑民中小學課程》（第8章 學生），提及僑校畢業生需投考僑務委員會的畢業會考：

> 學生在僑民中小學修業期滿，除由各該校舉行畢業考試外，應將畢業考試及格之學生，於十日內造具名冊及各科成績表，呈報該管領事館聽候會考，會考委員會組織規程及辦事細則另定之。

> 凡有特殊情形及未設領事或距離領事館過遠地方，得由當地或附近曾經教育部及僑務委員會立案之僑民教育團體，代行會考職權，若僑民教育團體，亦未成立，或該地附近僅有僑校一所者，得免會考。但准免會考之中學畢業試卷，須彙送僑務委員會覆核。會考或覆核及格者，由各該校予畢業證書，均須呈經該管領事館，或會考委員會驗印。

> 初級小學修業期滿者成績及格，由各該校給予畢業證書，可免會考。[68]

1935年，鄧志清在〈僑生畢業會考問題〉中點出本港僑生參與僑校畢業會考的可能性：

> 關於僑生畢業會考這件事，因各居留地政府對於華校所採態度不同，在事實上還沒有舉辦的可能。換句話就說，就在現在僑生畢業當得暫免會考。所以關於僑生的畢業，祇得適用上述條文准免會考的規定，將畢業試卷彙送僑務委員會覆核，覆核及格的，由各該校給予畢業證書，呈送僑務委員會驗印。這樣一來僑生畢業的成績，經覆核及格後，實在與會考及格無異了。[69]

按道理香港僑校學生基本上獲豁免考試，唯廣州於1935年舉辦的中學生畢業會考，將港澳兩地的僑校劃入廣州區域的範圍；會考各科的教材則依據教育部頒定的課程大綱為準。鄧氏再指出：

> 而實際上則僑校的課程，又有因地方特殊情形，而變通辦理的必要，就是《修正僑民中小規程》所定，也予僑校以這種適應環境的利便。所以港僑的僑生如果參加廣東省教育廳的畢業會考時，會考委員會對於這種事實，是必

須顧及的。[70]

因此，已立案的香港僑校可派學生往廣州投考中學畢業會考；其背後亦反映該立案學校在辦學方面已有一定水準，無形中提高自己在僑校中的地位和聲譽。[71]及後，為便利本港僑生，曾將港區考生試場設於香港知行中學，由廣東省教育廳派員來港主理及監考。[72]1939年，參加中學畢業會考的本地僑校共37間[73]，計有培正、培英、真光、嶺英、德明、西南、仿林、廣大附中、嶺南附中、知行、知同、中南、港僑、嶺東、華南等。

截至1946年底的統計，香港共445間僑校，其中僅86間立案。[74]抗戰時，由於時局變化急速，全國統一性的會考無法順利開展，只在部分地區進行。[75]事實上，由1947年到解放期間，國民政府教育當局未嘗舉辦有關會考。[76]戰後，香港尚未建立中文中學會考制度時，學校大多自行為高中三年級學生舉行畢業考試，金文泰中學亦如是[77]；如繼續赴中國大陸升學，可能需自行報考當地大學的入學試。由此觀之，當時本地中文中學的教育系統並不完整，其出路亦明顯較迂迴曲折。

五、香港中文中學高中畢業會考（1952-1965）

1951年6月，教育司署邀請本港所有開辦高中班的中文中學研究設立類似香港中學畢業會考的制度，頒發官方認可的畢業證書，並藉此刺激諸校提高水平，符合殖民地所需。及後香港中文中學高中畢業會考委員會（Chinese School Certificate Syndicate）成立，由2位官校校長、2位補助學校校長、6間與考私校的代表等，聯同教育司署代表組成[78]；除官立及補助學校外，其餘6間與考學校代表的任期為3年。[79]該委員會的成立，旨在訂定中文中學的課程和教學，並藉此拉近中文中學與英文中學，以至教育當局要求的距離。誠然政治確實影響香港教育，譬如投考台灣大學，學生成績固然重要，惟申請入境證亦成重大問題。[80]

會考執行委員會乃按年選出，由教育司委任1人擔任主席，其餘成員為視學官2人、官立學校校長2人，其餘4名委員由會考委員會選出；秘書由會考委員會的秘書兼任。[81]

教育當局為使會考收到預期之效果，先後數次召集各有關中學審訂各科考試內容及應試規則等，且予頒佈。由於籌備時間倉促，此可從《香港中文中學高中畢業會考

專輯1951》一書出版窺知，當時嶺英中學校長洪高煌在該書的序言中道出：

> ……此等考試內容及辦法，高中學生實有早日明瞭之必要，然則編印專輯又屬刻不容緩。為求簡便起見，經教育當局贊同，由本校會同培正、培英、培道、真光諸校等印，而以本校總其成。此書一出，當有助於參加會考之同學。南針在邇，喜為之序。[82]

其時中文中學高中畢業會考跟香港中學畢業會考首次為公開試定位，兩者均旨在測驗考生是否具備良好市民基礎之普通常識，而不在於選取學生升入大學，或發給獎學金。[83]

會考科目最初構思共設6科組，首屆中文中學畢業會考學科不多，詳見下表：

1952年香港中文中學畢業會考各科及內容簡介

科組	組內學科	內容扼要
甲	國文	高中課程共 66 篇課文，該科設兩張試卷： ① 作文； ② 讀本及普通問題、讀本課程內問題
乙	英文	設 3 張試卷：默書、英語運用、翻譯
丙、社會科目	地理、歷史、公民 #	① 歷史：分 2 張試卷，本國史、近代世界史； ② 地理：分 2 張試卷，地理概說、分區地理
丁	數學	甲組數學、乙組數學
戊、自然科學	普通自然科學 *#、物理、化學、生物學、家政 ^	
己、美術與勞作	音樂 #、圖畫 #、手工 #	

註釋：
* 若選修普通自然科者，不得兼修物理、化學或生物學。
# 公民、音樂、手工、圖畫、普通自然科學這 5 科均未能按照計劃，於首屆香港中文中學畢業會考舉辦。
^ 男生不得報考家政。
資料來源：《香港中文中學高中畢業會考專輯 1951》、《香港中文中學 1953 高中畢業會考試題解答》、《香港中文中學高中畢業會考專輯 1954》。

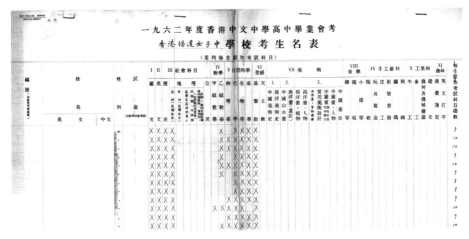

1962 年香港中文中學高中畢業會考學校考生報名表。（圖片由培道女子中學提供）

　　考生須在同一會考內考獲5科及格，包括國文科、乙項或丙項內任何一科、丁項或戊項內任何一科，另加兩科，方能獲頒證書。若考生因某科僅差數分及格，其他各科成績相當良好者，得予補分及格。補分計算法為該生及格各科所得的總分，如超過300分以上，就其超出分數，每40分或不足40之餘分，得補加1分。每一補分得加入不及格科內，補足及格。補分最多不得超過8分。[84]

　　會考在每年8月間放榜，並公佈及格生的姓名和考試編號。放榜後兩週，詳細成績表分送各校校長。考試評級制度跟香港中學畢業會考無異，設4個等級，分別為成績優異（D）、成績良好（C）、及格（P）和不及格（F）。成績優異和成績良好的分數並無限定，通常是25%的前列考生，獲授予成績「良好」；2%或3%的前列考生則獲授「成績優異」。畢業證書列明考生及格的各科成績，唯補分及格的科目將不列入在內，於9月送往各校校長。若會考不及格者，諸校校長可在其離校書內填寫該生的會考及格科目。

　　1952年6月，首屆中文高中畢業會考舉行，對象為高中三年級的學生[85]，與考學校共30間，以私校為主，包括培正、培道、培英、九龍真光、嶺英、德明、仿林、華南三育研究社[86]、西南、柏雨[87]、香島、金文泰、聖瑪利等；共961名考生報考，920名考生應試，其中625名考生取得畢業證書[88]。是次會考僅在港九三區舉行，港區地點在香港大學禮堂及麥當奴道聖保羅中學，前者為港區男生試場，後者則為港區女生試場；九龍方面，男女考生齊於培正中學禮堂進行考試。[89]

1952 年香港中文中學高中畢業會考證書,內列及格
科目,這位考生並獲英文科成績「良好」。(圖片由
培道女子中學提供)

當籌辦首屆中文中學高中畢業會考時,不少左派學校,諸如新僑、中華、培僑等
校馬上公開宣告杯葛該考試[90],從其中一羣學生所持理據,亦可窺見當時該試的考量
未算周詳:

> 本港培僑中學高中三年級本屆畢業班學生,經一致決定不參加教育司所舉辦
> 的中文中學畢業會考,昨特為此事發表書面意見,茲照錄於下:

> 我們是培僑中學高中三年級本屆畢業班學生,現在決定全體不參加中文中學
> 畢業會考了,除了已經向學校報告這個決定外,同時,在這裏,我們準備說
> 明一下我們所以不參加會考的理由:

> 首先,我們覺得,會考的制度是不合理的。這個制度本身便限制了我們的學
> 習自由,使我們不能按自己國家的需要來進行學習。

> 會考的目的是甚麼呢?據說它不在選取學生升入大學,又不是發給獎學金。
> 而在甚麼「亦測驗考生是為良好市民基礎之普通學識」。那末,這個普通常
> 識是甚麼呢?

> 我們了解,一個社會之所以之能夠進步,是要使學習上得到自由,使學習的
> 人能夠獲得真正的知識。如今,所謂會考無非是用一種主觀的標準來使學生

沉迷其中。我們覺得，這是影響了我們的學習，也妨害了我們的健康，所以我們不願參加。

第二，就這次所謂會考的內容來說，我們也很容易看到，正如許多先生同學所指出過的，它是不適合今日我們所需要的，是重「文」輕「理」、錯誤百出、割裂科學、斷章取義的。國文，不是要我們學會使用祖國的語言文字，而是要我們去讀故紙堆。歷史，要我們割斷歷史的系統。理化，要我們不學最切實用的東西。其他，地理、生物、數學也無一不是如此。

假如我們參加了會考，那就要我們放下目前的學習，來死背國文。要我們放下解析幾何等的學習來全力學習初一同學學習中的算術。這，我們感覺到學習歐洲美洲等的地理，而使我們無法了解世界的全貌。這，我們感覺到不單妨礙了我們的學習，而且，因為如此，也影響了我們品德的修養，更影響了我們的健康，這也是我們所不能接受的。

第三，我們了解，高中不過是學習上的一個階段。它的任務是要學生打好向全面發展的基礎，作為進一步深造的準備。因此，要我們學習的東西很多。現在，我班絕大多數同學都決定畢業後返穗升學，希望將來成為在祖國建設中有用的人才。所以目前我們正在努力來進行各種升學準備。會考無疑地是妨礙了我們這項工作的進行的。同時，根據去年的情形，大學招生的報名日期是在七月初旬。而據說會考期卻在六月底和七月初。那末，假如我們參加了會考，豈不是要停學一年嗎？這當然也不是我們所能接受的。

第四，目前的香港正是經濟蕭條的時期。我們的家長都感到經濟上的困難，要拿出二十元來作為這一筆利益的消耗，也當非我們所滿意。

因此，我們經一致決定不參加會考了。同時，我們還決定加緊學習，來迎接畢業和升學的到來——培僑中學高中三年級全體同學敬啟。[91]

施偉庭認為，兩個中學會考的存在，讓政府對本地雙軌制的高中課程有實質控制。[92]學校亦須具有實驗室及足夠儀器，方有資格成為與考學校。[93]兩個考試委員會均在教育司管轄範圍內，有責任交代一切考務工作。同時，政府通過《1952年教育條例》（Education Ordinance），進一步嚴格管制學校和教師的註冊；亦有條文禁止學

校宣傳政治思想。[94]

本港中學中文教材的編訂，實始於中、英文中學會考制度分別確立以後。當時英文中學會考的中文課程範文僅十六篇，於第二班時教授；反之中文中學會考的篇章計達六十餘篇，範圍較廣，包括經、史、子、集，及詩詞、小說等[95]，足見兩個公開試的中文課程在內容範圍上來說，差異甚大。

在分科方面，香港中學畢業會考設中國語文（Chinese Language）、中國文學及歷史兩科，前者設兩卷，分別為作文和翻譯，後者則將歷史和文學融合，課時相對緊絀[96]；香港中文中學高中畢業會考設國文科，中國歷史僅屬歷史科範圍的一部分。[97]教材與香港大學入學試頗有差距，乃有重新修訂中、英文中學中文教材之議[98]；亦有意見認為須參考港大入學試的中文教材範圍。同時，會考課程亦需顧及社會現實，學生常因家庭背景或前途而轉校，故課程宜互相銜接，各校教學均宜與所訂課程配合，若各科課程亦能逐步統一規劃，將有利學生學習。1960年，香港中學學制統一，中文中學由六年制改為五年制，跟英文中學相同。1965年，新制中五生跟舊制高中三生同時應考香港中文中學高中畢業會考。

六、1950 至 1960 年代的會考特色

在上述時期教育司署特意強調公民意識，並融合中國傳統文化的優點，以達致其目的——「培養公民」[99]，有利殖民地政府管治，此點頗為弔詭，跟往日公開試的功能（挑選優秀學生）明顯有別。當時部分學科貫徹會考意旨，諸如中國文學及歷史、公民科，其背後牽涉政治形勢的轉變，以及本地雙軌學制的課程規劃。

臨深履薄——在政治夾縫中發展的中文教育

在很多官員和家長眼中，中華人民共和國的成立截斷香港中文中學畢業生的主要出路；亦提供契機予殖民地政府插手本地中文教育。教育司高詩雅（Douglas James Smyth Crozier）指出：

> 迄今香港中文教育的水平取決於中國所需，無論教育或政治理由均不可取，觀其當今時勢應否繼續下去呢？除非我的部門組織主辦有關公開試，否則難以決定其水平。[100]

誠然1950年代冷戰時期，英國希望香港保持中立，不欲讓國民黨和共產黨把香港變成其戰場。國共兩黨均欲維持在本港的勢力，彼此繼續角力。對國民黨而言，香港乃關鍵之地，暗中策劃對抗共產黨的行動；對共產黨而言，本港仍處中立，能繼續孤立和削弱國民黨在台灣的政權[101]。當時港督葛量洪認為：

> 香港的定位優勢很大程度依賴在不參與政治問題。在任何帶有政治色調的問題上，維持嚴謹的法規，不偏不倚，方能達到。我們以這種態度對待在殖民地的中國政治活動，如對待國民黨和共產黨完全相似，絕對遵照法律。無論在內外方面，任何偏離於此，將削弱我們的定位。[102]

1952年9月，教育司成立中文教育委員會（Chinese Studies Committee）[103]，並於1953年11月呈交《香港中文科目委員會報告書》，旨在考慮中文教育在殖民地教育系統的位置及目的，並提出建議；鑑於當時所需，其基本概念為規管中文教育的課程，諸如國語、中國文學及歷史。[104]對本地學校而言，中文教育的目的是發展學生母語的表達能力；引導學生理解，並培養其對中國思想、文學及傳統的鑒賞能力。[105]

在歷史科方面，報告書建議教育司署須積極協助出版客觀的本地歷史科課本，維持平衡意識，其重心應置於社會和文化史，並非政治史；旨在推廣國際友好和理解，並非仇恨及誤導。當接觸某些題材時需客觀審度，譬如鴉片戰爭及義和團之亂等課題。由此觀之，相關建議充分凸顯當時殖民地政府的憂慮。該委員會在報告書中闡明歷史教學的基本理念外，亦希望教師謹記中史學習的主要目的是讓學童尋回中國文化的優點，擺脫自卑，繼而恢復人民的自信和自尊，但一定不能強烈排外。[106]

> 基於香港的地理位置和獨特性質，委員會全人認為本地學校的中國文化科目應該為西方對中國的理解、和中國對西方的理解，作出一點貢獻。……在過去，中國國內的中國文化教學往往以產生無知和遮蔽的民族主義為目的，這是不符合教育原則的，香港學校不應效尤。[107]

至於中國歷史科課本，委員會強調要不偏不倚的立場：

> 中國出版的課本通常都含有仇外的字眼、評論和宣傳，故此不適合在香港採用。當務之急，是出版一些立場不偏不倚、採取本地觀點的歷史課本，以促進國際友好與諒解為目的，而不是加深仇恨和誤會。……編寫課本，必須嚴守客觀的原則，處理義和團和所謂鴉片戰爭等課題，更應恪守。[108]

委員會採取的立場，一方面培養對中國昔日光輝而自豪，同時又要疏離中國當前的複雜政局。

在此之前，課程和教科書常務委員會（The Standing Committee on Syllabuses and Textbooks）剛獨立出來，其功能較廣闊及正面，有別於舊有的教科書常務委員會（Standing Textbook Committee）。[109]該會向教育司建議有關教科書及教具外，亦為學校擬定標準課程綱要，為其出版合適的教學筆記和課本。惟當時本地出版社未成氣候，經教育司署審定後，英文中學的教科書大多沿用英國出版社；中文中學則同時兼用舊國民政府、台灣和港版課本，以歷史科為例，藍孟博編《高中歷史》由正中書局出版、金兆梓編《高中本國史》由中華書局出版等。[110]

往後港府在必要時還會邀請「可靠的」人士編寫合適的教科書。在1960年代初，政府曾要求港大地理及地質學系主任戴維士教授（S. G. Davis）編寫中文中學的地理課本。政府並再三叮囑戴氏要盡量採取中立的態度。[111]

值得一提的科目——合乎政府所需的公民科

公民科於1951年首次在香港中學畢業會考出現[112]，跟前述的會考宗旨完全切合，後於1965年為經濟與公眾事務科（Economic and Public Affairs）取代。相隔11年，公民科於1962年才首次出現在香港中文中學高中畢業會考內[113]，至1969年被經濟與公眾事務科取代。

公民科科目委員會（Civics Subject Committee）曾出版刊物[114]，闡釋部分委員或老師心中的期望。部分老師形容公民科為永教不完的科目，當中困難是如何追趕新聞及新發生的事情。[115]老師大多認為這科目在公開試不太重要。老師經常安排課外學習活動，如參觀社區中心等，藉此彌補課本上難以傳授的知識。

首兩年公民科未有提供學校使用的課程綱要。1951年，考生只有教育司署出版的小冊子（Civics Pamphlets for Secondary Schools），共10冊，其內容不太深入，考生以為該科非常容易，影響其在學校課程中的地位，當時中學普遍不願撥出每星期3課節的時間，唯考生與校方均期望在公開試獲得佳績。這段期間，公民科因應考試範圍和內容，試卷較簡單直接。[116]往後始逐漸擬訂正式的課程綱要。

在1952年的《香港中學畢業會考的課程大綱》中，公民科的設立較理想化，關注不同層面，希望學生清晰理解公民的權利及責任，繼而參與民主活動，從不把該科

當作一門學科。同時，要學生理解香港的管治，強調秩序是快樂和繁榮社會的先要條件，透過立法及行政，以及自願團體的工作實踐。有一點很特別，就是希望學生理解英國的公義制度，跟中國有何分別，特別是面對犯法者而言[117]；同時，學生周遭的事物均屬公民科的範疇，諸如公眾衛生、房屋、公共交通、工業經濟、政治等，足以反映該科是讓學生理解身處的社會狀況。[118]無疑，該科課程要求一直合乎港英政府所需，希望透過這科的教學灌輸西方的價值觀，增強港人的認同及歸屬感。黃炳文認為，這正配合當時的社會狀況，以及遠東和世界的政治形勢。戰後國共內戰、韓戰禁運，均促使原本居住內地人湧入香港，當時有必要讓其盡快適應本港政治結構，以及急劇轉變的經濟帶來的問題，以及避免國共兩黨將香港變成戰場，政府對此有明顯的顧慮，全在課程綱要的內容反映出來。[119]

公民科的範疇按香港社會發展而不斷更新，涉足當時的時局。戰後，該科曾設「戰爭與和平」（War and Peace）課題，以及1945年成立的國際組織聯合國（United Nations）[120]，以這些跨國組織作為學習內容，在整個公民科的課程裏，不難發現當局有意確立及灌輸英國的開明、善於合作，以及愛好和平等良好形象，冀能使學生潛移默化，以利於英殖民地政府在香港的管治。

1954年9月，一系列公民科教科書《香港公民》（*Civics for Hong Kong*）出版，共5冊，由丁紀（Frederick John Francis Tingay）撰寫。作者遵從課程綱要，建基於最簡單的事物概念，從學生經歷組成生活方式，涵蓋類似興趣、社羣生活、公民、本地社區和技術層面，供中一至中五學生學習；唯課程綱要缺乏過渡意識，未從本地延伸至世界，實踐公民責任。丁紀坦言公民科課本的內容由簡化的政治和社會科學演變而來，透過模糊的演說，如登記投票成為良好公民，藉以鼓勵人們尊重政府的國會制度等[121]，這跟當時殖民地政制恰恰相反。

1957年，香港中學畢業會考的公民科課程稍為整理修訂，相關公民的形象塑造得較立體，對下列各課題有較為明確的闡述：

（1）人及其基本所需：譬如食物、食水供應、燃料動力、居住環境；

（2）人與周遭芳鄰：計有香港地理、對外交通、文化交流；

（3）人及工作：闡述人的渴求、本地工商貿易發展、工業工作環境；

（4）人及機構：如金融體系、保健服務、教育、社會福利、法律及秩序、香港
　　　政府；

(5) 今日香港；

(6) 國際關係；

(7) 公民責任。[122]

第1項至第4項課題均圍繞本港，範圍較廣闊，務求學生全面理解本地社會；第5項課題則因應時勢審視，鑒於當時本地迎來工商業發展的時機，順道向學生貫輸管治者塑造的香港價值觀，如以工商業為重心，不再是舊日的漁港。第6項課題只圍繞英國及聯合國，前者涉及本地與英國的關係，以及英聯邦（Commonwealth）的概念，亦建立管治者的形象；後者則強調本港獨有的國際地位，尤其認同該組織倡議的法治及人權等理念。

誠然公開試建基於考試課程綱要，跟學校課程稍有分別。1959年，當局建議中學公民課程綱要，大致如下：

中一　我的家庭和學校

中二　我的街道和鄰舍

中三　我與香港

中四　香港和世界

中五　我和世界[123]

綜觀歷屆該科試卷，發現問題分佈不太平均，主要集中問及香港的形勢與環境，反而其提倡的公民權利及責任等抽象概念鮮有觸及。以1957年公民科的考試為例，試卷分為甲、乙兩部，各佔100分，考試時間為2小時。前者要求答案精短，字數約150-200，考核學生對公民科不同課題的基本認知；後者則屬開放式的長問題，讓考生闡述對本港時勢的意見，例如有題目問及「人口增長為香港帶來的問題」；或「中文中學畢業生接受高等教育的建議措施和有關計劃的難處」等[124]，考題重點均放於分析社會問題上。

1965年，教育司署設經濟及公共事務科（簡稱「經公科」）取代公民科，其內容主要建基於既有的公民科，並加入經濟事務部分。[125]其實，經公科之設乃由於港大入學試於1969年將開辦高級程度的經濟及公共事務科，是以英中會考亦設此科以配合港大入學試。[126]

跟香港中學畢業會考相比，中文會考較遲開設公民科，1962年才舉行首次考試。

在《香港中文中學高中畢業會考專輯1963》中，公民科的研究方針為「全部課程不應着重詳盡的數字，而應着重人的研究」[127]，「同時對一般與公民有關的時事，可為各項題材引證者，亦應予以注意」[128]，其綱領跟英中會考完全無異。

1969年，經濟與公共事務科首次在中文中學會考出現，取代舊有的公民科。在《香港中文中學會考專輯1969》中，經濟與公共事務科的課程要求考生「須對普通經濟原則有所認識，特別有關香港者，更應注意」[129]，明顯較側重經濟知識。

香港大學入學資格考試一直不設公民科，直至1969年，經濟與公共事務科首次出現在香港大學高級程度考試。[130]翌年，該科亦成為香港中文大學入學資格考試的科目。1987年，因當時已另設經濟科，經濟與公共事務科在香港高等程度會考改為政府與公共事務（Government and Public Affairs）科，只設一卷，共分三組問題，分別為政治科學、香港之政府與政治、香港之公共政策問題，其宗旨是讓考生對政治科學的基本概念有相當理解，明瞭各種主要政制的類型，並以英、美、中國為例，應用基本概念，藉以研究港府政治及公共政策問題。[131]1988年該科在香港高級程度會考首次出現，共設兩卷，目的是讓考生理解政府結構、程序及部分理念的分析。完成課程後，學生應理解部分重要的政治詞彙；能描述和討論國家分類及建基標準；理解西方多元化的不同假設及實踐，以及馬克思系統；並比較三個政治體系及分析其政治角色；其中亦涉及港府與其他政治系統的政策比較等。[132]無論考試內容或形式，兩個高考稍有不同。

值得一提的科目之二——有助學生改進雙語水平的翻譯科

如前文所述，教育和公開試因應社會客觀環境而轉變，顧及學生未來生活所需，亦有利本港社會發展和殖民地政府的利益。因此翻譯在兩個會考的語文科中均佔重要的地位。在香港中學畢業會考中，中文科卷二為翻譯；在香港中文中學高中畢業會考中，英文科卷三為翻譯，旨在測試考生對中文掌握及運用的熟練程度。

應用中文（Applied Chinese）成為中國語文科試卷的常見特色，自1953年起，該科要求考生翻譯或撰寫簡短告示、廣告和報告。隨着翻譯的重要性漸增，這個科目吸引更好的專科老師參與工作，希望透過小心選擇合適的翻譯材料，幫助學生改進雙語水平，亦培養學生對文化和民族有更深入的了解。[133]

有關翻譯考試，其中一大問題是缺乏閱卷人才。這使該科的評卷工作陷於困境。再者，本地學校向來難有這個科目的主流教學方法，以致教學標準不一，學生水平亦

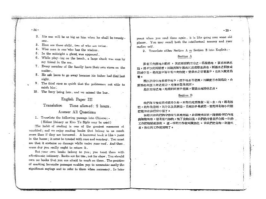

1952年，香港中學畢業會考中國語文科試卷二。

1952年，香港中文中學高中畢業會考英國語文科試卷三。

參差[134]，為人詬病。由是1965年重整課程後，翻譯不再是試卷的一部分，唯《會考年報》仍呼籲英文中學應在校內繼續教授翻譯，有利學生理解雙語的實用價值。[133]

讓學生和公眾知悉公開試的溝通渠道——報章和電台

報章和電台廣播是當時五、六十年代的重要媒體，學生和公眾均藉此知悉及理解有關政策，以至公開試的考務安排，例如當局曾於港九政務處（City District Office）張貼海報，輔以電台廣播宣傳，鼓勵自修生盡快報考。[136]如遇颱風襲港，考試須延遲舉行，當局亦會透過電視、電台廣播通知考生。[137]報章刊載有關考試的消息，主要包括前天已考完的試題、試題解答，或讀者來函向考試當局查詢等。最重要的是，報界會於公佈公開試的成績當天或翌日的「放榜」，使考生及有關人等能透過報章獲取有關資訊，這安排直至1969年為止。1970年，兩個會考均開始以電腦編印個別考生成績通知單（Individual Results Slip），送往學校校長，由校方轉交日校考生；自修生成績通知書則以郵遞方式傳送。[138]與之前的安排比較，此種措施預備需時，卻使學生能掌握更詳細的考試成績。考生可藉此用以求職或升學，校方亦因而減省發給證明文件的煩惱。[139]

圖為〈中文中學會考乙組數學試卷〉，《工商日報》（1958年6月18日）。

答覆讀者來函。資料來源：《華僑日報》（1970年7月1日）

為更好前途輾轉求學

為了有更好的前途，當年有不少中文中學的學生中途轉讀英文中學，目的為希望報考英文中學會考，期望獲資格攻讀港大入學試。以李賜雄為例，他輾轉求學的經歷頗能反映上一代莘莘學子的心聲，見證香港社會變遷，人們如何從中奮力求生。李氏1950年抵港後，輾轉遷往石硤尾，經歷1953年大火，後遷往東沙島街唐樓。且看他自述其學習的經歷：

> 小學會考以後，我獲派往位於旺角白布街的聖公會諸聖中學。諸聖是一間政府津貼的中文中學。三年初中過去了，我考慮自己的前途。眼前有三個選擇：一是繼續留在諸聖升讀高中；二是轉讀他校的高中；三是轉讀英文中學。當時社會風氣十分着重英語，英文學校的畢業生比較吃香，無論就業抑或升讀大學都比較優勝。人是現實的，母親主張我轉讀英中，當然我亦希望自己有較佳的前途，結果決定轉讀英中。

在當時來說，初中升高中時由中中轉讀英文學校並不容易。首先，中中和英中是兩種學制，中中共六年，初中、高中各三年；而英中是五年制加兩年預科。中中初中畢業相等於由中三入讀Form 4，不過英文程度難追上。

這次我和兩位老友一起去投考位於深水埗大埔道、由教會主辦的私立崇真英文書院，結果都被取錄，入讀 Form 3。學期一開始我便感到壓力了。在初中年代，只讀一科英文，其餘的都是中文，化學名詞、生物名詞、物理學名詞、地理名稱，外國歷史人物名稱，甚至數學題目都是用中文的，大多數可以顧名思義，容易理解和記誦。現在一下子全變了英文，一大堆英文字母走在一起，既無意義，又難記，更不要說讀音和寫整篇文章了。怎麼辦呢？可惜勢成騎虎，回頭路固然行不通，又沒有人可以幫我。無計可施之下，唯有硬着頭皮，自己尋出路了。在崇真讀了差不多一年，當接近完成 Form 3 升 Form 4 的階段，我曾主動地為自己的前途想過。有沒有辦法可以再轉另一間更好的呢？可是談何容易呢！

有一次，剛巧有朋友來探我。小學會考時他獲派英皇書院，其時已讀中四，比我高一班。閒談中他告訴我：他的學校每年開課前，每級都會有一兩個空缺招收插班生，不過不會公開招考，我可以用家長名義直接寫信向校長申請。於是我替爸爸擬了封信，附上成績表寄給英皇書院郭士熙校長（Mr. Coxhead），向他申請插班 Form 4。其實我預計是不會有結果的，只不過試試吧。將近開課前，突然收到英皇回信，答應收我為 Form 4 插班生。這是百分百完全出乎意料之外，似乎「幸福之神」無意中在人叢中選中了我吧！這個消息令我狂喜了好一陣子。我就這樣「無厘頭」地踏進英皇書院的大門，完成中四、五課程。

一如 Form 3 那年一樣，每個星期六、日我同樣放棄所有活動，仍在圖書館度過，成績漸有進步。Form 5 那年是重要的一年，將會面臨中學會考，成績的好壞會影響一生，心理壓力很大。那時英皇不容許學生自由選科去參加中學會考。除特殊科目（如美術、英國文學、音樂等）可自選，經由校方同意外，其他科目一律硬性規定報考，不得放棄。結果我共報了十一科半，即規定的英文、中文、數學、英史、中史、地理、生物、化學、物理、公民和國音（半科）及自選的美術等科。其實我根本沒有足夠時間去溫習所有科目，唯有自動放棄溫習部分認為次要的，如英史，公民等科，到時一於靠考天才了。

會考放榜那天，心情異常緊張，大清早就在報攤買了幾份報紙[140]：《星島日報》、《華僑日報》等，戰戰兢兢地找自己的編號。謝天謝地，我及格了。

在報紙上只知道及格與否，真正的成績就要等第二天回校拿取成績單才知道。翌日，回到學校方知十一科半全部及格，其中六科「良好」。以一個半途出家（半途中中轉英中）的人來說，已經喜出望外了。原來我們這一屆的成績是破紀錄的，所以，以我的成績也未能升讀本校預科。[141]

其實，五十及六十年代有上述經歷的學生為數不少，他們都希望向上流動，在中學階段時不斷轉校，從中可反映英文當時在香港的重要性，難怪李氏對英中趨之若鶩，千方百計希望在英文中學會考考得良好成績，他實在代表了不少當時莘莘學子的心聲。

新界發展與教育的關係

另一方面，在1960年代，新界尚未大規模發展，部分地區僅能提供有限度的中等教育。初時，當局未曾在新界設試場，故在新界區就讀中學的考生需遠赴市區應試。關慧賢於1962年任元朗崇德英文書院校長，憶述當年的教育環境，以及她如何為會考班的學生爭取原區考試，不須長途跋涉出市區應考的點滴：

我的使命是要帶領崇德成為一所完整的津貼中學，首先要準備當年中四的學生參加會考，其次要把學校的財政提升到符合申請成為津貼中學。1968年9月，崇德獲准轉為私校受助。

那時申請派學生參加香港中學會考很難，要評老師的水準、學校的設備。我們沒有實驗室，就要立即騰空一間房去做。我們還做了一架小車子，方便老師推著它進入課室去做簡單的實驗。

我為崇德做了多個「第一次」，我自己都不明白為甚麼我可以做得這麼「盡」（徹底）。當時元朗尚未有會考試場，學生要出去九龍應考。事前我詳細教了他們怎麼去，但考英文科當日，一個學生來電說找不到試場，我立刻致電有關當局，要求讓這個學生在晚上舉行的那場考試應考，經我詳述學生的困境，我的要求最終獲答應，不過不擔保一定承認他的分數。後來經多番交涉，他的分數也獲承認。

跟着我問，為甚麼元朗尚未有一個會考試場？為了避免學生長途跋涉到九龍去應考，我願意做開荒牛，可以在崇德校內設試場。我擔保試題不會洩漏。結果有一位教署官員，他一向頗欣賞我在崇德的表現，雖然當年交通不便，但他仍肯每天中午來收試卷並送第二日試卷給我。為保護這些試卷「過夜」（度過一整夜），我有很大的責任，於是我在一個小辦公室內放了一個鐵櫃，把全部試題鎖入鐵櫃內，然後放兩隻大狼狗進房內，牠們一定會咬進來的人。[142]

回首當年，不少當年中學教育跟公開考評的事物及其特色，隨着社會急促發展而湮沒或改變，而不變的就是公開考試給予學生的壓力。

七、香港英文中學會考、香港中文中學畢業會考（1968-1973）

踏入1960年代，中學教育跟公開試的發展互相緊扣。隨着學生人口大增，當局難以應付大量考生報考，諸如批閱試卷的數量會增加，記錄和檢視成績等時間亦漸增，凡此種種均會影響公佈成績的日期，若放榜日期要延遲，對考生就業，或入讀大專院校均會造成影響。固然會考證書是就業和升學的必要證明，惟當時授予證書的條件嚴謹，並非所有考生都能獲得。因此考試委員會考慮減少閱卷員，改用機器批改試卷，並容許成績相對欠佳的考生也能獲得證書。史璧琦牧師（Rev. Geoffrey L. Speak）[143]認為香港英文中學會考的出現是廢除舊有的畢業會考形式，並引入多項選擇題，作為主要學科考試的一部分。[144]1969年，香港英文中學會考其中5科正式引入多項選擇題考卷[145]；加上早於1962年引入統計學和參考組（Control Group）的概念，藉以釐定和控制考試水準，冀能改進及解決考生日漸增多的問題。[146]

1968年，兩個會考的考生應試後均能獲取全新的會考證書，內列應考科目的成績，成績不再以優、良、及格與不及格劃分，改以 A（1）至 H（8）級取代，以 A（1）級為最高，H（8）級為最低。當時坊間多年誤解 E（5）級為及格標準，事實上該等級只代表在整體考生中相對的基礎水平，並有着表現不及 D（4）及以上等級，而較 F（6）及以下的為佳。由於證書的性質、形式和授予條件等各種改變，兩個會考分別易名為香港英文中學會考（Hong Kong Certificate of Education (English)）及香港中文中學會考（Hong Kong Certificate of Education (Chinese)[147]；會考執行委員會的名稱則由 The Board of Control 更名為 The Examinations Executive Committee，惟兩者的中文譯名未見改變。[148]兩個會考同時廢除科組制，改為以科目制取代。事實上，這是仿傚英國普通

教育文憑考試的做法，以科目制取代科組制，執行後當局不用再發及格成績通知書。[149]李越挺認為，此新制便利各中學、大學及僱主等可就其本身之需求而據考生不同科目之成績有所抉擇[150]，兼顧社會和考生的需要。

兩個會考短短維持了 6 年，可視為兩者統一到香港中學會考的過渡時期。1971年 3 月下旬舉行香港中學校長聯會，包樂賢（A. G. Brown）身兼兩個會考執行委員會主席，席上指出兩個會考在行政上已力求合併，正努力使各科的兩種會考課程漸趨一致[151]；應考語言不再有別，考生可自由選用，使更多本地生的會考成績得以海外承認。包氏更希望統一會考後不再有中文或英文中學之分。

在 1971 年公開試以後，兩個會考委員會合併，組成香港中學會考委員會（The Hong Kong Certificate of Education Board），負責 1972 年和 1973 年的中、英文會考，並介紹 1974 年的香港中學會考[152]，着手籌備香港中學會考的考務工作，諸如課程綱要等。該委員會由 26 名委員組成，主席為史壁琦牧師，副主席則是李孟標，均由教育司委任；成員計有兩間大學教務委員會各自委任 3 個代表，參加會考的官立、津貼、補助及受助私立中學校長共 12 名、與考私立中學校長 3 名、教育司委任人士 4 名及 1 名秘書。[153]

在行政方面，英中會考於 1969 年使用新設計的准考證（Admission Form），內裏列出各考生的應考日期、時間及試場地址等資料，免卻考生費時尋找考場名單的麻煩，亦能減少用紙和印刷費。[154]

八、香港中學會考（1974-2011）

1974年，兩個會考合併為香港中學會考，與考日校有357間，考生共43,893名，自修生則有12,183名，考生總數為55,976名，參試總人數為50,792名[155]，應考科目共62科（見後頁表），採用劃一試題的學科共8科，計有物理、經濟與公共事務、美術、音樂和會計學原理；其中裁剪（Dressmaking）於1970年已跟英中會考採用同一試卷（common papers）[156]，家政和工業繪圖則在1972年已採用。[157]此外，歷史、物理、經濟與公共事務科的中文版首次設多項選擇題試卷。由是試場以單一語言（monolingual）為基礎，只採用單一版本的試卷，故各考生均按照報名時所選的應考語言獲派至不同試場應試；試後新的會考證書包括考生中文姓名，且列明應考語言，亦藉此反映某些成績等同普通教育文憑試普通程度及格。[158]

中中生與英中生雖參加同一會考，唯中中生規定只能考英文課程甲（Syllabus A），英中生則考英文課程乙（Syllabus B），而且規定於課程甲成績取得C級的考生等於課程乙成績的E級，課程甲取得A級相等於課程乙的C級成績。[159]

1974年香港中學會考之應考語言及相關科目

應考語言	科目
（1）中文	中國語文、中國文學、中國歷史、地理（課程甲）、宗教知識（基督教）、宗教知識（天主教）、宗教知識（佛教）、數學（課程甲）、數學（同等課程甲）、附加數學（課程甲）、化學（課程甲）、生物（課程甲）、陶瓷（課程甲）、編織
（2）英文	英國語文（課程甲）、英國語文（課程乙）、法文、其他審定現代語文、英國文學、地理（課程乙）、聖經、數學（課程乙）、數學（同等課程乙）、附加數學（課程乙）、化學（課程乙）、生物（課程乙）、陶瓷（課程乙）、打字、打字與速記
（3）中文或英文	歷史、經濟與公共事務、物理、家政、音樂、美術、木工、金工、實用電學、工業繪圖、裁剪、會計學原理
註釋：課程甲相等於中文中學的程度，課程乙則相當於英文中學的程度。	

資料來源：香港中學會考委員會，《1974年考試課程專輯》，目錄，頁v-vi。

1975年開始，不論應考中文或英文版本，考生均選答同一課程的試卷，考獲C級或以上成績均獲港大及海外大學認可被視為相當於英國普通文憑試普通程度及格。[160]在此之前，選答中文版本者須待評卷程度一致的問題解決後，方可獲海外承認。[161]1976年，香港中學會考大致上合併完成，試題來自同一課程，試卷的審閱和評級亦有劃一的標準，確保成績不受應考語言所影響；唯英文科仍保留課程甲和乙之分，前者程度較後者為淺，正如上述，其C級成績獲承認為相等課程乙的E級成績；1997年開始進一步承認課程甲的B級成績和A級成績，分別等同課程乙的D級及C級成績；至2007年該科增加校本評核的元素，不再劃分為兩個課程。[162]

何世明[163]認為徹底執行「中英合卷」的制度，對於打破已存在的中英文中學間不合理的藩籬，當會有一定的貢獻[164]；其最終目的是統一全港中學的會考課程，並採用一致的會考題目和評分標準。何氏建議不再硬性劃分英文中學和中文中學，應中英並重，可任意選用教學語言和課本。

此外，當局自1974年開始公開招聘或個別邀請閱卷員參與評卷工作，應付大量答卷的批改；同時，又聘請大學生協助試後工作，包括：

（1）確保每份試卷沒有一頁漏改；

（2）加分無誤；

（3）分數準確輸入電腦

這項措施推行直至引入網上評卷（On-screen）為止。[165]

在籌備兩個會考合併的同一時段，本地社會人士一直極力爭取中文獲得更高的法定地位。1970年，社會主要出現三大團體，分別為香港專上學生聯會行動委員會、爭取中文為法定語文運動聯會、香港各界促成中文為法定語文聯合工作委員會，各自發表宣言、舉辦論壇等。12月6日，更曾發起公開簽名運動。[166]港府在社會輿論下，成立公事上使用中文問題研究委員會（Chinese Language Committee），由馮秉芬擔任主席；並於1971年期間發表共四次《公事上使用中文問題研究委員會報告書》（*Chinese Language Committee Report*），建議政府宣佈中文與英文具同等地位，均為法定語文（Official Language），即政府與民眾在往來上所規定使用的語文。[167]1974年2月13日，立法局通過此項《法定語文條例》（*Official Languages Ordinance*）[168]。

〈香港中學會考招聘閱卷員及英語口試主考員啟事〉，《星島日報》（1974年1月12日）。

事實上，雙軌制造就英中畢業生的英文程度一般較中中畢業生為高，中文程度卻恰恰相反，導致中英文水平懸殊。由是英中畢業生的英語程度較高，較易進入政府及私人機構任職；家長寧願送子女往英中就讀。該報告建議教育司應進一步設法提高本港中學畢業生的中英文水準，以及使他們的中英文平均發展。[169]唯香港社會重英輕中的風氣難以一朝改進，譬如會考證書會列明各科的應考語言；1985年，部分人士建議香港考試局毋須在證書上註明應考語言，鼓勵更多考生選用中文作答，希望藉以扭轉港人歧視中文的態度。[170]自1986年起，中學會考證書不再列出應考語言。[171]

九、大學聯招

大學聯合招生辦法（Joint University Programmes Admissions System, JUPAS）於1990年成立，統一處理本港各大學的招生，減省以往中大和港大各自取錄所衍生的行政問題。當局擬根據香港中學會考的各科成績給予中六生有條件的取錄。[172]香港

考試局為配合這政策，自1991年將原有6個等級的成績，每級各自細分為二等，即A（01），A（02）至F（11），F（12）。[173]同年教育署推出中六收生程序，供全港中學會考生入讀官立、資助或按位津貼中學的中六學額，額滿為止。考生在同一會考中考獲最佳6科成績，總分達14分或以上，可向原校或他校申請入讀中六。[174]其計分方法見下表。

1991-2001年香港中學會考計分方法

等級	積分
A（01）、A（02）	5
B（03）、B（04）	4
C（05）、C（06）	3
D（07）、D（08）	2
E（09）、E（10）	1
F（11）、F（12）	0

　　自2002年起，一級二等制取消，改以A（a）、B（b）、C（c）、D（d）、E（e）、F（f）取代。2007年，香港中學會考中國語文和英國語文率先採用水平參照成績匯報（Standard-referenced Reporting），並施行校本評核（School-based Assessment），評級改為五個等級（Level）：5、4、3、2、1，5級最高，1級最低，且每個等級均設等級描述（level descriptor），此則與今天香港中學文憑考試（Hong Kong Diploma of Secondary Education Examination）相若，其餘各科評級則不變。

十、1970年代至1990年代的會考片斷

公開試措施影響中學編班政策

　　自1968年廢除科組制的規定後，兩個中學會考均採用學科制，供學生自由報考，有關措施卻對學校釐定班級編排上有特別安排，乃將中四文、理分科。最重要的是，大學課程的取錄準則決定中學的預科教育，繼而影響校內會考課程的組合。黃浩潮當時在保良一[175]中任教，指出公開試如何長遠地影響學校政策，並延伸至學生的學習環境：

我入職時是1974年，那時學校剛開辦兩、三年，正好是第一屆開設中五。當時文、理學生來說，升上來時比較參差。第一屆的成績已很好，逾九成考生及格。兩年後，即1976年，該校開辦高級程度課程，亦分文、理班，兩者成績也不錯，反而影響到Form 5會考成績的提升。學生在中三時可自由地選擇文科或理科。很奇怪，我入職時任教Form 4，文、理科各兩班。在 Form 5 時，我擔任5B文科班的班主任，理科班已變成三班。於是五班編排模式（即兩班文科及三班理科）成為長時間發展的歷程。分班主要依據學生意願為主。他們中三選科時亦會考慮自己的成績。前些時，我們可找到對文科有興趣且成績較佳的學生選修文科，既考慮自己的興趣，亦看自己的成績。後來學生選科時多考慮成績了。[176]

葉深銘透過升中試入讀德智英文書院，該校屬私校，他於1978年應考香港中學會考，誠然其選科的途徑受限於學校早已制定的編班政策，亦直接反映當時社會和一般學校的側重點——重理輕文，並以成績作選科考慮的先決條件，並非按能力和興趣而定：

學校在中三時已文理分科，其指標很簡單，成績優秀者進理科，成績較遜者則進文科。學校分上、下午班，我讀下午班。記得中一時有 O 班，至中三時只剩下 8 班，即由 A 至 H 班，三班理科，其中一班為下午班，五班文科班均為上午班。仍記得那時情況極端，理科班最差的一位成績竟高過文科班第一名。它是分流得很厲害，成績優秀者全都往理科班。在這種情況下，我也選修理科。當然中三的理科成績尚算不錯，至高班時發覺不太穩定，故加修文科。同時，我發現自己的科目取向較接近文科，尤其是中國歷史科，幾乎在半自修的狀態下修讀，老師特意在上午抽少許時間指導我們，主要倚靠自己讀書。我共報考 9 科。中、英、數、物理、化學、生物、中國文學、中國歷史及經濟及公共事務等科。結果文科的成績較好，於是在升讀中六時轉讀慕光英文書院，並且順理成章轉讀文科。[177]

劉賀強曾為沙田循道衛理中學（下簡稱「沙循」）校長。該校於1983年創校，屬新市鎮的新校。其文、理科的編班政策以學科組（Subject Group）的理念推行，且看其箇中緣由：

1995年中學會考成績通知書。

沙循一般學生只選8科，優秀的理科生才能選讀附加數學科，而兩班文科生均選修中國文學，地理科則文理兩科的學生均修讀。

沙循學生是選擇科組的，不是選擇科目，也不是選哪一班，而五班也不只是五個科組，當中有很多不同的配搭。今天教育說自由，有較多的選擇，學生要有自己的計劃，懂得取捨。[178]

英文中學會考的夜校生或英專考生

1953年，夜中學（Evening School）首次派出學生應考中學會考的英文科，共33名學生應試，有15人及格。[179]由是應考英文科的考生突然大量增加，惟日校及夜校生的考卷及應試時間不一，確實有違公平原則。1966年，在考試組的安排下，英文科試卷首次採用相同試卷，讓日校和「英專」考生（「English only」 candidate）一起應試；英文科共13,977名考生應試，當中夜校生佔2,706名，僅485人及格。[180]由於當時本地教育資源有限，不少學子因種種理由無法升讀中學或中途輟學，惟社會仍提供另一途徑——英文專修學校或夜校，讓在職青年能於晚間進修。1974年，英文科雖分課程甲和乙，英專考生可任意報考其中一課程。[181]

譚錫麟雖未曾經過香港公開試的洗禮，在大學時卻曾義務執教夜校會考班。往後譚氏加入教育司署的成人教育部，先於伊利沙伯中學任教，後調職創辦另一夜校，他一生屢跟公開考試結緣，其經歷足以見證本港夜校的發展與當時社會環境和公開試的關係：

我讀大學時，意識讀書相當辛苦。如有機會，也想幫助別人，故跟前輩在九龍華仁開辦第一間夜校——公教大學校友會中學，讓在職青年就讀。我們在義務教書時，給我一個很深的印象。學生勤力發奮，跟當時補習社並不盛行有關。當時純粹有兩個預備公開考試的途徑。第一，很多老師從國內南來，不少是老師宿儒，其講義和筆記等成為眾人追尋的對象。若要參加公開考試，先看看那些名校，向那些同學商借筆記。

易通英文專修日夜校招生廣告。圖片來源：胡熾輝編，1962，《香港教育年鑑》（香港：金匙出版社）。

第二，就是「天書」。當時未有試卷影印，無論任何科目，都有很多「指南」。我雖沒直接與考，但憑經驗而言，感到很多時是類似。因此同學預備考試時，一是借名校老師的筆記，另一是購買當時比較普遍或著名的天書，藉以備試。

我任教公開試的成功感來自我第一屆教導的學生參加公開試，有一位47歲的同學，年紀較我大，在中史科考獲A級。當時令我印象較深刻的是，同學們真的很忙碌，大多下午還在上班，下班後即來上課，顯得勞累。我十分幸運，星期六才上中史課，相對空閒，同學上課亦較有精神。畢竟夜校上課時間太短，唯有將課程的內容由頭到尾分析和指導外，也不能不提一事，做了不應該做的——「捉題目」，即是「估題目」。首年學生為何這樣優秀呢？我第一年任教，竟然膽粗粗擬了十二道題目，着同學特別留意，並加以準備，居然有學生考獲A級，這真的很高興！

長沙灣夜官中的校舍前身是小學，實驗室很簡陋，根本上沒甚麼設備，有的只是General Science的實驗室，未有如Physics、Chemistry、Biology等專科實驗室那麼先進，只在後期才設置。當我調職至長沙灣夜中學時，沒開辦理科，只能開辦文科。中一級當然未有分科，中四級只有文科。直至我離任時，該校

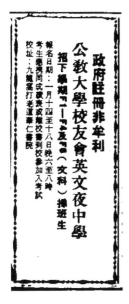

夜中學招生告示。圖片來源：
《星島日報》（1974年1月
11日）

仍是以文科為主。當初文科開辦時只有幾班，不超過8班，應介乎4至6班。因學校只辦中一及中四級。

在長沙灣夜官中任職七年後，我再返回伊利沙白夜中學擔任校長。該校歷史悠久，在各方面已上軌道，因而我可蕭規曹隨，昔日校長多由高級教育主任[182]擔任。約1982至1983年，我回來擔任校長，當時已有文、理科，實驗室設備非常完善。夜中學的需求很大，甚至要求我們多收學生，特別是會考重讀生。除開辦文、理科外，學額亦大為擴充。記憶所及，我校在夜校中破了紀錄，全校中一至中五共開辦28班。伊利沙伯官立中學的課室數量是傳統的24個，當我們開辦至28班時，唯有使用日校的特別室，如地理室和實驗室等作為普通課室。

當時文、理科分班較平均，如我們有四班中四，兩文兩理，學生成績亦較平穩。至1990年，學額的需求越來越大，學生成績尚算不錯，故考慮增辦預科。當時我籌辦預科，計劃裏有文科和理科，好讓學生原校升讀。完成策劃後，我提早退休及移民。至於學校將來的發展，待我1994年回港時才得悉。學校在那兩、三年間被拒辦理科。因預科使用實驗室的時間較長，若開辦班數那麼多，以夜校有限的時間並不適宜辦預科的理科班，故未能成事。往後官立夜中學的角色轉變，全交予外面的社團或教育團體，如保良局等接辦。[183]

註：

1   *Report of the Director of Education for the year 1937,* 9th March, 1938, p. 5.

2   *Ibid.,* p. 13.

3   *Annual Report for 1938,* Education Department, p. 10.

4   香港官立高級工業學院於1938年4月正式開辦，共設三部門，分別為工程（Engineering）、建築（Building）和無線電（Wireless Telegraphy）。*Annual Report for 1938,* Education Department, p. 11; *Annual Report for 1939,* Education Department, pp. 8, 12.

5   1894年，九龍書院（Kowloon College）在彌敦道落成，其後易名為九龍英童學校（Kowloon British School）；1902年，何東捐款興建校舍，學校易名為中央英童學校（Central British School）。自1947年起，中央英童學校獲准取錄任何國籍的學生，性質上不再是英童學校，在1948年頒獎禮中宣佈該校更名為英皇佐治五世學校（King George V School），紀念英皇佐治五世的奠基。

6   1903年，何啟、韋寶珊、周少歧和曹善允等人創辦於聖士提反書院，屬於私校。該書院只取錄華籍男童，大多為富家子弟，作風仿傚英國貴族學府；教授學科以漢文及英文為主，並傳授基督教義。參見王齊樂，《香港中文教育發展史》（香港：波文書局，1983），頁251。

7   *Regulations for the School Certificate Examination 1937,* Education Department, p. 2.

8   可參考1954年至1963年的《香港中學畢業會考年報》，內載與考學校的分析統計，從中可得悉有關措施。

9   Geoffrey L. Speak. 1968. "From School Certificate to Certificate of Education – A survey of the development of the examination system". *Journal of Education* 1968, p. 15.

10   *Regulations for the School Certificate Examination, 1937,* p.2.

11   即聖保祿學校前身。

12   即嘉諾撒聖心書院（Sacred Heart Canossian College）前身。成立於1860年，該校其後改名Sacred Heart School，1960年正式更名為嘉諾撒聖心書院。

13   *Regulations for the School Certificate Examination 1937,* Education Department, p. 1.

14   〈拔萃書院頒獎紀盛 護督史美夫人蒞場主禮〉，《工商日報》（1937年7月10日），第三張第三版。

15   〈英文中學會考委員會主席謂 現行會考制度亟須修正 贊同拔萃書院校長之批評 主張改制及更改報名日期〉，《工商日報》（1937年7月12日）第三張第二版。

16   *Annual Report of the Education Department for the year 1946/1947,* p. 6.

17   *Annual Report for 1939,* Education Department, pp. 8-9.

18   *Ibid.,* p. 15.

19   *Annual Report for 1938,* Education Department, p. 6.

20 官立漢文中學跟官立漢文師範男校關係密切，漢文中學於1926年開辦時，政府即將原有師範男校與漢文中學合併辦理，由漢文視學官李景康兼任校長。因時間倉促未能尋得合適校舍，故在醫院道榮華臺分設師範一、二年級，另假育才書社課室設中一至中三級。參見何家誌，〈戰前本校概況〉，載於《香港金文泰中學新校舍落成紀念特刊》，1966，頁121-123。

21 〈戰前本校概況〉為何家誌所撰，原載於1949年校刊；是次版本載於《香港金文泰中學新校舍落成紀念特刊》，1966，頁122。

22 馮秉芬父親為本地殷商馮平山，馮平山於1926至1927年擔任官立漢文中學校董。詳見《漢文中學年刊 1928》。

23 編著者按：即馮秉華。

24 《千色教室：華英浮沉》，香港電台，1997年11月5日。

25 *Annual Report of the Education Department for the 1946/1947,* pp. 29, 63.

26 *Annual Report of the Education Department for the year ended the 31st March 1950,* p. 36.

27 沙堅信曾先後擔任英皇書院校長（1951-1953；1957-1958）、英皇佐治五世學校校長（1954-1956），1958年退休返回英國。見 "The Development of King's College", pp. 16-17；〈1958年校務週年報告〉，載於《英皇書院校刊》，1960，頁1。

28 〈英文學生注意 投考倫敦大學手續 中學會考補行辦法〉，《工商日報》（1947年2月6日）第一張第四頁； "School Leaving Certificate Examination", *The China Mail,* February 7, 1947. p. 3.

29 Geoffrey L. Speak. 1968. "From School Certificate to Certificate of Education – A survey of the development of the examination system". *Journal of Education,* 1968, p. 15.

30 *Annual Report of the Education Department for the year 1946/1947,* p. 29.

31 *Annual Report of the Director of Education for the year 1948/9,* pp. 39-42.

32 *Annual Report of the Education Department for the year 1946/1947,* pp. 31, 53.

33 *Annual Report of the Director of Education for the year 1948/9,* p. 15.

34 1958年的香港中學畢業會考年報，建議中國文學及歷史應分為兩科獨立試卷。1965年，中國歷史於獨立成科；中國語文及文學（Chinese Language and Literature）則合併成一科，至1974年會考兩科獨立成科。*Annual Report,* 1958, Hong Kong School Certificate Examination, p. 8.

35 Board of Control, Hong Kong School Certificate Examination. *Annual Report,* 1956, p. 1.

36 *Annual Report of the Board of Control,* Hong Kong English School Certificate Examination, 1962, p. 1.

37 *Annual Report of the Board of Control and Reports from the Panel Chairmen,* Hong Kong English School Certificate Examination, 1965, p. 19.

38 Geoffrey L. Speak. 1968. " From School Certificate to Certificate of Education – A survey of the development of the examination system". *Journal of Education,* 1968, p. 16.

39 *Ibid.,* p. 15.

40　〈一年來之香港教育〉，《香港年鑑1964》，頁95。

41　施應元教士當時擔任聖撒瑪利亞會委員，亦是聯合國協會文教組成員。

42　施應元教士，〈落第——誰的恥辱〉，《華僑日報》（1965年8月16日）第四張第二頁。

43　〈會考委員會宜擴大 不及格學生可補考〉，《大公報》（1965年8月17日）第二張第五版。

44　Hong Kong Certificate of Education (English). 1971. *Annual Report of the Executive Committee and Report from the Examiners*, p. 3.

45　*Annual Report of the Board of Control and Reports from the Examiners,* 1966, Hong Kong English School Certificate Examination, 1966, p. 3.

46　*Annual Report of the Board of Control and Reports from the Panel Chairmen,* Hong Kong English School Certificate Examination, 1965, p. 20.

47　Hong Kong School Certificate Syndicate, 1965, *Hong Kong School Certificate Examination: Regulations and Syllabuses,* pp. 2-3.

48　〈一年來之香港教育〉，《香港年鑑1968》，頁102-105，詳見〈英中與中中同屬會考改制應無先後〉，《華僑日報》（1967年10月29日），第四張第一頁；〈修改英文中學會考制度之建議有其利有其弊〉，《華僑日報》（1967年10月28日），第三張第四頁。。

49　Hong Kong Certificate of Education Examination (English), 1971, *Annual Report of the Executive Committee and Reports from the Examiners,* p. 1.

50　《香港年鑑1949》中卷（文化‧教育），章一至五。所謂僑校，即既在本港教育司署註冊，而復在中國僑務委員會登記之學校

51　何厭為九龍民範中學的教務主任。該校原名九龍模範中學，位處何文田亞皆老街；附設高初小學，於1932年春開辦，於1934年改為九龍民範中學，先後向香港教育司署註冊，並獲廣東教育廳頒發鈐記。該校畢業生均得享國內中學畢業生同等待遇。

52　何厭，〈獻給香港華僑教育會的幾點意見〉，《華僑教育》第2、3期合刊，1935，頁2-3。

53　《香港年鑑1950》上卷（香港全貌‧教育），頁91。

54　大學院是民國初期國民政府掌管全中國學術及教育行政的最高行政機構，成立於1927年。

55　《大報》一年四期中央法令五頁，載於丁致聘編，《中國近七十年來教育紀事》（台灣：台灣商務印書館公司，1970），頁157（3）上。

56　《大報》一年四期中央法令七頁，載於丁致聘編，《中國近七十年來教育紀事》（台灣：台灣商務印書館公司，1970），頁157（5）上。

57　丁致聘編，《中國近七十年來教育紀事》（台灣：台灣商務印書館公司，1970），頁199（9）下。

58　《公報》三卷十六期《命令》頁16，載於丁致聘編，《中國近七十年來教育紀事》（台灣：台灣商務印書館公司，1970）。

59　〈修正僑民中小學規程〉，1934年2月，載於《港澳學校概覽》（香港：中華時報社，

1939），頁（乙）四。

60　Chinese Studies Committee, 1953, *Report of the Chinese Studies Committee*, p. 41.

61　〈中小學生畢業會考暫行規程〉，載於楊學維等編，《中國考試制度史資料選編》（合肥：黃山書社，1992），頁705-706。

62　〈中小學生畢業會考暫行規程〉第4條及第9條，載於楊學維等編，《中國考試制度史資料選編》（合肥：黃山書社，1992），頁705-706。

63　1933年12月2日，〈中學學業畢業會考規程〉第4條及第10條；1935年4月6日，〈修正中學學生畢業會考規程〉第4條及第10條，載於楊學為等編，《中國考試制度史資料選編》（合肥：黃山書社，1992），頁706-709。

64　《修正僑民學校立案規程》，1934年2月，載於《港澳學校概覽》（香港：中華時報社，1939），頁（乙）二至三。

65　1932年，一二八事件使部分教育從業人員組成「香港學界滬災難民籌賑會」，屬臨時的救災組織，後來成為本港中文學校教育人員組織的雛型。僑委會的代表陳克文鑒於華僑私校之漫無聯繫，以該組織的基礎，組成香港華僑教育會，屬恆常性組織。1937年七七事變，僑教會與中華教育會合併，在港島稱為華僑教育會香港分會，九龍則因政治區域理由稱為九龍教育會，兩會並立，對外採用港九教育聯合會的名義。1941年，為了對戰時祖國負起更多責任，該會以華僑教育總會名義，改組合併各組織，名稱仍舊為華僑教育會香港分會。戰後該會被孤立，名存實亡，有關人員獲香港教師會中文部所吸納。詳見何西園，〈談香港教育從業人員組織〉，載於《香港教育年報1952-53》，1953，頁35-36；〈第十一編 僑民教育 第二章 僑教行政與方案〉，教育部教育年鑑編纂會，《第二次中國教育年鑑》（上海：商務印書館，1948），頁1260-1261。

66　何厭，〈獻給香港華僑教育會的幾點意見〉，《華僑教育》第2、3期合刊，1935，頁2-3；何西園，〈談香港教育從業人員組織〉，《香港教育年報1952-3》（香港：中國海外新聞出版公司），頁35。

67　介如，〈論香港華僑學校的幾個問題〉，《華僑教育》第1期（香港：華僑教育雜誌社，1934），頁14。

68　《修正僑民中小學規程》，1934年2月，載於《港澳學校概覽》（香港：中華時報社，1939），頁（乙）五。

69　鄧志清，〈僑生畢業會考問題〉，《華僑教育》第2、3期合刊，1935，頁3-4。

70　同上註。

71　王齊樂，《香港中文教育發展史》（香港：波文書局，1983），頁348。

72　馬鴻述、陳振名編，《香港華僑教育》（香港：海外出版社，1958），頁19。

73　金尚，〈香港中等學校〉，載於《港澳學校概覽》（香港：中華時報社，1939），頁（辛）三至四。

74　〈第十一編 僑民教育 第一章 僑民教育之沿革〉，教育部教育年鑑編纂會，《第二次中國教育年鑑》（上海：商務印書館，1948），頁1257。

75　〈第六章 國民政府時期的教育考試〉，王奇生編，《中國考試通史 卷四》（北京：首都師範大學出版社，2008），頁358。

76　何國華，《民國時期的教育》（廣州：廣東人民出版社，1996），頁116。

77　〈戰後本校概況〉，載於《香港金文泰中學新校舍落成紀念特刊》，1966，頁122。

78　*Annual Departmental Report by the Director of Education for the financial year 1952-3*, Hong Kong: the Acting Government Printer, p. 21.

79　〈香港中文中學高中畢業會考委員會組織章程〉，《香港中文中學高中畢業會考專輯1954》，頁1。

80　陳榮燊，〈香港高中畢業生升學問題〉，《香港教育年報 1952-3》（香港：中國海外新聞出版公司），頁33-34。

81　〈香港中文中學高中畢業會考委員會組織章程〉，《香港中文中學高中畢業會考專輯1954》，頁8。

82　洪高煌，〈序〉，《香港中文中學高中畢業會考專輯 1951》，1951年10月。

83　〈香港中文中學高中畢業會考辦理細則〉，《香港中文中學高中畢業會考專輯1951》，頁1；〈香港中文中學高中畢業會考辦理細則〉，《香港中文中學高中畢業會考專輯1954》，頁5；The Hong Kong School Certificate Syndicate, 1952, *Hong Kong School Certificate Examination: Regulations and Syllabuses for 1952*, p. 3.

84　〈香港中文中學高中畢業會考辦理細則〉，《香港中文中學畢業會考專輯1951》，頁3-4。

85　投考資格與香港中學畢業會考近似，「凡高中三年級學生而確屬委員會學校或屬香港中文中學畢業會考委員會章程第二條所規定之核准學校者，均得參加該會考」；亦須符合學校課程設備的需要，方能應考。參見〈香港中文中學高中畢業會考辦理細則〉，《香港中文中學高中畢業會考專輯1951》，頁1-4。

86　1903年，該校於廣州創辦，名為伯特利女校（The Bethel Girl's School），其後於1911年增辦益智男校（Yick Chi Boy's School），五年後男校停辦，重開時變為三育學校（Sam Yuk School）；1922年，伯特利女校歸入三育學校的系統內；1935年，該校改由教會主理，更名為廣東三育研究社（Canton Training Institute）。1937年，因中日戰爭遷往香港沙田，改名為華南三育研究社（South China Training Institute），並與另一校合併。二戰時再遷返內地。戰後留在廣州東山一年。1947年，該校返港。復校仍用舊名；1964年該校增設大專部，兼營中學和專上教育，更名為華南三書院（South China Union College）；1981年，該校正式定名為香港三育書院（Hong Kong Adventist College）。

87　柏雨中學位處屏山洪水橋，於1947年開辦，最初為義學；1949年始辦中學，校長為梁省德，師生僅一百數十人。

88 *Annual Departmental Report by the Director of Education for the financial year 1952-3*, p. 52.；〈香港一年來教育概況〉，《香港教育年報1952-3》，頁42。

89 〈香港一年來教育概況〉，《香港教育年報1952-3》，頁37-46。

90 〈新僑、中華兩校高三學生　公開表示決不參加會考　讀六十六篇「古文」篇篇都朽腐無用　中國的好青年豈可「拜讀」漢奸臭文〉，《文匯報》（1952年3月10日）第四版；〈培僑中學高三級學生　決定不參加會考　昨特發表書面意見提出理由　大多數決定畢業後返穗升學〉，《文匯報》（1952年3月14日）第四版。

91 〈培僑中學高三級學生　決定不參加會考　昨特發表書面意見提出理由　大多數決定畢業後返穗升學〉，《文匯報》（1952年3月14日）第四版。

92 A. Sweeting. 1993. "Chapter 9 Control of Education through Examinations". *A Phoenix Transformed: The Reconstruction of Education in Post-War*, Hong Kong; New York: Oxford University Press. p. 183.

93 T. C. Cheng. 1954. "The Hong Kong Chinese School Certificate Examination". *Journal of Education,* 1954, p. 28.；撰文者為鄭棟材，擔任首屆香港中文中學高中畢業會考秘書。

94 有關學校登記方面，「擬辦學校係與外國政府或外國政府機構或具有政治性質之組織或團體聯絡或連繫或以任何方式受其統制者」，當局可拒絕登記。參見《1952年教育條例》第11條（M）、第43條（一）（H）。

95 汪文恂，〈前言──新教材專號〉，《中文通訊》第七、八期合刊（香港：教育司署，1956），頁1-2。

96 The Hong Kong School Certificate Syndicate, 1952, *Hong Kong School Certificate Examination: Regulations and Syllabuses for 1952*, pp. 12-13.

97 〈1952年香港中文中學高中畢業會考題目〉，載於《香港中文中學高中畢業會考試題解答》，1953，頁30-31、42-43。

98 汪文恂，〈前言──新教材專號〉，《中文通訊》第七、八期合刊（香港：教育司署，1956），頁1-2。

99 有關官方對中小學公民教育的期望，詳見〈代理教育司毛勤 在教學會議演詞〉，《工商日報》（1954年6月28日）第六頁。

100 1951年5月22日，高詩雅致函輔政司（Colonial Secretary），轉引自A. Sweeting. 1993. "Chapter 9 Control of Education through Examinations". *A Phoenix Transformed: The Reconstruction of Education in Post-War*, Hong Kong; New York: Oxford University Press. pp. 181-182.

101 Steve Tsang. 1997. "Strategy for Survival: The Cold War and Hong Kong's Policy towards Kuomintang and Chinese Communist Activities in the 1950s". *The Journal of Imperial and Commonwealth History*, Vol. XXV, May 1997, Number 2, p. 297.

102 轉引自Steve Tsang. 1997. "Strategy for Survival: The Cold War and Hong Kong's Policy

towards Kuomintang and Chinese Communist Activities in the 1950s". *The Journal of Imperial and Commonwealth History*, Vol. XXV, May 1997, Number 2, p. 300；在此葛量洪對中共政權的取態亦可跟回憶錄對照，Alexander Grantham. 1965. *Via Ports From Hong Kong to Hong Kong*, pp. 136-139。

103 該委員會主席為袁國煊，其餘成員為蔣法賢、唐安石（Rev. J. A. Turner, S. J.）、羅慷烈、鄭何艾齡、巢坤霖、鄭震寰、張維豐、胡熙德，秘書為鄭棟材。

104 Chinese Studies Committee, 1953, *Report of the Chinese Studies Committee,* p.iii.

105 *Ibid.*, p.17.

106 *Ibid.*, p.33.

107 陸鴻基，《從榕樹下到電腦前：香港教育的故事》（香港：進一步多媒體有限公司，2003），頁140。

108 同上。

109 戰前已有教科書常務委員會，於1948年4月復辦，由主席、委員和兩個聯合秘書組成，均經教育司提名。其轄下設中、英文版課本小組委員會，負責主要科目；主席由教科書常務委員會委員依次擔任，教育司和香港教師會理事會各自提名兩個或以上的成員。參見*Hong Kong Annual Report of the Director of Education for the year 1948/9*, p. 15; *Annual Departmental Report by the Director of Education for the Financial Year 1952-3,* Hong Kong: the Acting Government Printer, pp. 54-58.

110 〈學校准用中學課本名表（高中）〉，教育司署學校通告第22號，1954年5月12日；載於黃嗇名，《香港學校總鑑》，1955，頁148-152。

111 *Report on the Two Series of Textbooks by Professor S. G. Davis,* by K. T. Attwell, 10th September 1962；轉引自黃庭康，〈國家權力形構與華文學校課程改革——戰後新加坡及香港的個案比較〉，《教育與社會研究》第4期，2002，頁123。

112 *Hong Kong Annual Department Report by the Director of Education for the Financial Year 1951-2,* Hong Kong: Government Printer, p. 135.

113 P. Donohue, *Hong Kong Education Department Annual Summary 1962-63*. Hong Kong: the Acting Government Printer, p. 45.

114 *The Civics Bulletin. No. 1*, 1961, Hong Kong: Government Printer.

115 Miss Therese Shak. 1961. "The Teaching of Civics". *The Civics Bulletin. No. 1*, p. 3.

116 Lee Lung. 1961. "Civics Examination in Hong Kong School Certificate: A Brief Review". 1951-1961, p. 9.; Li Shi Yi, The Status of Civics in the School Curriculum in Hong Kong". *The Civics Bulletin*. No. 1, pp. 14-15.

117 The Hong Kong School Certificate Syndicate, 1952, *Hong Kong School Certificate Examination Regulations and Syllabuses for 1952.* Hong Kong: Ye Olde Printer, Limited. pp. 47-48.

118 The Hong Kong School Certificate Syndicate, 1952, *Hong Kong School Certificate Examination Regulations and Syllabuses for 1952.* Hong Kong: Ye Olde Printer, Limited. p. 48-50; *Annual Departmental Report by the Director of Education for the Financial Year 1950-1,* Hong Kong: Noronha, p. 76.

119 黃炳文，〈經公科課程炮製出怎麼樣的香港公民〉，《明報月刊》第18卷，12期，1983。

120 聯合國由6個機構組成，負責不同工作；主權國家致力推行國際法、國際安全、人道、人權及世界和平等措施，取替戰前不太成功的國際聯盟（League of Nations）。

121 F. J. F. Tingay. 1956. "Civics in Schools". *Journal of Education,* No. 14, p. 15.

122 The Hong Kong School Certificate Syndicate, 1957, *Hong Kong School Certificate Examination Regulations and Syllabuses for 1957.* Hong Kong: Ye Olde Printer, Limited. pp. 53-57.

123 Lee Lung. 1961. "Civics Examination in Hong Kong School Certificate: A Brief Review". 1951-1961, *The Civics Bulletin.* No. 1, p. 10.

124 *Hong Kong English School Certificate Examination papers,* 1957. Hong Kong: Government Printer.

125 *Annual Report of the Board of Control and Reports from the Panel Chairmen,* Hong Kong English School Certificate Examination, 1965, p. 35.

126 *Annual Report of the Board of Control and Reports from the Examiners,* Hong Kong English School Certificate Examination, 1966, p. 15.

127 即個人及其在社會的地位；人的依存性和貢獻；權利和義務；良好公民的品質；社會的健全有賴於個人的活動；合作和責任感等課題。原文見《香港中文中學高中畢業會考專輯1963》，頁13-17。

128 《香港中文中學高中畢業會考專輯1963》，頁13-17。

129 《香港中文中學會考專輯1969》，頁21。

130 University of Hong Kong, *Handbook of the Advanced Level Examination 1969*, Hong Kong: South China Morning Post Limited, pp. 12-13.

131 香港考試局，《香港高等程度會考考試規則及課程1987》，1986，頁72-75。

132 Hong Kong Examinations Authority, *Hong Kong Advanced Level Examination, Regulations and Syllabuses 1988*, pp. 110-111.

133 Board of Control, *Hong Kong School Certificate Examination: Annual Report 1954,* pp. 20-21; *Report of the Chinese Studies Committee,* 1953, p. 26.

134 *Annual Report of the Board of Control,* Hong Kong English School Certificate Examination, 1962. p. 12.

135 *Annual Report of the Board of Control,* Hong Kong English School Certificate Examination, 1964. p. 22.

136 Hong Kong Certificate of Education Examination (English), 1971, *Annual Report of the Executive Committee and Reports from the Examiners,* p. 1.

137 《1971年香港中文中學會考執行委員會報告書及各試卷主席報告書》，頁1。

138 《1970年香港中文中學會考執行委員會報告書及各試卷主席報告書》，頁1；Hong Kong Certificate of Education Examination (English), 1970, *Annual Report of the Executive Committee and Reports from the Examiners,* p. 3.

139 《1970年香港中文中學會考執行委員會報告書及各試卷主席報告書》，頁1。

140 1969年及以前會考放榜，學生的成績會登在《星島》及《華僑》等報章內。

141 見李賜雄個人網頁《我的人生旅途》，http://arthur.imageunion.com/homepage.htm。

142 〈萬綠叢中一點紅──關慧賢〉，黃慧貞、蔡寶瓊編，《華人婦女與香港基督教：口述歷史》（香港：牛津大學出版社，2010），頁283-289。

143 史璧琦牧師曾於1958至1967年擔任聖保羅書院校長，其後成為港島中學的校長，時任香港英文中學畢業會考的主席。

144 Geoffrey L. Speak. 1968. "From School Certificate to Certificate of Education – A survey of the development of the examination system". *Journal of Education,* 1968, p. 14.

145 Hong Kong Certificate of Education (English) Board. 1969. *Annual Report of the Executive Committee and Reports from the Examiners,* p. 1.

146 Board of Control. 1962. Hong Kong English School Certificate Examination. 1962. *Annual Report,* p. 1. ; Geoffrey L. Speak. 1968. "From School Certificate to Certificate of Education – A survey of the development of the examination system". *Journal of Education,* 1968, p. 15.

147 W. D. Gregg. *Hong Kong Education Department Annual Summary 1968-1969*, Hong Kong: Government Printer, p. 12.

148 Hong Kong Certificate of Education (English) Board, 1968, *Handbook of Syllabuses for the 1969 Examination*, p. ii; Hong Kong Certificate of Education (English) Board, 1969, *Handbook of Syllabuses for the 1970 & 1971 Examinations*, p. ii.

149 "The Report of the Working Party on the Recommendation of the Education Commission 1963 and the Recommendations of the Working Party on the Provision of Education for English-speaking Children". 1964, p. 52. Appendix 2, *Education Policy.* April 1965.

150 李越挺，〈中學會考面臨之幾個基本問題〉，《教育曙光》第12期（香港：現代教育研究社有限公司，1971），頁22-23。

151 梁秉憲，〈兩種中學會考中文科合卷的展望〉，《教育曙光》第12期（香港：現代教育研究社有限公司，1971），頁25-26。

152 J. Canning. *Hong Kong Education Department Triennial Survey 1970-1973*, Hong Kong: Government Printer, p. 46.

153 〈香港中學會考委員會（1971-1972年度）〉，香港中學會考委員會，《1974年考試課程專輯》，頁ii-iv。

154 Hong Kong Certificate of Education Examination (English). 1969. *Annual Report of the Executive Committee and Reports from the Examiners,* p. 1.

155 Hong Kong Certificate of Education Board. 1974. *Annual Report of the Executive Committee,* p. 1.

156 《1970年香港中文中學會考執行委員會報告書及各試卷主席報告書》，頁1；Hong Kong Certificate of Education Examination (English), 1970, *Annual Report of the Executive Committee and Reports from the Examiners,* p. 3.

157 Hong Kong Certificate of Education Examination (English), 1972, *Annual Report of the Executive Committee,* p. 2.

158 Hong Kong Certificate of Education Board, 1974, *Annual Report of the Executive Committee,* p. 4.

159 顏明仁，《戰後香港教育》（香港：學術專業圖書中心，2010），頁32。

160 Hong Kong Certificate of Education Board, 1975, *Annual Report of the Executive Committee,* p. 1.

161 〈一年來之香港教育〉，《香港年鑑1973》，頁97。

162 Hong Kong Certificate of Education Examination, *Regulations and Syllabuses 2006,* pp. 165-173.

163 1961年，中華基督教青年會中學成立，何世明牧師擔任該校首屆校長，至1977年退休。該校始創於1908年，初名為青年會漢文學校，位處德輔道中26號4樓，後遷必列啫（者）士街，並於1919年易名青年會日校。參見何世明，〈我與青中的前前後後〉，《十六載快樂時光》（香港：基督教文藝出版社，1977），頁1-50。

164 何世明，〈中英合卷的中學會考〉，《十六載快樂時光》（香港：基督教文藝出版社，1977），頁104-108。

165 網上評卷詳情見本書第八章。

166 〈一年來之香港教育〉，《香港年鑑1971》，頁79-80。

167 研究委員會，1971年7月，《公事上使用中文問題研究委員會第四次（最後）報告書》，頁（八）至（九）。

168 Official Languages Ordinance *1974,* Ord. No.10/74. 14th February 1974. *Ordinances of Hong Kong for the Year 1974,* pp. A37-38.

169 研究委員會，1971年7月，《公事上使用中文問題研究委員會第四次（最後）報告書》，頁（七）至（八）。

170 〈第十四章 香港地區教育考試〉，楊學為編，《中國考試通史 卷五 當代》（北京：首都師範大學出版社，2008），頁495。

171 Hong Kong Examinations Authority. *Hong Kong Certificate of Education of Education Examination: Annual Report 1986*, p. 11.

172 〈第十四章 香港地區教育考試〉，楊學為編，《中國考試通史 卷五 當代》（北京：首都師範大學出版社，2008），頁496-497。

173 Hong Kong Examinations Authority,1991, *Hong Kong Certificate of Education Examination: Annual Report*, p. 12.

174 「中六收生程序」分五階段進行，但高等程度會考課程不適用於第五階段，因相關課程學位能應付所需，故學生毋須前往辦理「中六統一派位」手續。詳見〈第一階段學生會考成績 須六科總績點十四或以上〉，《華僑日報》（1991年8月3日）；〈近二萬個中六學位 昨日收生已逾七成〉，《大公報》（1991年8月8日）。

175 即保良局總理聯誼會中學，執筆時名為保良局第一張永慶中學。

176 譚錫麟、黃浩潮、鄭樹鈞訪問稿，2012年6月28日。譚錫麟因戰事緣故，至9歲才有機會受教育，就讀於一所由中醫師開辦的私塾，後轉國華小學。中學方面，當時譚氏獲華民政務司署推薦，獲助學金入讀香港仔工業學校。完成中五後，譚氏入讀葛量洪師範學院，後又兼讀三年專為當木工教師而設的培訓課程，畢業後任教於長沙灣警察小學下午校，其後考入香港中文大學，獲物理系取錄，不久又轉讀中文系。考評工作方面，譚氏曾任小學及中學公開考試工作人員之職逾40年。鄭樹鈞在內地受小學教育，來港後先後在青年會中學及培英中學肄業，中學會考後往台灣唸大學，獲台灣師範大學史地系取錄，畢業後於樂善堂中學及余振強紀念中學任教，期間亦有參與考評工作，先後多屆出任考試工作人員之職。黃浩潮，生平及其受教育片斷見上文。

177 見葉深銘、梁餘生訪問稿，2013年7月24日。葉深銘曾肄業於慕光中學，後入香港大學修讀中文系課程，畢業後任教於田家炳中學迄今。葉氏曾參與考評工作多年；梁餘生曾任教於旅港開平商會中學及順德聯誼會李兆基中學，亦曾參與考評工作多年。

178 見劉賀強訪問稿，2013年3月4日。

179 *Annual Departmental Report by the Director of Education for the Financial Year 1953-54*, p. 108.

180 *Annual Report of the Board of Control and Reports from the Examiners.* Hong Kong English School Certificate Examination, 1966. p. 4.

181 Regulations for the 1974 Certificate of Education Examination, Hong Kong Certificate of Education Board. *Handbook of Syllabuses for the 1975 Examination*, p. 4.

182 高級教育主任（Senior Education Officer，簡稱SEO），乃當時官立中學校長的職級。

183 見譚錫麟、黃浩潮、鄭樹鈞訪問稿，2012年6月28日。

第六章

選賢與能

從大學入學試到高級程度及高等程度會考

引 言

　　香港高級程度會考和香港高等程度會考的前身，為香港大學及香港中文大學兩間本地大學各自為招生而設的大學入學資格考試，這類資格考試在性質上不能算作公開考試。香港大學初建時目標為亞洲學府，唯資源短缺，故透過主辦純粹為拔尖而設的入學試，輔以獎學金制度，將影響力伸延至中國及東南亞等亞洲地區，選拔區內各地精英入讀，成為各地政府，特別是港府培訓及挑選人才的搖籃，但這亦屬本港英文中學的往上途徑。中文中學畢業生則要另覓出路，最常見的是回內地繼續升學，或入讀本地的專上學院，或是投身社會工作。迨香港中文大學成立，其入學試另闢門徑，可說是完善中文教育的體系，中英雙軌並行。

　　香港考試局於1977年成立，於1979年和1980年次第接辦香港中文大學入學資格考試及香港大學高級程度考試，分別更名為高等程度會考及高級程度會考，投放更多資源以改進考試制度，性質亦改變為公開考試。學制各異直接影響兩個入學試的考試內容及形式，惟此亦成為日後統一本地大學學制的催化劑。

　　回溯以前，有趣的是，應考入學試還有其他附帶條件。十九世紀末的牛津本地考試（Oxford Local Examinations）若要考獲優異成績，考生年齡不可超過19歲。再者，香港大學成立之初，雖無明文規定，基本上不收女生。

　　從昔日這些限制，到今天僅憑文憑試，無論男女，均可選擇入讀各大學／專上學院的不同院系，真的不可同日而語，亦可藉此窺見本港社會這百年間的發展與劇變。

一、香港大學入學資格考試的濫觴

1886年,劍橋本地考試（Cambridge Local Examinations）初次在香港進行,由香港公學（Hong Kong Public School）[1]校長貝曼（C. J. Bateman）建議引入,首次考試在1886年12月舉行。中央書院（Government Central School）有6名考生應試,5人應考初級考試,另一應考高級考試。值得一提,華人家長對子女的教育較往昔重視,不會吝嗇區區7元的應考費用而不送子女往考試。[2]自1887年起,香港政府獎學金（Hong Kong Government Scholarship）以劍橋大學考試委員會（Syndicate of the University of Cambridge）所舉行的筆試為頒發的基礎,學校督學（Inspector of Schools）身負本地首席主考（Local Presiding Examiner）之責。

1888年7月,牛津本地考試（Oxford Local Examinations）首次在香港舉行,取代劍橋本地考試。中央書院校長胡禮（G.H. Bateson Wright）[3]發現與考試內容相關的資訊不流通,香港太遲得悉變動,未能容許報考考生有充足的預備時間。為此胡禮致函劍橋委員會,希望容許香港提前獲得資訊,唯請求被拒。胡禮坦言,申請牛津本地考試是經過考慮及准許,希望促使整個殖民地受惠,以帶來改變。同時,胡禮嘗試為校內實習老師（pupil teachers）提供獲得人文學科準副學位（quasi-degree of Associate in Arts）[4]的機會,其時有6名考生參與高級考試,當中3人考獲文憑。跟一般學校比較,維多利亞書院（Victoria College）[5]的男生大多年齡較大,參加牛津本地考試時較有優勢,授予及格文憑與年歲無關,考生成績只需滿足主考便可;相反考獲優異成績（distinction）者卻有年齡限制,初級考試止於16歲,高級考試止於19歲。[6]至1892年,首次出現女生與男生同時完成牛津本地考試。[7]

二、香港大學入學資格考試

香港大學於1911年創校後,本港教育系統更為完整,惟入讀港大只限於英文學校學生,且須透過入學試始得升讀。漢文中學則沿襲內地教育制度,中學畢業後只可到內地或台灣繼續學業。

1905年,科舉廢除。時移勢易,港大的成立切合中國所需,吸引新一代前來接受教育,同時亦加強英國在遠東的商業及政治影響。對於香港成立大學一事,1908年1月17日,港督盧吉爵士（Sir Frederick Lugard）在聖士提反書院頒獎典禮上說出其看法:

我認為香港應成為遠東的牛津或劍橋。我們要麼能把握機會，要不或會將機會溜予他人。我希望香港及這學院或成為學習西方的大學萌芽階段，她不僅為了我們自身的殖民地，更為鄰近邊境的偉大和友善的帝國。[8]

大學籌劃委員會認為大學提供高等教育，尤其是實用學科，如應用科學和醫學等，就像英國列斯大學和伯明翰大學般發展，發揮學生的潛能，為不同地區的學生提供延續中學階段的專上程度學習。[9]成立之初，港大的生源有二：所有香港西醫書院的日校生，以及非書院學生須在牛津高級本地考試或劍橋本地考試及格，或通過同等測試。

當時港大校務委員會（Council）及校董會（Court）建議教務委員會（Senate）毋須經過考試取錄本科生，學生只需持有任何牛津高級本地考試文憑便可。詳見以下香港大學規程21。

規程 21
大學入學

持牛津本地高級考試文憑者，獲豁免牛津大學文學士學位初試，以及類似的其他考試。校務委員會和教務委員會經過商議後，可根據協議中條款規定，接納同等程度者及代替大學入學考試。假如任何學院委員會獲教務委員會和校務委員會的准許，唯根據前述規定要求特別考試的學科，或規定有關學科的水平作學院入學之用。

最低入學年齡為16歲。任何人士通過規定考試，並年滿16歲者，可繳付規定費用，獲承認為大學本科生。假如該人士欠良好德行，教務委員會可有絕對的酌情權拒絕其入學。但那人有權向校務委員會上訴。

資料來源：Statutes of the University of Hong Kong, An Ordinance for the Incorporation and Regulations of the University of Hong Kong, 31st March, 1911. *Government Gazette*, 31st March 1911, p.144.

教育司活雅倫（Alan Eustace Wood）亦贊同港大首兩年實行這建議。[10]1912年5月，前述的規程21的第1節首段被取消，改以下文取代，並附設當時入學試的科目，其餘細節不變。

規程 21
第1節首段

持牛津本地高級考試文憑者，在應考醫學院時豁免牛津大學文學士學位初試；持劍橋高級本地考試文憑者，在應考醫學院時豁免前述的考試。其他類似的英國大學入學試，校務委員會可藉決議准許接受同等程度者及取代大學入學試。直至校務委員會規定前，大學入學試的學科及條件由這規程所附錄的學科及條件組成（1912年3月12日，以上細節經大學及香港西醫書院的協議而成）。任何學院委員會可作建議，並由校務委員會轉交教務委員會作核准。在入學試中，任何學院額外構成前述的特別考試學科，亦可規定該科水平。

入學試學科分組如下：
第一組：英文（包括閱讀、默書、作文、文法、分析）；聯同英國歷史的問題大綱，另設歐洲地理、亞洲地理，特別是中國地理。
第二組：拉丁或中國古文，或其他經典的東方語言。拉丁──考生須在文法、翻譯短文等取得及格。中國古文──考生須在英中翻譯及中英翻譯，如《孟子》。
第三組：數學，包括算術、代數、幾何。
第四組：任何一科：希臘文、法文、德文、一種中國現代方言，或其他現代語言。

考生須於同一考試中取得第一至三組及格，但也可分開應考第四組的科目。
考生在四科考獲的總分，須相等於各科所需的及格分數總和，方得以在整個考試中取得及格。

資料來源：Amendment to the Statutes of the University of Hong Kong, *Government Gazette*, 31st May, 1912, No.181.

港大以京師大學堂（Imperial University of Peking）的規模為藍本。1912年秋開始授課，當時共取錄71位學生，包括17位來自西醫學院（College of Medicine）的高年班學生；首年入讀醫學院的學生有17位；首年入讀四年制的工程課程則有37位學生。[11]

1913年，港大舉辦首屆香港大學入學資格考試（University of Hong Kong Matriculation Examination，簡稱「港大入學試」），對象為就讀第一班的所有男生。當時男生難以兼顧牛津本地考試和港大入學試，導致最終放棄前者。[12]此外，港大入學試將大學與中學聯繫，課程更適合本地需要。

考生若要符合港大的入學資格，須在同一考試取得下列5科及格，包括英文和數學（由算術、代數和幾何組成），另加其他三科選修科。選修科包括古文、地理、歷史、物理、化學、三角、力學、繪圖和拉丁語等。華籍考生除非事先獲港大教務委員會批准，否則須在古文科至少考獲該科滿分的50%，方達主考要求。1916年，該科被中國語言及文學科取代，修讀的是中國古籍，譬如《論語》、《大學》和《中庸》等。申請入讀文學院及工學院者如在英、數兩科考獲及格，雖然中文科不及格，仍可獲港大取錄，惟須在畢業前在港大入學試補考中文科，直至及格為止，否則畢業時校方不予頒授學位。[13]

1915年，港大依照牛津本地考試，設高級和初級考試（Senior Local and Junior Local Examinations），與港大入學試同時進行。前兩試的水平分別較後者低一年及兩年。[14]報考高級考試的考生毋須在初級考試中取得及格成績。[15]自1924年始，所有政府中學須保送第一班和第二班學生報考三項公開試。為鼓勵補助學校參加考試，港府特別給予此類學校「按額補助」。無論學生及格與否，校方均可獲有關補助，藉此避免出現學校為求佳績而過分催谷有潛質的學生。[16]及後個別學校曾將本地考試視為離校文憑考試，此舉被批浪費資源，因校方並非將所有高中生（Upper Class）保送應考，只是零星安排，浪費教學資源於二或四名男生身上。[17]

港大入學試及高級考試在12月及6月舉行；初級考試則在12月進行[18]；迨1925年，三試舉辦時間統一，均於12月進行。[19]當時港大入學試及本地考試曾在香港、上海、漢口、武昌、新加坡、檳城、爪哇及湖北[20]舉行，亦在各地設中心，處理考試事務。

報考費用方面，港大入學試及高級考試最初為15元[21]，初級考試則為10元。1925年，港大入學試及高級考試增至20元，初級考試則增至12元。如考生應考多於5科，每科需額外繳付1元；此外，應考其他語言、高級數學、衛生及生理學等需額外付5元。[22]

港大入學試與高級考試在同一時間及同一試場進行，應考相同的試卷。[23]兩個本地考試均不設考生年齡及性別限制。[24]

在課程方面，英語是核心科目（core subject）。任何考生欲獲得初級文憑（Junior Certificate），須在同一考試中的英語部分及至少4個其他學科考獲令主考官滿意的成績。在高級考試中，男女生考獲高級文憑（Senior Certificate）的條件不同，除同樣應考英語外，女生較男生多考一科，至少需考獲5科及格，方能切合規定。[25]1925年，當局統一男生獲取文憑的條件，須應考英文及算術，另加三科均及格，方能獲發文憑；女生則維持不變。[26]

在兩個本地考試中，女生較男生多兩項報考選科，分別為家政（Domestic Science）及針黹（Needlework）。初級考試共17個報考科目；高級考試則設22項報考項目，詳見下表。

初級考試男女生可報考科目

科目		1922-24		1925		1927	
		男生	女生	男生	女生	男生	女生
（1）	英語（English）	✓	✓	✓	✓	✓	✓
（2）	算術（Arithmetic）	✓	✓	✓	✓	✓	✓
（3）	中國語言及文學（Chinese Language and Literature）	✓	✓	✓	✓	✓	✓
（4）	聖經知識（Biblical Knowledge）①	✓	✓	✓	✓	✓	✓
（5）	歷史（History）	✓	✓	✓	✓	✓	✓
（6）	地理（Geography）	✓	✓	✓	✓	✓	✓
（7）	除中英以外，任何現代語言（如：法語、德語、葡語、日語）	✓	✓	✓	✓	✓	✓
（8）	數學（Mathematics）	✓	✓	✓	✓	✓	✓
（9）	化學（Chemistry）②	✓	✓	✓	✓	✓	✓
（10）	物理（Physics）③	✓	✓	✓	✓	✓	✓
（11）	簿記（Book-keeping by Double Entry）	✓	✓	✓	✓	✓	✓
（12）	速記（Stenography）	✓	✓	✓	✓	✓	✓
（13）	繪畫（Drawing）	✓	✓	✓	✓	✓	✓
（14）	力學（Mechanics）④	✓	✓	✓	✓	✓	✓

	科目						
(15)	音樂（Music）	✓	✓	✓	✓	✓	✓
(16)	家政（Domestic Science）	✗	✓	✗	✓	✗	✓
(17)	針黹（Needlework）	✗	✓	✗	✓	✗	✓
(18)	植物學（Botany）			✓	✓	✓	✓

註釋：
①亦設舊約歷史（Old Testament History），僅供猶太考生報考。
②③亦設實驗試及口試（Practical test and oral examination），只限本港或上海的中心進行。
④該科課程大綱跟高級考試相同，唯考核基本論點。

資料來源：The University of Hong Kong, *Regulations for the Senior and Junior Local Examinations and for the Matriculation Examinations, 1922-24; 1925; 1927*.

高級考試男女生可報考科目

	科目	1922-1924		1925		1927	
		男生	女生	男生	女生	男生	女生
（1）	英語（English）	✓	✓	✓	✓	✓	✓
（2）	算術（Arithmetic）	✓	✓	✓	✓	✓	✓
（3）	中國語言及文學（Chinese Language and Literature）	✓	✓	✓	✓	✓	✓
（4）	拉丁（Latin）或東方經典語言（Classical Oriental Language）	✓	✓	✓	✓	✓	✓
（5）	地理（Geography）	✓	✓	✓	✓	✓	✓
（6）	除中英以外，任何現代語言（如：法語、德語、葡語、日語）	✓	✓	✓	✓	✓	✓
（7）	國語（Mandarin）①	✓	✓	✓	✓	✓	✓
（8）	歷史（History）	✓	✓	✓	✓	✓	✓
（9）	物理（Physics）②	✓	✓	✓	✓	✓	✓
（10）	化學（Chemistry）③	✓	✓	✓	✓	✓	✓
（11）	數學（Mathematics）	✓	✓	✓	✓	✓	✓
（12）	三角學（Trigonometry）	✓	✓	✓	✓	✓	✓
（13）	力學（Mechanics）	✓	✓	✓	✓	✓	✓
（14）	高級數學（Higher Mathematics）	✓	✓	✓	✓	✓	✓
（15）	繪畫（Drawing）	✓	✓	✓	✓	✓	✓
（16）	簿記（Book-keeping）	✓	✓	✓	✓	✓	✓
（17）	速記（Stenography）	✓	✓	✓	✓	✓	✓

（18）	衛生及生理學（Hygiene and Physiology）④	✓	✓	✓	✓	✓	✓
（19）	家政（Domestic Science）	✕	✓	✕	✓	✕	✓
（20）	聖經知識 （Biblical Knowledge）⑤	✓	✓	✓	✓	✓	✓
（21）	音樂（Music）	✓	✓	✓	✓	✓	✓
（22）	針黹（Needlework）	✕	✓	✕	✓	✕	✓
（23）	植物學（Botany）⑥			✓	✓	✓	✓

註釋：
①設口試。
②③亦設實驗試及口試（Practical test and oral examination），只限本港或上海試場進行。
④不能與家政一同報考。
⑤亦設舊約歷史（Old Testament History），僅供猶太考生報考。
⑥植物學內容大綱與初級考試相同，不過增多4個部分。

資料來源：The University of Hong Kong, *Regulations for the Senior and Junior Local Examinations and for the Matriculation Examinations, 1922-24; 1925; 1927.*

在兩個本地考試中，考生在任何科目考獲不少於該科滿分分數的80%，方達「優異」（Distinction）級別的水平。兩試在性質方面有明顯差別，初級考試不設「榮譽」（Honours）級別。在高級考試方面，若考生考獲及格，將取得榮譽成績；按規定能獲港大取錄，但不一定要升讀大學。值得注意的是，女生考獲「榮譽及格」（passed with Honours）成績，須在英語及至少五個部分平均取得不少於該科總分的65%。

當然應考港大入學試的考生幾乎全部都是為了升讀大學，而大學的醫學院、工學院和人文學院，各院所要求的入學條件均有所不同。譬如在課程內容方面，港大入學試大多跟高級考試相同，唯獨選擇報考學科的規定稍有不同；算術、代數及幾何僅被視為一科——數學。高級考試有五科，包括簿記、速記、衛生及生理學、家政和聖經知識，不納入港大入學試的計算範圍。若考生在上述學科取得及格，將授予文憑。[27]

所有華人考生須中國語言及文學科及格。如欲免試，華人考生須於應試前三個月向教務委員會申請。不論任何公開試，應考中國語言及文學科的華人考生須以中國毛筆及紙張應試，書法秀麗者將獲給額外分數。[28]

若在單一考試中取得4科及格，唯英語不及格，預科委員會可慎重考慮，容許該生獨自在其後的第一或第二個考試重考。不過，在尚未成功升讀大學學位課程前，將不獲授予港大入學試文憑。相關規例主要優待來自內地及海外的考生。[29]

1925年，港大入學試新增一規例。如考生在港大入學試取得五科及格，包括英數兩科，唯中國語言及文學科不及格，人文學院及工程學院或容許取錄該生，不過須在修讀大學課程期間，另行報考中國語言及文學科，直至及格為止，方能獲得學位。教務委員會獨立處理眾考生的情況，若考生的中文程度未如理想，該會會保留入學否決權。[30]

三、港大入學試與女子教育的關係——鄭何艾齡的求學經歷

鄭何艾齡（Irene Cheng née Ho Tung）[31]的背景及求學應試的經歷，可見證二十世紀初香港社會的情況及教育的發展，以及女子教育及歐亞裔人士在港生活的點滴。何艾齡父親為何東、何的元配麥秀英（Lady Margaret）及艾齡的母親張靜蓉同屬第二代歐亞裔。在個人回憶錄中，何艾齡憶述歐亞社羣在當時來說相對孤立。他們在中國社羣不獲尊重，英國人也不太接受他們。在當時，一般來說，英國人嫁往亞洲也不能正常地跟其華僑家庭生活，這正是其父及下一代面對的境況。[32]

港大最初成立時，並未為一般女生提供入學途徑，當時世人對兩性的看法怎樣。艾齡身為那年代現代女子的象徵，且聽其入讀港大前後的等待心情及遭遇。

當時港大本地高級考試是本地女生的最高學業成就。完成這階段後，部分女生修讀商業課程，以符合秘書及文書等入職條件；其餘或接受護士訓練，或學習成為小學教師，以上乃三個女生可選擇進一步進修的途徑。

我和嫻姿（Eva Ho Tung，後改名綺華）[33]於1918年12月在女拔萃書院畢業，希望繼續學業。那時港大只取錄男生，我們雖能完成預科課程，且考試成績不差，性別卻成為我們被拒入學的因由。

但我們非常幸運。教育司艾榮（E. A. Irving）曾為港大首任教務主任。1921年，艾榮打算讓女兒艾惠珠（Rachel Irving）入讀港大，之前她獲倫敦大學貝德福德學院（Bedford College）頒發的社會科學科文憑，已符合港大的入學資格。港大先拒絕其申請，艾榮將此事提交司法部長。他以務實態度處理，要求查閱大學規程的複印本；並指出，秉承有關章程，「任何人士通過規定的考試或年滿16歲以上，繳付規定費用便可入讀大學。」結果，1921年6月23日，大學理事會通過決議，承認惠珠能入讀三年制的文學士課程。由於當時

何艾齡（左）和艾惠珠（右）可說是最先入讀香港大學的其中女生。
資料來源：鄺啟濤（編）《百年回眸·鄉師一瞥（1913-2013）》（香
港：鄉師出版社，2016年），頁56，轉引林亦英、施君玉《學府時
光——香港大學的歷史面貌》（香港：香港大學美術館，2001年）。

大學沒設女生宿舍，豁免其入宿。當時兄長世倫（Edward Ho Tung）為港大學
生，跟教務主任相熟。某日他回家跟我和嫻姿說，「如果女生想進大學，現
在就是機會。」結果，新學年9月開學，我成為港大首批本地女生之一，修讀
文學士課程。[34]

回想過來，何艾齡雖打破舊社會「女子無才便是德」的觀念，藉着自身努力，
憑仗考試這平台嘗試爭取女子接受高等教育的權利，卻不能忽略其家族背景，較一般
女生有利接受高等教育。她在那年代仍屬少數的一羣。往後本港女子教育逐漸受到重
視，憑考試成績力爭上游，繼而改變整個社會形態與教育文化。

四、港大入學試與獎學金制度的重大關係

《香港大學規程》中附設獎學金政策與制度。梅樂彬（Bernard Mellor）[35]形容該
制度整體來說不太公平[36]。以下便是相關的規程條文，與前述的港大入學試（見規程
21）有着密不可分的關係；其背後反映港大開辦初期財政困絀，需四處籌款，以鞏固
大學的根基，吸納更多優秀學生，適時發展。

由此觀之，大學捐款者已掌握大量入學名額，挑選出來的學生差不多全部來自
英文學校（Anglo-Chinese schools）的男生。一班本已預備應考牛津本地高級考試
（Senior Oxford Local Examinations）的學生能憑特定規程達至升學目的。[37]這亦足以

證明當時港大入學試並非唯一的升讀港大的途徑。

港大除取錄本地學生外,亦收來自內地及東南亞等地區的學生。誠然取錄海外生的標準無異於本港,擬入讀者要投考港大入學試,在香港或是海外的考試中心進行。1913年首屆港大入學試,每逢12月舉行,至1925年終止,改為每年12月及7月進行。只有7月舉行的港大入學試,在中國沿海口岸舉行,需至少五位以上的考生報考才會舉辦考試。

對港大而言,入學試成為重要的評估申請入讀者的工具。港大在內地幾個主要城市委任代理,代為處理相關事務。1914年,首個海外中心設於廣州。梅樂彬認為,有關中心的開展形成脊柱,由中國北方延伸至爪哇,欲以中國的英語學校為主建立統一的準則,創造最強大的力量。這並非單為中國,亦為身處中國、馬來亞、海峽殖民地(Straits Settlement)、爪哇及蘇門答臘及香港等地的印籍、葡籍、歐亞籍及英籍學生而設。[39]

在內地,港大有兩種不同的生源,分別來自英文學校,以及當地中文中學和書院。前者差不多由基督教教會主理,僅餘的由上海市政府管理,其目標是派遣學生

投考牛津或劍橋本地考試。有時，中文學校的學生則代表着地區及省政府考試（the district and provincial examination），其考試內容和形式仍是較傳統，只有數學及科學開始進行改革。

考試以英語進行，服務對象顯然是華英學校。該試深受中國學校歡迎，因其課程設計較牛津或劍橋考試更適合遠東學生修讀。儘管如此，港大對中文中學的照顧亦同樣重視，港大設預科先修班（pre-matriculation），特別針對英文的需求；有時因應個別需求而設，諸如數學、自然科學、地理和西方歷史等。唯此等備試措施只能在香港舉辦，故說服中國中央及省政府設立獎學金，自行挑選學生赴港修讀預科先修班，其後在港考試。有關港大與各地獎學金磋商的事務全賴港大首任校長儀禮爵士（Sir Charles Eliot）及其後繼人，連同港大同寅四出外訪及巡視當地學校，方能建成人脈網絡和口碑，以助港大發展。

趙今聲在〈香港大學的河北省籍同學〉提及當時港大的眼光離不開中國大陸，國內學生在港大畢業後回國內多從事教育、工程和醫務工作，冀將國家帶進現代化。

> 辛亥革命以後，香港大學曾派工科主任史密斯教授（Prof. Middleton Smith）[40] 到大陸各省政府介紹香港大學情況，希望各省派學生到港大學習，加強文化交流。

> 應香港大學要求，河北省決定在香港大學設置八個公費生名額，於1914年錄取劉振華[41]、閻書通、石永澄、趙銘新、賈士清、史維華、齊振庸等人赴香港大學學習。以後凡有公費生在港大畢業，即由河北省教育廳招考新生遞補。[42]

趙今聲再在〈回憶香港大學〉一文憶述其南下投考港大的經歷：

> 1922年7月，河北省教育廳招考三名公費生，派往香港大學讀書。我們三人和自費生顧學勤結伴，由天津乘火車去上海，轉乘輪船到香港。……學生住宿費每年240元，飯費每月15元，學費每年300元。河北省提供的公費是每年850元，包括書籍及零用費，由省政府匯交學校。學校扣繳學費、宿費、飯費之後，剩餘的錢轉發給學生。這和去英國上大學的費用幾乎相等。頭一年省政府還發給部分置裝費及路費。……

我到達香港時，距入學考試時間只有三個月。我沒有入補習學校，每天自己複習功課。入學考試科目有英文、數學、物理、化學等等。這些課我在中學和北洋大學預科都學過。香港大學的入學考試受到多數英國大學承認。通過了香港大學的入學考試，也可以進那些大學讀書。入學試水平高，嚴格認真。我和華彩鳳、楊琳均順利通過入學考試，於1923年春入學。只有顧學勤沒考取，要在聖史提芬中學補習一年，方通過。我學工科，他們三人都學醫科。[43]

跟趙今聲不同，沈亦珍於1918年入讀港大文科，亦為港大同年代的「北京學生」；其後於1962年受聘為蘇浙公學的校長。且看其文〈五十年前港大生活回憶〉（1976）[44]，當中憶述來港投考港大的經歷，與中國時勢劇變不無關係：

在58年前（民國7年，即1918年），我正肄業於國立南京高等師範學校工科，見校長室佈告，教育部決定就全國四所高等師範考選20名學生到香港大學就讀，在校學生均可報名應試。

我們都是官費生，每人每年由北京政策發給港幣900元，統匯交港大當局，除扣繳學膳宿費、書籍費及學生會費共600元，其餘300元，按10個月每月30元由各人向學校領取，作為零用之需。這個數額在當年已很寬裕，我們除雜支外，還可以有餘款購買服裝及向國外訂書籍。

……

……當我在港大讀書時，一般人士不用粵語，就用英語。不過賴太史[45]上課時，完全講標準國語，這是例外的了！我們一部分外地學生，不懂講廣東話，和大多數工友之間，全靠他們幾句「洋涇浜英語」[46]來交通。

當時港大正陷入財困停辦的危機，儀禮[47]在夏季後派遣史密斯教授（Prof. C.A. Middleton-Smith）赴英國，跟當地公司安排及添置必備裝置運輸機械事宜；他帶着總理的引薦信函，希望把部分庚子賠款轉移至港大工學院的資源裏。為此史密斯需向寇松（Lord Curzon）作相關報告，並尋求大法官支持，希望能在國會討論，最終從官方渠道得悉無能為力。史密斯慨嘆早應先行跟英國工程僱主商議，徵求其同意捐助數百萬，用以維持往後在中國的教育工作，惜未能成事。

幸好吉隆坡華僑紳商陸佑（Loke Yew）提供500,000元的免息貸款，唯須在1936年悉數還清。當中有一借貸條件，在1916年要預留4個免費學位，讓馬來聯邦（Federated Malay States, FMS）及海峽殖民地的獎學金學生入讀。1915年，考試中心在檳城（Penang）開辦。[48]

入學試逐漸為港大帶來盈餘。1928年，考試帶來26,000元的收入，當中有10,000元盈餘。1929年，港大以英語作媒介的三個入學試，其應考人數已增至1,500名（已統計所有地區），往後幾年仍有上升的趨勢。

梅樂彬認為，港大最大的貢獻是在戰爭前將各區域視為一個整體看待[49]，釐定入學試和獎學金的措施和準則。

港大成立初期外訪及獎學金

	外訪時段	外訪地區	出訪者	相關事務
（1）	1912年聖誕	南京、上海、杭州、福州、廈門	儀禮、軒頓（W.J.Hinton）	造訪福州鶴齡英華學院（Anglo-Chinese College）、聖馬可書院（St. Mark's School）。
（2）	1913年1月	廈門	儀禮	/
（3）	1915年夏	漢口、寧波、廣東	儀禮	①廣東政府成立獎學金，名額25個，同年12月生效。②民國總統「為鼓勵學習」，隨後宣佈成立5項總統獎學金，為期5年，每年400元。
（4）	1916年夏	北京	儀禮	/
（5）	1916年聖誕	海峽殖民地、吉祥、爪哇、蘇門答臘	儀禮	①儀禮校長曾聯同伍連德博士[50]拜訪大英義學。
（6）	1917年	上海	教務主任、教育導師	①獲邀巡視上海市政府轄下的學校。②廣西省政府宣佈1918年2月設獎學金，名額10個。
（7）	1918年	北京	儀禮	①商議培訓中國政府學校老師，使獎學金名額增加至20名。暹邏（Siam）政府開始派遣獎學金學生。②上海猶太籍的商家Edward Ezra成立獎學金。
（8）	1921年	檳城、新加坡、爪哇	Sir William Brunyate	招生
（9）	1922年			①上海匿名捐款成立和平紀念的獎學金（Peace Memorial Scholarship），根據港大入學試的成績而發，對象為在中國生活的英國男童。

（10）	1926年	馬來亞	韓惠和 （Sir William Hornell）	籌款
（11）	1927年	三寶壟 （Sama- rang）	韓惠和	①調查當地考試作弊。
（12）	1934年	海峽殖民地、 馬來聯邦	韓惠和	①港大獨自成立雲南獎學金，至 1941年暫停。

資料來源：整理自Bernard Mellor (1980), Scholars by Examination, Ch.5, *University of Hong Kong: An Informal History*, HK: HKU Press, p.48, 及 C. M. Turnbull, The Malayan Connection, Ch.5, *A Short History of Malaysia, Singapore & Brunei*, Stanmore, N.S.W.: Cassell, Australia, 1980.

　　自1919年起，預科委員會的成員每年均在香港與中學校長會面兩次，進行有關上海發展的諮詢。1922年3月，教務主任召開兩次會議，一次是讓有份派出學生參與考試的上海市政府委員會學校的校長出席，另一個則是非市政府學校校長參與。

　　1927年，港大考試超過1,000名學童參加，多為年齡介乎14至16歲的高中生，在不同時間報考下列地區約50間學校：廈門、廣州、漢口、漢陽、香港、佛山、福州、寧波、上海、天津及武昌；怡保（Ipoh）、吉隆坡、馬六甲、檳城和新加坡；巴達維亞[51]、三寶壟及蘇卡拉耶。[52]1928年，馬來亞學生仍屬港大第二羣組，佔學生體制的四分之一，最普遍是中國人，唯其中包括馬來亞、印度或歐亞等。[53]學校有賴港大的課程及水平，藉此推動當地教育的發展，如1949年馬來亞大學成立，繼而促進國家現代化，因此港大入學試絕非微不足道。

　　另一方面，宗教團體如英國聖公會（Anglican Church Mission）、倫敦傳道會（London Missionary Society）和耶穌會（the Society of Jesus）也藉着興建大學宿舍[54]和定額捐款，將彼此關係緊靠，有利學生入讀港大。以聖公會為例，當時聖士提反書院是其轄下的男校，位處般咸道，該校密切關注港大的發展，可追溯至盧吉於1908年在該書院頒獎時，闡述對港大的主張。會吏長班納（Archdeacon E. J. Barnett）為聖士提反書院首任校長，跟聖約翰寄宿舍舍監William Hewitt同為聖公會的領導者，欲見文學院迅速成立。Hewitt獲校務委員會告知，校方無力於1913年10月開辦文科課程。他倆查詢表明，若該學院順利成立，預算安排20位學生入讀。8月，跟儀禮討論後，Hewitt預備一份「臨時安排」的文件。聖約翰宿舍額外承擔首年課程的費用，包括英文、歷史及中文，使學生能參與大學首年課程，並計劃於1913年10月，在大學二年級時開設數學、經濟及政治學等。1913年，此事終於圓滿解決，港大無論出現任何財困，確保每年可獲10,000元款項，為期五年。[55]

1936年1月，行政院（Executive Yuan）才正式宣佈港大畢業生符合參與更高的公務員考試。再輔以一則1937年1月6日的報導〈國內振興實業聲中 港大工科學生激增〉作補充，便可知悉當時港大畢業的中國生如何受歡迎，亦切合港大最初的角色定位：

> 港大開辦迄今，垂廿八載，成績優異，國內暨海外學子，遠道前來就讀者甚眾，以往則以醫科人數至多，工科人數至少，唯邇來則以工科學生至眾，以是屆畢業生而論，工科增至18人，為各科之冠，據記者調查其原因，在最近數年來，國內提倡工商實業，羅致人材，頗感缺乏，於是遣派學生前往海外各大學習讀工程科，造就人材，以供目前與將來之需求。以遣派來港人數而論，每年亦選十餘人，此外派往別方大學之人數，統計達百餘人，此輩畢業學子，離校後，當局必予以優先錄用。來港入讀港大者，多屬華北及星洲學子。畢業後，華北學生則返國服務，星洲學生其中有一部分前往瓊崖[56]，協助開墾工作，現在瓊崖各實業公司，僱用工科高材生管理機械的，為數不少，聞最近之將來，又有一批莘莘學子，不顧跋涉長途，而來港加入港大工程科習讀云。[57]

五、成為港大入學試與考學校的艱難——以英華女學校為例

事實上，早期港大入學試只跟一小撮學生有關，中學要成為與考學校殊非易事，更遑論是一般學生。就以英華女學校（Ying Wa Girls School）為例，在1920年，該校由原來的「英華高等女學堂」（Training Home）易名為英華女學校，正式確立中學教育的發展方向。早期因師資及學生問題，困擾英華推動英文教學。在師資方面，不論華人及歐籍人士，流動性都很高。年輕的華人教師在婚後不願繼續任教，歐籍教師則抱過客心態，當個人有進一步發展機會便離開，令該校陷於停辦的危機。[58]

1926年，英華已可派學生參加公開考試，唯待至1927年方能成事。1926年，英華已計劃參加初級本地考試，卻流失重要的歐籍教師。夏靜怡（Dorothy Hutchinson）校長曾考慮停辦最高年級，事後她在該校1927年的年報憶述有關經歷：

> 我沒有其他辦法，只好跟她們說明我的困難，如果她們願意的話，就給她們機會轉校……就這樣，開課後一週，我帶她們前往聖士提反女校，向校方介紹她

們。我感到好像出賣自己的女兒。我深深記得，當我們沿羅便臣道前行時，她們偷偷回望母校的情景，雖然不發一言，但她們的眼淚淌下，直至淚乾。

……

半小時之後，我回到學校，竟出現一個意外驚喜。一位外籍人士要見我！她頗年輕，可以教學！原來她從朋友處得悉我們的需要，所以來這裏看看能否獲聘。她是倫敦大學畢業的，來到這裏只幾個月時間，像這裏很多年輕已婚婦人一樣，她感到日子太空閒了。她願意在我們這裏任教，差不多可以即時上課，就這樣，我們的高年級獲救了。[59]

英華派出四位學生應考初級本地考試，反映對此甚重視。其中一位考生林遂心憶述學校備試的情況：

當時我們考初級本地試，校長悉心栽培，她要我們回校寄宿，便於照料。……倫敦會在長洲有一所渡假屋，我們未考試之前，蕭姑娘（Vera Silcocks）及夏姑娘（Dorothy Hutchinson）兩位帶我們到長洲休息幾日，不必讀書，只是放鬆心情。……在考試那幾天，她們甚至每天清早親自帶我們到港大試場應考。[60]

英華首次參與本地公開試，悉數及格。

六、短暫的香港大學中學畢業會考（1935-1937）

1920年，港府成立教育諮詢委員會（Board of Education），協助教育司處理本港教育事務。該會設3位當然委員，分別為教育司、英文學校高級視學官和漢文學校高級視學官，其餘9名則是委任委員。1932年，該委員會建議取消港大入學試及兩個本地考試。[61]

在港大方面，考試逐漸消耗大學職工的能量。教員共33人，醫學院佔總數的一半，部分教授須面對不熟悉的範疇，例如坎奈姆・狄比（Kenelm Hutchinson Digby）是位解剖學教授，其後也成為外科學教授，竟要主理家政科（Domestic Science）的評核工作；生理學教授安爾（H. G. Earle）於1917年分享其處理考務的經驗，如雕刻（Carving）及刀具的使用，正好跟解剖和外科手術類近。儀禮則參與國語科（Mandarin）的籌劃。[62]

因此，1933年舉行最後一屆高級考試，而初級考試則停止舉辦。[63]1934年，教育當局決定新的中學畢業會考（University of Hong Kong School Certificate Examination）由香港大學主辦，該年停止外界舉辦任何「離校」考試；學年亦由1月1日轉至9月1日。首屆香港大學中學畢業會考於1935年6月舉行[64]，7月26日放榜。[65]

香港大學中學畢業會考的課程是新擬訂的（詳見下表），考生最多報考9科。各卷及格分數為試卷的33.3%。學生如要考獲中學畢業文憑，男生須在同一考試中考獲第一至五組及格；女生或能以第六組取代第三組或第四組，唯報考科目不得超過5組。[66]

香港大學中學畢業會考課程一覽

第一組	英語
第二組	①中國語言、歷史及翻譯（Chinese Language, History and Translation）
	②高級中文（Higher Chinese）
	③國語（Mandarin）
	④粵語、拉丁語、葡語、烏都語；任何獲准的現代語言
第三組	物理、化學、初級科學、植物學
第四組	算術、幾何、三角學
第五組	歷史、地理、聖經知識
第六組*	① 算術或幾何
	② 繪畫
	③ 家政
	④ 針黹
*只供女生應考	

資料來源：Regulations for the School Certificate Examination, in E. Burney (1935), *Report on Education in Hong Kong,* Appendix, Hong Kong: Hong Kong Government, p.27.

經過多次討論，在特定的條件下，持畢業會考文憑者理應升讀港大。[67]以下便是首屆香港大學中學畢業會考的放榜報導，亦見當時港大取錄的準則：

> 香港大學本年舉辦之中學會考，6月舉行。至昨日揭曉，各校所得成績不差，但及格生分為甲、乙、丙、丁、戊五種，即聲明及格者如非得甲種者，則不能轉入各科肄業也，又是次投考男生合計545名，及格者祇得183名，女生投考者共146名，及格者60名，兩者比較，女生成績比男生為優也。茲錄男女及格生芳名如下。

▲符號之說明

(甲) 即可轉入港大各科肄業者;

(乙) 祇可入港大醫科肄業者;

(丙) 祇可入港大工程科及文科物理部、教育物理部及教育部者;

(丁) 祇可入港大文科中英文部及中文部;

(戊) 祇可入港大文科非數學部。」[68]

受訪者郭燁民憶述當年的應考情況,可見當時本地社會價值觀的取向;隨後其大學生涯亦見證大時代的動盪:

我在港大畢業,原本讀土木工程。當時戰爭,我拿取的是War-time degree。應考港大入學試時,當時制度跟現今不同,分為Group A、B、C、D和E。我考入Group A,即任何一科也可以入讀,醫科也可以。我舊日喜愛數學,在高級數學考獲優異(Distinction),本想讀數學,但先父說:「不要讀數學了,讀數學出來也只是教書。」先父是生意人,認為教書賺不到錢,於是我在港大讀工程。那時有三個學院:電機、機械、土木,當中只有土木一系有教授,其餘兩個沒有,故我選讀土木。讀土木挺不錯。不過,1941年,讀至第四年,戰事爆發,校方給予我們學位。

我1938年入讀港大,理應1942年畢業,到1941年12月8日日軍攻港。第四年讀不完,我回到內地。在內地拿着行李箱四處遊走,不知往哪裏好,誰知當時土木工程需要人才,港大在國內很吃香,容易找到工作,但要赴廣西和貴州的邊界,一處很偏僻的地方——長安鎮。那兒沒有車,連單車也沒有,店鋪也沒有。三日一墟,買東西也要趁墟,很原始。我在那兒建廠。後來走難至昆明,和平後我回上海。[69]

1935年,英國教育部皇家視學官(H. M.'s Inspector of Schools)賓尼(E. Burney)應邀來港視察香港教育系統,撰成《賓尼報告書》。[70]賓尼認為,香港大學中學畢業會考是回應學校需求而設,有關考務由港大承擔。改革的主張是希望擴闊最終考試(final examination)的範圍,使其包括「良好教育中的七科基本教育,即英文、中文、數學、物理、化學、歷史及地理,各科須設及格分數。」同時,學校希望將考試從預科中徹底地分開,故該試延遲一年推行,並調整各科的教學綱要,因校方認為當

1935年香港大學主辦的中學會考放榜通知。資料來源：《香港工商日報》，1935年7月27日。

時的課程過於密集。[71]可是，學校要求並非悉數兌現，因香港大學中學畢業會考始終未與大學預科完全脫離。

同時，賓尼也觀察到轉校情況十分常見及輕易，一間男校的四年制課程中有300或800人，最近一年有150名男生是新生。升班試的失敗或使男生離校，轉讀其他學校。極大部分人未能升讀第一班，因而未能應考中學畢業會考。除了為考試作好準備，校內工作很大程度上毫無意義。以1935年為例，第七班有1,228名學生，第六班有1,224名，第五班有1,267名，而第一班只有584名。換言之，超過半數學生沒法繼續學業。[72]

該份《教育報告書》（亦稱《賓尼報告書》）建議官校及補助學校的課程應擴闊，以切合學生需要，特別是應注意他們的健康，以致有足夠時間，容許穩定的體育訓練。有感學生對文憑或證書有所需求，考試應授予文憑，特別在16歲之時，最多學生離校。考試範圍及標準應學校校長聯同教育司及一眾教育專家等決定。對於考試的各項工作，包括擬卷及批改等，應由教育司提名的考試委員會承擔。在規劃課程時，除應考科目外，學校仍須保留其他學科，諸如體育、音樂、美術等的訓練。首先肯定的是，任何事物應有足夠的學習時間，以達至全人教育。[73]

1936年，教育司署回應賓尼的建議[74]，決定於1937年6月舉辦首屆香港中學畢業會考（Hong Kong School Certificate Examination），對象為第二班學生，由教育司署主理，以取代香港大學中學畢業會考，因而1937年同時存在兩個中學畢業會考。繼港大後，教育司署成為本港第二個主辦公開考試的組織，大大減輕港大在辦理考務方面的沉重負擔。1938年，港大取消中學畢業會考，恢復為第一班學生設港大入學試。1941年12月至1945年8月，香港淪陷，一切考試停頓。戰後首屆港大入學試於1946年舉

行。據1946年《郭克時報告書》[75]指出，重建港大的目的仍是為了「維持英國在遠東的聲譽及推進中英文化接觸。」[76]

七、戰後至1954年期間的港大入學試

戰後至1954年期間，港大面對三大爭議問題，分別為應考科目、預科課程的長短，以及預科班的入學資格。據香港大學施偉庭教授（Prof. A. Sweeting）述及，1947年出現首個矛盾，從投考科目的爭論延伸至港大入學試的地位。不少補助學校校長投訴預科程度的應考學科過於「學術」，要求太嚴謹。當時各方的主要溝通渠道為教育諮詢委員會（Board of Education）的會議，席上補助學校議會（Grant School Council）與港大教務委員會和預科委員會（Matriculation Board）等成員因意見不同，常擦出火花，如港大入學試於理科組中加入生物一科，家政科卻因不適合而被拒諸門外。預科委員會不遵守教育諮詢委員會轄下的小組委員會的要求，認為這樣會降低數學的水平。[77]

另一方面，港大跟補助學校議會的關係漸趨惡化，源於後者無權參與預科教育等事務。1947年8月12日，該議會主席何明華會督（Bishop Ronald Owen Hall）等曾致函港大註冊主任，就港大入學試減少學術性的建議作出評議，指出相關議案保守，投訴學科範圍太窄。

稍後何明華會督再以個人名義致函港大校長，卻無補於事。何氏批評港大專制，違反1941年訂下的政策，稱港大為「預科寡頭壟斷」（matriculation oligopoly）；並深明港大難於夏季幾個月內處理考試，故不應影響學校的教學內容。何氏更一針見血，道出基本問題，慨嘆「假定港大入學試是一個公開考試，難道我沒相關（討論）權利？事實上，這不只是某一機構取錄新生前的測試？」[78]引起軒然大波。顯然港大入學試已逐漸變成公開試，並非單純為取錄新生用，僱主、各種專業人士和政府部門在招聘時均有意識地採用其成績。其後港大亦默認現實，如接受初級數學（Lower Mathematics），並贊成延遲廢除特別中文（Special Chinese）等科目。

大學校際理事會（Inter-University Council, IUC）[79]專責跟進英國海外殖民地高等教育的發展。當時港大深受英國當地發展的影響，尤其是普通教育文憑試制度，提出兩種建議：（1）延長預科課程；（2）提高入讀該課程的要求。1950年，港大教務主任梅樂彬（Bernard Mellor）曾跟大學校際理事會的秘書Walter Adams見面，提供英國考試制度改變的文件副本；且論及倫敦大學因應不同地區環境所需而獨立安排各個入

學試，建議港大應趁殖民地教育顧問郭仕（Sir C. W. M. Cox）訪港期間與其見面，並討論入學試的問題。同年9月，郭仕訪港，梅樂彬先後向郭仕和教育司柳惠露（T. R. Rowell）請教。後者只想讓更多有潛質的學生升讀大學，並希望設兩類高中班級，一類預備港大入學試，另一類則有較多的商業性質。當柳氏承認港大的自主權高於標準時，亦對港大入學試提出大膽建議，認同一般原則，以英文和其餘4科為基礎，4科中應包括1科其他語言（毋須一定是中文科）、1科數學或科學，其餘2科自選。自選科應列入高等程度內，其及格標準須達入學試所要求的40%。[80]

1950年12月14日，在港大入學資格小組委員會會議上，教育司代表高詩雅（Douglas J. S. Crozier）亦得出同樣結論，認為在兩年預科課程中，學生應修讀最少6科不同的科目，其中4科普通程度，2科高級程度，由港大負責考核，跟英國大學看齊；並建議新的港大入學試於1954年6月首次舉辦。1951年1月下旬，香港中學畢業會考委員會已知悉港大計劃，嘗試跟大學協議，共同修訂預科規則和課程，期望有足夠時間表達意見。在幾次教育諮詢委員會上，委員會宣稱港大欠缺和學校諮詢，漠視中六生的利益。補助學校議會亦擔憂，要求港大考慮一年制課程後授予證書，以符合學生利益。事實上，有關學校希望港大降低應考門檻，而非新建議的港大入學試，反映兩者的立場並非相同。

觀乎1950年代的社會環境，政府將教育資源主要投放於擴建小學校舍，故中六學額普遍較少，何況各校入讀預科班的條件不一，部分成績不錯的學生也難以升讀預科班。有人曾建議採用權宜之計，如上、下午班制，藉以額外增加中六學位。唯補助學校校長多為此感憂慮，終使教育司署放棄有關建議。[81]

施偉庭認為，上述考試的爭論並無造成殖民地及本地的衝突。本質上，這是人與人之間的摩擦衍生出來。有人站在社會公平利益一方；亦有維護個別學校、組織及相關人士的自主權等，促使港府介入保護弱勢社羣的趨勢漸現。[82]

八、1954 年港大入學試的改制——2A3O 的由來

無論是中小學或是大學，每次學制的改變均是「牽一髮動全身」，直接影響各公開考試的形式及內容。港大自開校以來，一直採用四年制。1953年，香港大學入學資格考試已跟倫敦大學站在相同路線上。[83]考生須在單一及相同的考試取得及格：

（1）　英文；

（2）　初級數學（Elementary Mathematics）；

（3）　中文或拉丁語或葡語或烏都語或委員會批准的其他語言；

（4）　及（5）兩科其他學科，包括地理、歷史、物理和化學、生物、中文、初級中文（Lower Chinese）、拉丁語、法語、葡語、烏都語，及預科委員會批准的其他語言。

選擇（2）及（3）者，考生或可各自投考初級數學及初級中文，惟需取得6或7科及格。若考生僅在初級數學取得及格，也不能入讀科學院、工程學院，或文學院的數學課程。同樣地，若考生僅在低級中文取得及格，則不能入讀中文課程。

　　1950年，英國曼徹斯特的教育司菲沙（N. G. Fisher）來港考察。1951年9月，港府根據《菲沙報告》[84]將學制改革，把中小學劃分，昔日英文中學的學制（Class 8 - 1，即第八班至第一班）變成新制的中一至中六，1952年9月設中七，而中六及中七被視為兩年的預科課程。1954年，港大由四年制改為三年制，醫科則由六年改為五年制，希望以同樣資源培養更多大學生。港大入學試轉換成類似英國普通教育文憑考試（General Certificate of Education Examination）。[85]科目被編排成為不同組別，可以在兩個程度應試——普通程度（Ordinary Level）及高級程度（Advanced Level）。前者在1953年舉辦，後者則在1954年舉辦。部分科目只在普通程度中出現，特別中文裏有一科初級中文，其難度在普通程度之下。[86]（詳見下表）

香港大學入學資格考試（1954-1957）

組別		學科	1954			1955			1956			1957		
			O	A	L	O	A	L	O	A	L	O	A	L
A	英國文學（English Literature）	英國文學	✓	✓		✓	✓		✓	✓		✓	✓	
	英語及文學（English Language and Literature）	英語*	✓			✓			✓			✓		
B	歷史及地理（Geography and History）	地理	✓	✓		✓	✓		✓	✓		✓	✓	
		歷史	✓	✓		✓	✓		✓	✓		✓	✓	

類		科目	中文 (Chinese)		中國語言及文學 (Chinese Language and Literature)				中國歷史 (Chinese History) / 中國語言及文學			
C	語言 (Languages)	中文 (Chinese)	✓	✓			✓		✓	✓	✓	✓
		法語	✓	✓	✓	✓	✓	✓		✓		
		葡語	✓	✓	✓	✓	✓			✓		
		西班牙語					✓	✓		✓		
		拉丁文			✓		✓					
		馬來語 (Malay)								✓		
		坦米爾語 (Tamil)								✓		
D	數學及自然科學 (Mathematics and Natural Sciences)	純粹數學	✓	✓	✓	✓				✓	✓	
		應用數學		✓		✓					✓	
		物理與化學	✓		✓	✓	✓			✓		
		物理#	✓	✓	✓	✓	✓	✓		✓		
		化學#	✓	✓	✓	✓	✓	✓		✓		
		生物	✓	✓	✓	✓	✓			✓		
		植物學		✓	✓	✓	✓	✓		✓		
		動物學	✓	✓	✓	✓	✓	✓		✓		
E	美術及音樂 (Art and Music)	美術								✓		
		音樂								✓		

註釋：
O=普通程度　A=高級程度　L=初級
*英語乃普通程度的科目。
#高級程度化學、物理兩科已設實驗試。

資料來源：根據 Hong Kong University Matriculation Board (1954, 1955, 1956, 1957), *Matriculation Examinations: Advanced Level Papers and Ordinary Level Papers,* Hong Kong: HKU Press整理。

　　為獲得港大取錄入學，考生須在同一考試中取得5科及格，最少有2科高級程度，及最少3科普通程度，確立「2A3O」的預科資格制度，須注意的是同一學科只作一程度計算。英語是強制應考的科目，第二語言也須應考；同時，其中一科須為數學或理科，地理科則亦文亦理。如包括初級中文一科，考生須考獲6科及格，方符合入學條件。「2A3O」的概念原是港大自行取錄學生的準則，往後卻成為其他高等學院仿

做，亦以同樣準則來取錄新生；以致政府日後用來聘請中級管理公務人員。

在正常情況下，一個學生取得英語及母語及格。若考生母語為英語，須考獲第二語言及格，並須取得數學、至少在初級數學（Lower Mathematics）及格。後者已在科學院及工學院的收生條件中排除在外，純數（Pure Mathematics）及格已成為相關學院的收生條件。其他學院的最低要求是數學（應用數學或純粹數學）或一科理科科目及格。

考生如在高級程度某科不及格，主考可酌情給予該生普通程度及格。成績公佈後，大學書面通知考生在兩個程度的及格科目，惟不設證書。符合入學條件者，可獲港大頒發的「入學資格證書」（Matriculation Certificate），註明為符合香港大學入學資格的考生。[87]其餘未符資格者只獲發成績證明書（Statement of Results）。《曾寧士·盧根報告書》（1953）[88]認為，在原則上，這是因應本地環境而設的一個不錯的安排。

英國唯一的考試機構是大學或其主理的委員會，相反香港則有兩個：教育司署及香港大學。教育司署提供香港中學畢業會考，一般應考年齡為16歲。過去學生欲升讀大學需在學校等待一年，及後在17歲時應考港大入學試。在新安排下，理論上學生看似留校至18歲，方能應考新的港大入學試。事實上，他或在17歲時應考至少三科普通程度，至18歲時至少應考兩科高級程度。原因非常簡單，若考生在高級程度中取得3科及格，足以豁免文科的初級考試（Preliminary Examination）；若考生在高級程度中考獲純數和應用數學，或生物、物理、化學及格，達至最高標準，將獲豁免參與理科的初級考試。

《曾寧士·盧根報告書》[89]認為這安排會助長學生在16至18歲中分別應考三次考試。這正正是普通教育文憑設計成只提供一次考試的原因，該試只在18歲時進行，為未來大學生而設。觀乎港大沒跟學校討論相關問題，預科委員會和行政架構由校長、院長、校務主任、英數教育教授及教育司署兩位代表組成；有關考試事務，譬如課程綱要，卻由教育司署任命的學校考試委員會（Schools Examination Council）主理。這安排看似令港大當局滿意，內有教務委員會成員的建議，亦能跟對學校教育感興趣的人士會面，或能跟學校代表接觸。該架構討論的不只是一般港大入學試的計劃，還牽涉來自港大以外的投訴，譬如部分大學主考擬題時沒顧及本地學生的需要，部分課程綱要似乎較適合英語學生多於華人學生。[90]

曾寧士（Ivor Jennings）於1942年至1954年間擔任錫蘭大學（University of Ceylon）

校長。錫蘭大學也曾經歷同樣情況。跟學校代表討論考試事務後，得出的結論是不應依循英國系統。事實上，校內出現學生在16歲時應考普通程度，18歲時應考高級程度。因此維持舊制度較好，學生在16歲時應考香港中學畢業會考，18歲時則應考等同大學考試的入學試。整個大學考試設定為高級考試是可行的，此可緩和大學主考預期的沉重負擔。若要這些主考面對一大羣普通程度的考生。這並非理想的安排，特別是它未能解決普通教育文憑考試所面對的問題。

一般來説，在1960年代初，英文中學學生在最後三年的中學生涯裏，須面對多項公開考試，分別為：

年級	英文中學	中文中學
中五 / 高二	①香港英文中學畢業會考	/
中六 / 高三	②港大入學試普通程度 ③英國普通教育文憑考試	香港中文中學高中畢業會考 專上學校統一入學試
中七	④港大入學試高級程度 ⑤英國普通教育文憑考試	/

深究其因，主要是當時香港行雙軌學制，本地中文大學尚在籌辦，中文教育系統僅止於中學，尚未算完整，就讀於這類中學的學生如欲在港繼續學業，較簡單的辦法是轉讀英文中學；英文教育系統相對完善，惟中學畢業會考欠缺海外認受性，使學生需額外應考普通教育文憑試，增加這羣青少年的壓力。[91]同時，在本港和其他校長心目中，無論普通程度或高級程度，來自倫大的試題較易作答，給分方面亦較港大為寬，尤以數學及應用數學二科最為顯著[92]，此正好解釋本地學生愛報考該試，藉其成績增加入讀港大的機會。

葉禮霖為1963年港大畢業生。中三時入讀皇仁書院，曾應考英文中學會考和普通教育文憑試，且看他述説當時應考港大入學試及實驗試的片斷：

當時應考的科目計有物理、化學、生物，已經足夠了，還有英文和數學。港大的數學科試卷很艱深，雖有三小時作答，但考生只答了半條也能及格。不過，也可以報考GCE Advanced Level同科。當時甚少考生能升讀大學。

考大學最麻煩是需要考實驗考試，最難考的是生物科，因它要考遺傳，在每條Test Tube內均放入各種不同特徵的蒼蠅，有的是長眼，有的是藍眼等，

你需打開蓋子，把蒼蠅迷暈，然後逐隻數，方能推算出其上一代和下一代的特徵。其技巧是打開蓋子時，不能讓蒼蠅飛走。哈哈！很難控制幾百隻（蒼蠅）！如果牠們飛了出來，考生怎能在港大的實驗室裏捕獲它們呢？最考智慧的是如何控制蒼蠅，不讓其逃脫，同時進行迷暈，並有足夠時間，讓蒼蠅醒來時仍在瓶內。切忌將它們弄死，你說多麼麻煩！

實驗在試場即時進行，需時三小時。第二困難之處是解剖心臟，牛心、豬心、老鼠心也好。最麻煩的就是「膏包心」，即油膏把心臟包住了，你無法辨認相關血管，有點測試運氣！解剖心臟真的不行。捉蒼蠅，我卻想到辦法，最終也能過關。最重要是趁蒼蠅還未飛出來前，彈彈Test Tube，否則一開蓋子，它們就逃脫了。」[93]

此外，為了協助中學畢業生升讀港大和增加中學教師的質量，政府曾於1954年提供津貼，與港大入學試互為配合。1954年7月29日，香港政府已頒佈一項「香港大學攻讀津貼及大學預科班攻讀補助費辦法」，其中大學攻讀津貼一節，特為獎勵充任教師而設。該辦法大意是：凡參加香港大學入學試及格而有志於教育事業的學生均得向政府申請津貼，由政府每年選拔35名，但必須攻讀文科，理科另加4,200元。獲津貼的學生須簽合約，承諾大學畢業後在香港任職教師最少兩年，否則須將前所取得的津貼償還政府。已在港大攻讀文科或理科的學生或已參加英國普通教育文憑考試的學生，亦可申請津貼。[94]

九、金文泰中學特別班

在1950年代，就讀中文中學高中三年級的學生如要升讀港大，只能轉讀英文中學的預科班，否則別無他法；又或是以自修生的身分報考港大入學試。1955年7月，港府批准新的教育計劃施行——英文特別班（Special Class），乃配合會考而設的制度，同年9月開課，目的是為香港中文中學高中畢業會考及格的高中三學生提供升讀港大的途徑，提升其英文水平，或是獲得勝任政府文員職位的資格[95]，班務由丁紀（Mr. F. J. F. Tingay）負責。當時在金文泰中學開設兩班特別班，首屆有60名學生，全期學費為240元，分10期繳付，並設若干免費學額，貧苦生甚至可酌情獲得不超過200元的生活津貼，入學資格須是香港中文中學高中畢業會考及格而英文程度特優者。學生修讀一年後，可報考香港中學畢業會考英文科考試，考獲佳績後，可升讀第二年。其後報

考港大入學試，倘滿足入學條件，可申請入讀港大。有關金文泰中學特別班的由來及片斷，且看受訪者郭煒民娓娓道來：

> 我家在上海，先父在上海經營地產。當上海解放後，地產行業悉數消失，故前來香港。我持有香港的學位，也能找到工作，卻鬱鬱不得志，只是擔任測量工作。後來老師跟我説：「煒民，你這人還是適合教書，不適合做工場。」結果我聽從他，進了教育署。起初署方説我不是讀教育，要降低職級，我倒沒有所謂。最初我被派往灣仔書院任教，那時唐露曉（Peter Donohue）來看我，我跟他算有緣，一看之下，他對我的教學表現甚滿意。

> 昔日我就讀聖保羅男校，位於鐵崗，我是寄宿生。當時校長史伊允上校（Col E.G. Stewart）想聘請數學教師，希望我回去母校任教。他為人不錯，着我先不要辭工，待他往教署查問，及後對我説：「你不要動了，教署已看中你。」結果我由灣仔書院調往英皇書院，擔當數學科科主任。後來我身體較差，住院數月，出院後繼續在英皇書院。其後伊利沙白中學（QES）開辦，張維豐、韓敦（Arthur Hinton）和我三人前往開校。我在QES也只做了幾個月，直至聖誕節。那時羅宗淦先生調往教育署總部，要找人往葛量洪師範工作，結果我獲派葛量洪任教。那時是第四屆，學生有江潤勳、陳乃琛等。

> 我只在葛師任教數月，然後又調職。有一事你未必聽過——英文特別班。這英文特別班有何功用？那時由丁紀（F. J. F. Tingay）當校長，他找四個人，分別任教中文、英文、數學和理科。理科毋須外求，由金文泰的王少明先生任教。金文泰有兩間，我們用了一邊的地方來上課，丁紀擔任校長，我教數學；陳逢基先生教英文。當中文大學開辦後，英文特別班就沒用了。[96]

舊生梁演鴴於〈我在英文特別班就讀的日子〉分享當日上課點滴，與郭煒民訪談片斷互為補充：

> 回憶五十年前在英文特別班就讀的時候，當時香港政府為了照顧應屆的中文中學高中畢業的學生，特別由教育司借調一名教育官丁紀主持，在香港堅尼地道金文泰中學的舊址隔鄰租用了一間住宅式的建築物，開辦了三班（每班名額為20人），名為英文特別班中心（Special Classes Center），一次過取錄了1955年畢業的中學班60名，準備在兩年內協助他們完成港大入學試的預科課

程。

經過一年的努力，雖然未能考獲滿意的成績升讀二年級，但是已深得自學英文的秘訣。其後再轉往當時頗負盛名的新法英文書院繼續攻讀未完成的預科課程，並於1958年考獲兩科高級程度科目及三科普通程度科目（包括英語運用一科），進入香港大學攻讀文學士學位課程。[97]

1962年前，報考港大入學試並無指定資格；從1962年起，考生須通過香港中文中學高中畢業會考或香港英文中學畢業會考，取得6科及格，包括英文、一科文科、數學或一科理科或地理及另一科語文，當中兩科須具良好成績（Credit），否則不能報考。1967年及以後，當局收緊限制，一般考生須在考試前18個月考獲考生資格。[98]

十、香港大學高級程度考試（1966-1979）

1962年5月，英國劍橋大學考試委員會副秘書哈地（A. V. Hardy）訪港。當時港大當局希望英國在未來承認香港英文中學畢業會考（Hong Kong English School Certificate Examination）的良好成績等同英國普通教育文憑考試的及格，藉以取消港大入學試的普通程度考試，減輕校內老師沉重的考務負擔[99]；跟教育司署轄下的考試組（Examinations Section, Education Department）討論後，港大曾計劃將1962年的5%至10%已批改的答卷送往英國，交予劍橋大學考試委員會（Cambridge Syndicate）審視。[100]最終該委員會同意由1965年開始，為香港英文中學畢業會考試題審題，並在試後根據抽樣答卷審視英文中學會考的水平。[101]

在行政管理方面，哈地認為考試費用高昂，應予以減低，並指出主辦公開考試需要有大量存放物資和的空間，事實上，當時考試組難以達此標準。由此觀之，港大可能面對同樣處境和壓力；故討論延伸至成立統籌全港考試的機構，唯四個公開試協調需時，不大可能早於1967年夏季前成立。[102]

1965年1月，港大學務委員會決議成立的高級程度考試委員會（Advanced Level Examination Board）[103]，應具獨立性。1966年，港大入學試易名為香港大學高級程度考試（Advanced Level Examination of the University of Hong Kong）。1967年，該委員會正式接辦該試，主席由港大校長任命，其他成員包括：

(1) 10名港大人員，包括教務主任、英語系教授、教育系教授、文理學院老師各2位，以及3位由教務委員會任命的老師；

(2) 4名中學校長，其中2位為補助學校議會（Grant School Council, GSC）任命的校長，其餘則由高級程度考試委員會任命；

(3) 教育司或其代表；

(4) 2位教育司署委任代表；

(5) 中大教務委員會成員或其代表；

(6) 另設負責考試事務的秘書。

同時，當局亦成立高級程度執行委員會（Advanced Level Executive Committee），由高級程度考試委員會年度任命，負責執行考務，諸如遵從高級程度考試委員會定下的方向，建議相關課程，並委任主考（Chief Examiner）和助理主考（Assistant Examiner）等；試後核准及刊登及格名單（Pass-list）。[104]

為釐清1966年港大入學試高級程度的未來定位，港大教務委員會宣佈，若考生以前沒應考港大入學試或相等程度的考試，將不能報考該年的香港大學高級程度考試。[105]

首屆香港大學高級程度考試沿用科組制，分為3組，詳見下表：

1966年香港大學高級程度考試

甲組	英國文學、地理、歷史、中國語言及文學、中國歷史、拉丁文、法語、葡語、西班牙語、德文、任何現代語言
乙組	純粹數學、應用數學
丙組*	物理、化學、生物、地理
*考生如欲在丙組考獲及格成績，須於實驗試及筆試取得佳績。	

資料來源：University of Hong Kong, *Handbooks of Advanced Level Examination,* 1966, pp.3-4.

為了滿足大學收生要求，考生不能報考超過5科，並於同一考試考獲3科及格。若考生投考初級中文，則最多可考6科。英語運用為核心科目，另一科須於乙組或丙組內選擇。這科組制僅維持一年；翌年始改行學科制。[106]1967年，改為考生報考同一試不能超過4科，英語運用則不計算在內。[107]

1972年中國歷史試卷一試題，當時試題文字仍為手寫。

以往考試評級未及清晰，譬如高級程度考試成績只分優異、及格和不及格三類；普通程度考試成績僅分及格和不及格，難以準確地劃分考生的具體表現，大學取錄新生的準則亦未具說服力。自1968年起，香港大學高級程度考試的考試成績，與香港英文中學會考及普通教育文憑試的評級基制相若。港大採用的等級制如下：

A	高級程度優異（A-level Distinction）
B, C	高級程度良好（A-level Credit）
D, E	高級程度及格（A-level Pass）
F, G, H	不及格（Fail）

1969年，港大不再頒發入學資格證書，改以高級程度考試證書（Certificate of Advanced Level Examination）取代，讓考生參加公開試後能有考試證書，證明他們所應考科目的等級，供他們用於求學及求職方面，視作學歷證明。1965年，薪俸調查委員會訂出公務員的薪酬取決於公平比較原則，根據大致可與私人機構相比的薪酬率，予以公務員合理的水平。[108]而學歷證明文件的出現，對考生、僱主或辦學機構來說均有好處，能了解自己或他人的水平，也可互為比較，有利取錄新生及作招聘之用。1979年，該常委會在《第一號報告書》書中建議採用「學歷比較法」，以作公務員和私人機構的薪酬互相掛鈎。[109]在公平原則下，學歷比較法相對容易訂立，它只是將須

具某種學歷的私人機構職位的薪酬，在須具同等學歷的政府職位薪俸中反映出來。除學歷外，在釐定某職系的實際薪俸時，仍須考慮若干與該職系工作性質[110]，如危險及厭惡性職務或輪班工作等。[111]以當前來說，起薪基制可根據學歷而訂出，唯決定職位的薪酬率應兼顧其他因素。[112]

英語運用（Use of English）科於1967年設立，雖不屬於高級程度的科目，卻對考生十分重要，一般而言，考生須考獲這科達E級或以上的成績方能入讀港大；1969年港大曾撤銷此項入學條件，但考生仍要出席這科考試；至1981年，在此科考獲E級成績，成為港大必要的入學條件，校方更於1989年提高要求，須考獲D級成績方能入學。此後，本地其他院校亦紛紛借鑒，以英語運用科的E級成績作為入學的必要條件。

在普通程度考試仍未停辦時，英語只為普通程度的科目，至1965年止。[113]在籌備高級程度科目期間，補助學校議會大多認為英語運用科是必須的。他們認為，所有考生均有資格應考這科，惟不贊成該科純粹只為港大取錄新生用。[114]起初英語運用科只設兩試卷，一為聆聽測驗，另一為筆試。筆試分兩部分——閱讀理解及寫作，前者較特別，設略讀（Cursory Reading），在有限時間裏需讀一篇1,800至2,000字的短文，速度不少於每分鐘130字，及後再進行精讀及摘要（Precis writing），[115]至1994年成為高級補充程度（Advanced Supplementary Level）科目。

如前述般，不少英中學生在報考港大入學試之際，亦會同時報考英國普通教育文憑考試，藉以增加升讀大學的機會。劉賀強在中學時就讀英皇書院，於1974年應考港大入學試，形容當年額外報考普通教育文憑的情況屬普遍：

> 我應考港大入學試時，同學有一種風氣，會多報考另一個公開試——GCE A-Level。預科理科班一般分為「生物組別」(Biology Group) 及「數理組別」(Mathematics Group)，我不屬數學組別，因我不懂微積分，又不懂自然對數 (Natural Log)。我們全班學生先拿着課本，自學微積分。跟着，我們認為認用數學 (Applied Mathematics) 即是物理力學 (Physics Mechanic)，於是許多同學報考GCE A-level中的純數及應用數學 (Pure and Applied Mathematics)。該卷正是各自抽取物理和應用數學的卷一合併而成的，我們生物組別的同學幾乎全都應考該卷，現時全已忘掉，只懂得一、兩個字。我們就這樣準備GCE A-Level。我在這卷考獲A級。

在A-Level時，我沒報考應用數學，我的港大高級程度會考成績較差，我入讀不了港大醫科。後來在港大碰見醫學院的教授，他問我為何當年不用GCE A-level的成績報考港大，我其實不知道可循此途徑報讀。若拿這成績申請，港大又取錄我，一生可能不同了。回望過去，現時我很高興走上教育這條路。[116]

十一、香港中文大學尚未成立時——莘莘學子的升學史

香港在地理空間及歷史文化方面等具優勢，戰前不少南來學校已視香港作為長遠發展的基地，培正、真光和培英等均在1930年代來港設分校。當時港大仍屬萌芽階段，在該批畢業生眼中，其水平及名聲不如國內或外國大學，故多選擇回國升讀高中或大學。[117] 在中國解放前後及本港尚未成立中文大學時，中文中學的畢業生在完成學業後，離港往外留學是意料中事。國內名牌大學亦在港設考試招生，故港大入學試並非唯一升讀大學的途徑。以下是廣州嶺南大學在本港招生的報導：

> 廣州嶺南大學38年度第一次招考新生，經在港穗兩地分別舉行，各科試卷業經評閱完竣。查港區報名人數576人，計錄取正取生127人，備取生123人（穗區備取生在內）港區正取生可就近向本港樓梯街男青年會少年部嶺南青年會新同學服務處查詢有關須補修科目，如須補修者，可在該校暑假作業班補修，並須於本月22日以前到廣州該校註冊組取入學程序表，逾期不到，其名額即由備取生依次遞補，遞補之備取生則由該校另行通知。又查第二次招生只設廣州考區，報名由8月11日至16日，考期8月19、20兩天，凡曾參加港穗第一次入學試者，不得重行投考。聞該校38年度第一學期定9月1日上課。茲將港區正取備生姓名擇錄於後；正取生127名（以報名先後為次序），備取生港澳區混合計。[118]

至1950年代，內地局勢動盪，大量難民湧至，為香港社會帶來嚴重壓力。在資源分配方面，港府面對不同的問題，諸如房屋和教育的需求。另一方面，南來的資本家及學者帶着資本及學識遷移此地，部分更興辦學校，為本地教育事業出一分力。當時本港中學畢業生面對高等教育的需求漸增，尤以中文中學生最感徬徨，相關情況如《香港年鑑1952》所描述：

此等學生之家庭，多在中上，以往多投考廣州或上海各大學，今此二地俱在中共統治之下，中上人家多不願其子女接受共產教育，而香港大學則除膳宿費學費高昂之外，復用英文教授，殊不適宜中文中學之畢業生，至於英文中學畢業生之欲直接往英國留學者，亦接受教育司署附設之留學遴選委員會嚴格挑選，如所選之學科，港大亦有講授者，則不獲批准，故此，學位問題及政治問題兩者均令本港中學畢業生有升學困難之感。[119]

1951年，63名學生赴台攻讀大學或專上學院，赴英國攻讀者則有131人。[120]1956年台灣各專上學校預定招收僑生合計1,800名，並特准香港德明、僑光、大同、嶺英、華僑、同濟、嶺東、仿林等八間中學可直接保送高中畢業生，同時核撥香港獎學金名額50個，且助珠海書院辦先修班，以便遺失學歷證件的學生取得升大學資格[121]，藉以擴大香港學生赴台升讀的機會。

根據《四十三年度港澳立案高中畢業生來台升學辦法》（1954），報考生須在僑務委員會或教育部立案高中畢業，並在港居住四年半以上，有家長證明書為限。考生需向原畢業學校報名，填寫名單按當年赴台升學要求，及志願表，連同畢業證明文件、相片、入境申請書及體格檢驗證明書等一齊繳交，並須繳交報名費。[122]

1971年香港大學入學考試考生取得的成績證明。左至右：高級程度（AL）科目各科成績；英語運用（Use of English）成績；大學入學要求（University Entrance Requirements）。須留意，這位考生雖然英語運用只取得「F」級成績，但是因為該科並非高級程度科目，而該生有二科高級程度科目（AL subjects）達致要求，故此仍算取得大學入學要求。

填寫投考志願時，僑生應選定某一院校的某一學系為第一志願，並得選定同校其他學系或他校的學系為第二至第五志願，但須為同組者。當時台灣有4間院校可供港生選擇，分別為國立台灣大學、台灣省立師範學院、台灣省立農學院和台灣省立工學院。相關簡介如下表。[123]

校名	校址	所設院（系）
國立台灣大學	台北	①文（中國文學、外國語文、歷史、哲學、考古人類學） ②理（數學、物理、化學、地質、動物、植物、心理學、醫預科【包括醫科及牙科】） ③法（法律、政治、經濟、商學、附設專修科） ④醫（醫科、牙科【均見理學院醫預科】藥科） ⑤工（土木工程、機械工程、電機工程、化學工程） ⑥農（農藝、農業工程、農業化學、植物病蟲害、森林、畜牧、獸醫、農林經濟園藝）
台灣省立師範學院	台北	國文、史地、英語、教育、理化、博物、數學、音樂、體育、藝術、家政（只收女生）、工業教育
台灣省立農學院	台中	農學（分農藝、園藝兩組）森林、農業化學、農業經濟、植物病蟲害
台灣省立工學院	台南	機械工程、電機工程、化學工程、土木工程、建築工程、礦冶工程

　　而試驗科目設3組，細節如下表：

	投考院（系）	應考科目
甲組	理、工、醫學院及農學院農業工程系暨師範學院理組	國文、英文、數學（高等代數、解析幾何、三角）、物理、化學、公民
乙組	文、法、商學院及師範學院文組	國文、英文、數學（高等代數、平面幾何、三角）、中外歷史、中外地理、公民
丙組	農學院及師範學院博物系、家政系、理學院之動物系、植物系	國文、英文、數學（高等代數、平面幾何、三角）、化學、生物、公民
註：（1）投考體育系學生，應加試術科（球類田徑）； 　　（2）投考音樂系學生，應加試鋼琴； 　　（3）投考藝術系學生，應加試素描。		

1954年港澳學生赴台升學資料。

有關僑生赴台升學考試的資料，〈港澳學生返台升學 八月在港舉行考試〉一文
或能予以補充：

> 從教育部裏最近透露出來的消息說：關於港九及澳門兩地學生願意返回祖國
> 升學的辦法，現在經已由教育部釐訂，並已分別通知港九及澳門兩地的有關
> 方面。據說定自八月起，舉辦港九及澳門兩地返台升學學生的考試，時間將
> 不超過一個月；這個考試擬在香港舉行。錄取的學生自然可以接着辦理申請
> 入境的手續；不及格的學生也可以免去徒勞往返的麻煩。凡現在港澳而就讀
> 於港澳地區的學校，本年度高中初中畢業的學校，本年度高中初中畢業的男
> 女學生，如果志願回國升學再求深造者，都可以參與這個考試。現在台灣的
> 幣值，約為港幣百元折合新台幣400元；葡幣100元折合新台幣410元。一般

說來，在台的學費若折合港幣葡幣計算，比較現時本港及澳門各地的收費低得多。倘欲獲得政府方面的津貼或補助，可以投考專科學校或師範學校，專案申請辦理。[124]

其後教育部依據各考生的投考志願及入學成績經審核錄取後，分發予各院校。若第一志願學校額滿，再按第二志願分發，仍以成績先後為順序；學校額滿不能分發時，由教育部酌酌其成績和志願，指派其他院校相近科系或補習班；不願指派其他院校者，應在備註欄內註明，若所有志願學校系科額滿，不能分發時則不獲錄取。教育部各自通知獲取錄分發的學生，分發後一律不得請求改分。

不論保送生與否，凡赴台升學者均以入讀公立學校為原則，除入讀台灣省立師範大學係屬公費待遇外，其餘均為自費。

有關港澳各高級中學的保送名額，以不超過各校本學期高中畢業生人數十分之一，且每校最多以10人為限。[125]保送的僑生須符合以下的條件：

(1) 本年度高中畢業成績優良者；
(2) 品行端正者；
(3) 思想純正者；
(4) 體格健全者；
(5) 高中三年在同一學校肄業；
(6) 於卅九年（1950年）以前已居留港澳者。[126]

合乎資格保送的僑校，須將高中學生姓名年籍具報，並於每屆高中畢業試一週內，依照該保送辦法規定的條件審定後，備具保送學生清冊兩份，連同申請表及證件轉報僑務委員會核辦。

1956年，港澳各高中保送生可填寫三個志願[127]，1957年，保送生填寫的志願增至六個。[128]如其志願入學的學校及科系超過申請人數的限額，將交由教育部按成績及志願順序，予以核定分發學校甄試入學。學生核准入學者，如須代辦入境手續，應自行覓定擔保人，填寫入境申請書，送往僑務委員會代為辦理。前述的保送生名額是規定的，如有放棄赴台升學的保送生，校方不得以次優學生遞補。[129]從入學試的安排等來看，台灣對本港僑生往台升學很是歡迎；對香港的莘莘學子來說，這是難得的升學機會。

港九僑生聯合考試報名單（附各科考試成績）（圖片由培道女子中學提供)。

　　鄭樹鈞在1950年代末赴台升學，我們從其口中得悉當時學子如何從未臻完善的教育制度中，憑考試作出升學的抉擇。

　　我在中山出生，在內地曾接受幼稚園及小學教育，九歲時母親離世，父親回來處理喪事後，便帶我到香港，結果在港生活至今。1949年抵港後我寄居在父親的老闆那處，讀書方面，在內地唸小學時，我連簡單英文字母ABC也不懂得，唯有入讀夜校。1951年，我考上位於必列者士街70號的青年會小學，在該校讀至中三。1956年初中畢業。雖說寄人籬下，叔母待我不薄，如家中至親般。我初中畢業，仍想讀書，他們亦贊成，我報考私立的培英中學獲取錄，入讀該校高中，1959年畢業。

　　我曾參加香港中學會考，當時一定要考獲中文、英文、一科理科、一科社會科，另加一科，起碼要五科及格，方能獲得會考證書。我很幸運能考獲證書，當中更有一科考獲「良」級。高中畢業後，自己希望繼續升學，遂報考台灣大專聯招等。那年應試時發高燒，考不上該地大學，至1960年再報考。台灣大專聯招的選校志願本來很多，但我僅報考一間學校，一個志願，以及

申請投考英國各大學的表格。資料來源：《香港教育年報 1952-53》
（中國海外新聞出版公司），頁44。

一個學系——省立台灣師範大學史地系。儘管嘗試一下，當時報考的科目除
中、英兩科外，若我們修讀文科，三民主義必須報考，再加地理科和歷史
科。幸好我能考進。我唸的是台灣省立師範學院，食宿及學費免費，每月還
有40元台幣津貼，並獲發兩套校服和必須的課本等。[130]

除往台灣升讀外，在港學生還可投考英國大學，並申請和平獎學金[131]攻讀。若中
文中學學生堅持升讀港大，自1955年起，教育司署在金文泰中學提供英文特別班課
程，此乃中文中學學生投考港大入學的途徑。

十二、專上學校統一入學試（1959-1963）

1957年2月，崇基、新亞及聯合三所專上學院組成香港中文專上學校協會[132]，向
港府極力爭取大學地位。1959年，港府決定宣佈發展專上學院的方案，亦開始資助三
所院校；中文專上學校協會成立統一入學考試委員會（Post-Secondary Colleges Joint
Entry Examination Syndicate），於8月舉辦首屆專上學校統一入學試（Post-Secondary
Colleges Joint Entry Examination），共804名考生應試，374人及格；翌年多增2間私立
院校，1,100名考生應試，497人及格。[133]該入學試僅僅舉辦5屆，1963年為最後一屆。

香港中文大學成立前，中文中學學生修畢高中課程後，升學途徑多為本港及鄰近地區的專上學院或師範學院。上面左圖為1956年崇基學院招生 簡章。該院仍未設專上學校統一入學試，該院校自設入學考試；右圖為培道女子中學致澳門德明師範學校函，索取申請表以便該校高中畢業學生報讀的初稿。（圖片由培道女子中學提供）

事實上，當時社會結構轉變與學位需求有直接關係。早年部分國內難民抱着過客心態，唯至1950年代中期，不少人留下來，並逐漸融入社會，「流亡學者」及「流亡青年」已成為香港居民，其組成的私立專上學院逐漸成為本地教育體系的重要部分，特別為當時未能升上港大或中文中學的人提供另一條固定的升學途徑。1957年，教育司高詩雅說：「這些私立大專學院畢竟在香港留下來了，而且應付了香港（教育上）一大需要。」[134]

在香港中文大學尚未成立之時，「專上學校統一入學試」可算是過渡性措施，讓一眾專上學校各取所需。對補助專上學校（Grant Colleges）而言，即崇基、新亞、聯合三院[135]，該試是甄別考試；對非補助專上學校而言，該試則是取錄考試，惟有關院校對入學試沒任何控制權。[136]

有關考試的舉行，悉依照專上學校統一入學考試委員會之規則；此委員會是根據專上學校補助規程附錄A之規定而設立。[137]報考學生須在註冊中學修畢第六年課程，並有中文中學會考及格證書或英文中學會考及格證書，或經考試委員會承認具有同等學歷者。事實上，當時港府對社會多年來倡議成立本地中文大學一事有所保留，並以資助形式變相規範本地私立專上學院的規格，主導其生存空間。

統一入學試在每年6月或7月進行，及格學生將於8月底前分別接獲通知，報名費

為港幣15元。1961年，該試共設11科，包括中文、英文、數學、歷史、地理、化學、物理、生物、普通數學、高級數學、美術、歷史、中國歷史等，惟考生報考不得超過7科。

考生須在同一考試中最少考取中文、英文，及其餘三科及格，方能獲取錄。每科及格分數為該科總分40%；若考生考獲分數接近40分，經該科考試小組主席考慮後，認為可授予其及格，會向委員會建議通過，便可予以及格。事實上，各校可因應自行規定而釐定各系之錄取標準。譬如數學系的入學標準是中文、英文、高級數學及其他兩科及格者；藝術系則為中文、英文、美術及其他兩科及格者等。

本地考生方面，若持港大入學試或其他相等考試及格證書，其及格科目除中文外，得申請予以免試；港大入學試高級程度中文及格者可申請中文免試。而取得港大入學資格的學生，其及格科目包括高級程度及普通程度的中文，可申請入讀補助專上學校二年級，唯需符合該校學系的就讀條件。相關錄取名額不得超過160名。

以譚錫麟為例，他就讀香港仔工業學校，讀至中五，沒有參與本地公開試；1960年入讀葛量洪教育學院，畢業後獲聘長沙灣警察小學任教。1962年，譚氏報考專上統一入學試，從其應試經歷能窺見當時的社會風氣，乃當時在職年輕人力求上進的寫照：

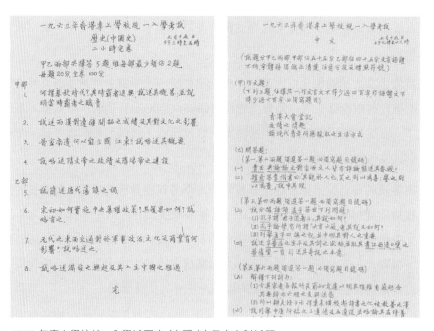

1963 年專上學校統一入學試歷史（中國史）及中文科試題。

在這學校 (長沙灣警察小學)，連校長在內，共有10位男同事，其餘為女同事，彼此均意識到自己尚算年輕，只是18、20出頭，若教至退休，也不過是55歲，一直任教小學會否沉悶呢？各人一致同意，於是分別投考大專，希望能入讀大學或專上學院。那時是1961年，香港中文大學還未成立。

1962年，我報考統一入學試，本來報名的要求須完成高中三，或是英文中學的學生需修讀預科的第一年 (即中六，Lower 6)。我甚麼也不符合，唯一可利用教育學院的文憑，當成自修生去報名投考，科目當然是要5科，方能符合入學資格。但香港仔工業學校的科目以工業為主，一定有中、英、數，亦着重物理科，共4科。除此之外，我找不到第五科報考。因以前修讀的不是宗教，便是機械繪圖、工業實習之類，故「不夠科」，只能想想哪科最容易自修。最後，我選了世界歷史及中國歷史兩科。很幸運，我報考6科，全都及格，結果入讀聯合書院。

我本來欲選讀物理系，唯該科有很多實驗。我已在官小教書，怎麼辦呢？看看時間表，哪些科目能用半畫完成，唯有語文系。何雅明老師本是副教育司，這段時間借調往聯合，他協助我們這些「職業學生」，是以我能成功轉讀語文科。可以說，我有機會讀大學是一個幸運。[138]

在海外考生方面，補助專上學院每年取錄的本港以外地區學生修畢中等教育者之百分比不得超過10%。考生如欲入讀補助專上學院，須參加統一入學試；不能出席統一入學試者，事前須於每年5月1日向各校申請，經學校核准後，可向委員會代為申請免試。成功者能獲免試，或委員會建議在新學年開始前，學校進行特種甄別試。

對東南亞學生而言，新亞書院的吸引力不下於香港大學，在1950至1960年代，新亞的學生不超過500名，招收南洋學生為數卻甚多，最高峰時有70多名在學，佔比例甚高。接受政府資助後，新亞減收海外學生。1963至1964年度，憑海外免試入學的南洋生只有3人；1964至1965年度只取錄1名，此後南洋生不再免試。[139]

饒美蛟生於馬來亞，屬第二代華僑，兒時隨雙親移居汶萊，在當地接受小學和中學教育。1963年，馬來亞、新加坡、砂撈越與沙巴合併成馬來西亞。饒氏在汶萊唸華文中學。據饒氏憶述，當時一般華校生升讀大學主要有兩個途徑：其一是到新加坡南洋大學深造，另一路徑是往台灣升學。1950年代，東南亞的華校生思想較為左傾的

為數不少，許多人年輕時即選擇到內地升讀中學，然後再入大學，饒氏卻選擇香港。以下是饒氏投考新亞書院的片斷，正好反映當時香港專上學院的另一種取錄新生的情況：

在高中階段，到香港升大學的念頭壓根兒從沒有出現過。中學畢業後，我在馬來亞出版的一份學生刊物上（記憶中是《學生週報》）偶然讀到一篇關於香港新亞書院的報導，作者是當時在新亞就讀的一名馬來亞僑生。我讀後才知道，在香港有一所有不少東南亞僑生就讀的新亞書院，且新亞的學費及宿費很便宜（學費每年港幣600元，宿費每月僅25元），費用還不及南大的一半。我估計我的家庭應該負擔得起，而且當時我也在中學母校教了約半年書，有了一點積蓄，起碼可以支撐一年半載在港唸書的費用。當時我以校內及汶萊全邦華文中學的公開會考成績提出申請，僥倖獲新亞免試取錄（當年新亞有免試入學制度）。我當時在校內及公開試成績算是不錯，而且在當年（1962年）12月舉行的汶萊邦中學會考中獲五科全優（中、英、理科〔含物理、生物與化學〕、數學及史地），用香港現今的説法，算是當年汶萊的「狀元」吧！很坦率地説，做汶萊會考的「狀元」要比做香港「狀元」容易得多，畢竟競爭沒有香港那麼大。這個成績給我帶來進入新亞就讀的機會。[140]

十三、香港中文大學入學資格考試（1964-1979）

1951年杪，港督葛量洪首次委任香港人士組成委員會，以港大校董賈士域（John Keswick）為該委員會主席。1952年，該會完成本港高等教育發展報告（Report of the Committee of Higher Education in Hong Kong），反對另建一間新的中文大學，認為此舉完全違反殖民地政府監督大學的原則；其次是經濟原因：辦學成本高，譬如儀器及建築物的一切費用；再加上港大甚具規模，有認可的學位[141]，惟在報告中對崇基書院的課程、指導水準、組織及設施等均予以肯定。[142]因此委員會建議港大開辦短期以中文語言作媒介的文理課程，並設校外課程[143]；亦就獎學金制方面，建議港府一視同仁，提供類似的入學獎學金予香港中文中學高中畢業會考的學生。[144]

事實上，該報告中引用1945年發表的《阿斯奎斯報告書》（Asquith Report）提供不少重要的意見，促成英政府同意在戰後加快在殖民地興辦大學的進度，提醒殖民地政府注意，不能只顧發展中學。因中、小學的需求牽連大學的需求。前節述及的戰亂

時勢，促使1950至1960年代本地私立專上學院如雨後春筍般叢生。部分書院屬難民書院（refugee colleges）[145]，如新亞書院，主要協助大量南來學子繼續學習，那批內地生年齡偏大，閱歷豐富，程度參差不一；亦網羅港大入學試下的滄海遺珠。反觀本地學生較年輕，使中大成立初期學生的年齡甚為參差。[146]

1959年10月，富爾敦（J. S. Fulton）獲港府邀請訪港，考察本地專上學院的未來發展。[147]1962年5月港府宣佈港府任命國際學者組成委員會，該委員會於1963年2月發表首份《富爾敦報告書》，建議新大學應不遲於同年9月30日前成立。[148]因時間所限，報告書建議新大學的入學試應與專上學校統一入學試相似，委員會寄望往後的入學水平有所提升，全賴中文中學有較佳的師資，亦建議跟已成立的大學作入學水平比較。該委員會希望新大學的主考工作和考試行政能跟港大相關組織協調，最終使兩間大學入學試體制能結合，彼此水準亦得以相同。[149]港府於6月宣佈接納報告書，隨即委任臨時校董會，展開建校工作。[150]

香港中文大學是一所聯邦式大學，於1963年10月成立。1964年，首屆香港中文大學入學資格考試（The Chinese University of Hong Kong Matriculation Examinatioin，簡稱「中大入學試」）舉行，其主要目的為選拔符合標準之學生，進入崇基、新亞、聯合等學院一年級肄業。考試需按照中文大學資格考試委員會（Matriculation Board）的規則而行。報考學生須在註冊中學修畢第六年課程，並有中文中學會考及格證書或英文中學會考及格證書，或經考試委員會承認具有同等學歷者；凡參加該年度中文中學會考生亦可與考，唯須由原校校長推薦，匯齊報名[151]，此項安排至1966年取消。

1966年，中大入學試的報考條件大大提高，考生須有香港中文中學或英文中學會考及格證書，且取得中文及英文兩科及格，並曾在為準備投考大學的註冊學校繼續進修一年。在英文中學會考證書裏初級中文及格者並不計算在內。[152]要注意的是，1968年以前，兩個會考及格證書的獲取條件為須各自在規定的語文科考獲及格，如英文中學畢業會考只須英文科及格，第二語文可以其他科組取代。[153]

中大入學試在7月舉行，考試費為30港元。考試科目跟專上學校統一入學試相同，共有11科供考生報考，惟考生最多只可報考7科，及格者在8月底以前分別獲得通知。考生須在同一考試中，考獲中文、英文及其他3科及格者，方能符合中大入學試的標準，繼而獲得入學資格。如欲入讀數學系者須獲中、英、高級數學及其餘2科及格；報讀藝術系者則須中、英、美術及其餘2科及格。除上述規定外，各基本學院得自行規定本院各系之入學資格。[154]

香港中文大學致函予培道女子中學，並附300元支票以答謝其借出地方作應考試場場（1970年）。（圖片由培道女子中學提供）

誠然招生牽連學制的改變，考試有意無意間成為當中的推動工具。早於1960年，香港中學學制統一，中文中學由六年制改成五年制。中文中學學生畢業後，須修讀一年中六預科，方能報考中大入學試，而預科及大學階段仍保留雙軌制，中大生源並非單以中文中學為主，反讓英文中學學生佔優，有較多機會選擇，能在中六應考中大入學試，中七時應考港大入學試。另一方面，中大入學考試的規則確實對港大入學試及格生有所優待，可申請免試。凡持有港大入學試或其他相等的考試及格證書者，其及格科目除中文以外，得申請予以免試；如獲取高級中文及格者更可申請中文免試。[155]

黃浩潮於南僑中學完成初中，後轉往中華基督教會青年會中學升讀高中，為首屆投考中大入學試的學生。從黃氏中學生涯與公開試的經歷，可窺見當時中大入學試的設立，跟推動中學學制的轉變有莫大關係：

南僑中學位處堅道128號，在樓梯街與堅道交匯處附近。該校除正校外，另設兩間分校。校舍樓高四層，上面全是課室。其後門則通往西摩道。當時教育司署常來學校巡查，老師帶着我們男生從後門「走鬼」，往兵頭花園玩耍。我們很渴望教育司署來查牌，可以「全方位學習」嘛。到高中時，我的同學多轉往英文中學就讀，亦有部分轉往顯理，我就轉往中華基督教會青年會中學，（該校）位處必列者士街的新校舍剛落成，我在那兒完成高中階段課程。

青年會中學是一所津貼中學，何世明牧師是青年會復校的首任校長。何牧師重視學生的品格，靈性修養與學業成就，故歷屆畢業生升讀中文大學人數甚眾，當時學校開設的高中課程，國文、英文、乙數、歷史（包括中國歷史和世界歷史）。地理、物理、化學、生物、聖經等九科是必修的；選修的科目只有甲數（理科）和經公（文科），中學會考也是考十科，真的是「文中有理，理中有文」了。

我讀高中仍是六年制，屬（舊制的）尾二那屆，低我一班的有六年舊制（高中）及五年新制（中五）同時參加會考。六年舊制即可報考中大入學試，五年新制的要多讀一年中六，才可報考中文大學。1964年，我報考中大入學試，報考的科目計有中文、英文、普數、中國歷史、生物、化學等科[156]。

香港中文大學沿用美國大學學制和學分制，而三間基礎書院都承繼中國傳統，學生須以四年完成規定的學分，與香港大學不同。自1971年開始，中大本部統一辦理招生事宜。[157]在此之前，當考生收到成績通知單以後，分別向三間書院申請入學，以致大學要審查三倍於考生數目的申請表格，造成行政累贅，對考生也不公平。黃浩潮在中大面試的經歷可互為對照：

據我所知，當時大抵是（中大入學試）以分數來考慮。三間學院行政獨立，基本上按考生成績致函通知考生面試。當時面試很有趣，我到新亞時，不同科目準備面試的考生齊集於新亞禮堂裏，或因應分數高低，安排見某科的系主任。當日面試時，生物系和中文系均取錄了我，故需要在禮堂外面仔細考慮修讀哪一科。[158]

若三間書院均有意約見，考生需面試三次。如不幸所有面試安排於同一時間，考生分身乏術，便會喪失入讀其他學系的機會。[159]

十四、香港高級程度會考及香港高等程度會考的發展

兩個高考跟大學取錄新生的矛盾

香港考試局於1977年成立，先於1979年接辦香港中文大學入學資格考試，並易名為香港高等程度會考（Hong Kong Higher Level Examination）；1980年接辦香港大學高級程度考試，易名為香港高級程度會考（Hong Kong Advanced Level Examination）。

一直以來，本港奉行雙學制，中文和英文教育系統並存，當中有賴各公開試推行和鞏固學制，但由此卻衍生取錄學生及證書就業的問題，兩者長期糾纏不清，難以取得平衡。至1980年代初，中學預科課程仍因兩所大學學制的不同而受到影響。港大為三年制，中大為四年制，前者以高級程度會考作為主要的收生途徑，修讀兩年制的預科課程；後者以高等程度會考取錄新生，修讀一年制的預科課程。

1970年香港大學入學資格考試
（HKCU Matriculation Examination）
證書。

事實上，英文中學的學生既可報考香港高級程度會考，又可在中六那年應考香港高等程度會考，反之中文中學的學生只能報考香港高等程度會考，接受高等教育機會相對較小，有違公平的原則。[160]同時，英文中學學生若有志投考高等程度會考，在中六時難免分心；若成功通過該試，獲中大取錄，大多不繼續唸中七[161]，亦直接影響中學的校務安排。對中學及學生而言，彼此均受到影響，亦成為直接推動中大改制的其中一個原因。

1979年香港高等程度會考英中考生共10,281名，自修生共5,874名；反觀中中學生只有3,586名，人數只得英中學生三分之一，不及自修生人數。誠然英文中學考生和自修生的人數較中文中學的學校考生為多，加上社會出現統一中學學制的聲音，教育當局遂有意將兩個中學學制及高考統一。

香港高等程度會考考生統計數據

年份	與考學校	英文中學考生		中文中學考生	自修生	考生總數	與上年比較考生增長／減少率（+/-）
		二年制中六生	一年制高等程度會考課程				
1979	187	10,281		3,586	5,874	19,741	+51.00%
1980	193	9,961		2,538	8,908	21,407	+8.50%
1981	192	9,533		2,480	6,323	18,336	-14.00%
1982	188	9,886		2,660	6,012	18,558	+1.20%
1983	189	2,027	8,001	2,882	5,816	18,726	+0.91%
1984	198	1,915	6,920	2,729	5,662	17,226	-8.00%
1985	189	1,410	5,311	2,500	3,364	12,585	-26.94%
1986	161	1,028	3,692	2,107	2,392	9,219	-26.70%
1987	142	922	1,971	1,836	2,227	6,956	-24.50%
1988	129	906	1,307	1,771	2,442	6,426	-7.60%
1989	110	804	1,101	1,500	2,020	5,425	-16.00%
1990	100	692	967	1,548	1,629	4,836	-10.85%
1991	65	42	631	1,504	472	2,649	-45.22%
1992	45	106	280	1,472	307	2,165	-18.27%

資料來源：參考1979至1992年〈秘書報告〉，《香港高等程度會考年報》整理。

中大暫取生制度的由來及其影響

暫取生制度的倡議和實施，直接扼殺香港高等程度會考的生存空間。1980年，中大醫學院成立，其資格如欲獲得英聯邦國家承認，須按英國醫學學會所規定的教學方式和制度，即港大沿用的一套，須以高級程度會考取錄中七學生，並修讀5年制的醫學課程。此觸動了中大學制改變的聯想，有關消息令中大師生憤慨，成立「醫學院檢討委員會」，力促校方跟當局重新談判。[162]1981年6月，中大教務會決定醫學院應維持校內校外兩種途徑收生，唯一不同的是容許醫學院直接取錄高等程度會考的中六學生，入讀後列為醫科預備班（pre-medical class）。因應醫學院改制而施行的醫科預備班，實有「暫取」之意。考生縱未有足夠資格獲正式取錄，唯基於其學業成績，予以暫時取錄。[163]

1982年10月，中大推出「暫取新生計劃」（Provisional Offer Scheme），把本來適用於醫學院招生的政策，推廣到整個大學去，藉以減少中學畢業生參加競爭性考試的次數。中五學生憑會考成績，加上校方推薦信，即可向中大申請為暫取生。取錄後，暫取生仍需完成中六課程，及應考高等程度會考。只要成績達到起碼要求，便可正式入讀中大[164]；惟此舉引起政府、學校及坊間大力反對。以中中學生為例，其公開試次數沒有因有暫取生制而實質減少。何況中大暫取生名單於每年3月放榜，與4月舉行的高等程度會考，僅相距一個月，長期困擾學生，無助減壓。

中大當局實行此制後，向全港各校徵詢，如舉行座談會，邀請中學校長出席；向500名中學生作問卷調查。1983年4月14日，中大修訂招生計劃；1984年9月，就讀一年制預科的中六學生憑當年中學會考成績向中大申請初期評核，需經面試，成功者將於來年3月列為暫取生，並應考該年的高等程度會考，至少取得5科及格，中英文在內，方能入學。兩年制預科的中六生亦可憑會考成績申請暫取生，並於中六學期完結時經中大評核其學業進度及語文水平，符合要求者方可入學。惟社會對這暫取制度的反對聲音持續未減。1985年11月12日，教育署發聲明，指中大暫取生制使中七人數大量流失，浪費資源。翌日中大反駁有關指摘，指數據誤導，一般預科班不過30人，最多只有數名學生離校。[165]

> 中學會考成績優良的學生多集中於三數十所名校中，中大「暫收生」制度亦對這些學校有很大的影響，其中是不少的中七學位空置了，令人有浪費資源的感覺。[166]

其實，對這些名校來說，不僅是中七學位的空置，間接亦影響中七高考的成績，可能少了為數不少的「優」及「良」等級；對學生而言，中大採取暫取生制前後帶來的明顯轉變，可從兩位校友口中略知一二：

中大校友吳奇壎曾言：

暫取生制度之前，每級同學的年紀可能相差甚大，因為部分同學可能從夜校苦讀上來，經半工讀才進入大學。曾經一位同學由於家境不好，要兼職幫補家計，聯合中文系的全班同學，竟為他分擔功課！

在暫取生實行後，中大的學生有年輕化的趨勢。

蔡子強認為：

暫取生的千秋功過，至今仍難下定論。由是中大既要成為亞洲頂尖大學，必須要爭取最頂尖的學生，暫收生制度無可厚非。若轉換角度設想，中大多收了英文中學的學生，又偏離配合中文中學的發展理想。[167]

「中六」教育改革及中大改制

1984年，教育統籌委員會（Education Commission，簡稱「教統會」）成立，屬於非法定組織，此為港府最高的教育諮詢組織，為本港整體教育發展提供意見。1986年8月，該委員會向港府提交《第二號報告書》，主要關注如何加強「中六」課程，使學生不必局限於修讀範圍過於狹窄而完全受制於專上學院及大專院校入學規定的課程。「中六」教育應為更多具有不同學習能考及資質的學生提供值得修讀的課程，而非只是照顧那些有良好機會接受高等教育的學生。[168]

當中建議設立一項「綜合」中六的課程，即保留兩年制的高級程度課程，取消高等程度課程，以及推行由高級程度課程衍生出來的新課程——中級程度課程（I Level Curriculum），在學年終結時設中級程度考試（I Level Examinations）。[169]其教學時間是高級程度課程的一半，可謂是「半個科目」；另外亦擴闊中學教學課程，增加科目例如增設學術性較低的高級程度及中級程度的科目，藉以擴闊兩年制的課程，照顧不同學校所需，如適合職業先修學校的科目計有商業學（Business Studies）、電子學與電學（Electronics and Electricity）、美術與設計（Art and Design）等，課程強調實用性。[170]值得一提的是，為培養學生雙語能力，該委員會倡議設兩個中級程度課程——

中國語文及文化（Chinese Language and Culture）、實用英語（English Studies），後者為英語運用一科發展而成，變成正式的學科。[171]中級程度課程為一年制，為畢業生離校時提供認可證書，亦獲政府公務員入職的承認；部分學校可開辦兩年制的中六課程，學生修畢課程後亦可應考。另一方面，大學亦須考慮取錄新生的科目組合及準則等問題。

1988年5月，港府公佈原則上贊同統一預科學制，將預科定為兩年。[172]同年6月，教統會發表《第三號報告書》，提出所有院校同一科目的學士學位課程，其年期原則上都應相同；錄取修畢中七、並已完成達到高級程度或兼具高級與中級程度的兩年制「中六」課程的學生；應採用劃一的取錄程序。[173]某程度上，公開試亦難免成為本地大學統一學制及入學條件的工具。6月16日，中大教務會發聲明，有關建議不能接受，對修讀本港四年制大專院校或負笈北美洲的中六生極不公平；又稱統一本港大專院校學位的修讀年期，完全忽視開辦課程的教育目的。最重要的是，政府並未詳細研究其可行性，便貿然接納，中大不得不視為行政手段破壞大學自主權。中大教務會翌日再發聲明，重申維護學制，往後得校董會確認和支持。當時曾發起和平集會，3間書院學生會亦於12月2日號召全校罷課，藉以要求港府擱置計劃。[174]當時輿論爭議不斷，大致集中於財政及教育理念實踐兩大方向。1989年1月27日，行政局接納《第三號報告書》的大學學制建議，凡接受資助的大專院校須統一在中七收生，其學位修讀年期須統一。1989年2月1日，身兼教統會秘書及首席助理教育統籌司華賢士（A. R. Wells）出席公開論壇，表示中大最遲於1991年須與大學及理工教育資助委員會商討1994年後學位撥款問題，聲稱港府不會以立法程序迫使中大改制，只會發指引予有關方面作經濟封鎖。最終本地大學學制於1994年統一。

另一方面，在1988年8月，中六教育工作小組（Working Group on Sixth Form Education）[175]成立，共舉行12次會議，針對《第二號報告書》建議改革「中六」課程；轄下設3個專責小組，分別為中級程度課程及會考、職業先修學校「中六」教育、資格承認事宜。1989年7月，工作小組向港府提交《中六教育工作小組報告書》，當中因應市民所需，對部分建議作出重要修訂。所有「中六」課程應是兩年制的課程，在中五後修讀，以便學生參與高級程度會考；全港各類學校均應開設兩年制的「中六」課程。另外，增設中等程度的通識課程，文理兩科學生均可修讀[176]；闡明中級程度跟高級程度的相同課程，程度深淺一樣，僅範圍較窄；或範圍一樣，程度較淺。

該小組建議最後一屆的香港高等程度會考於1992年舉辦[177]；該年考試局在香港

高級程度會考各科增設中文版試卷，藉以鼓勵各校開辦以中文為教學語言的課程。[178]
在此之前，高級程度會考除中國歷史、中國語文及文學兩科外，其餘科目均只可以英語應考。各科課程綱要的範圍及深淺程度亦需研究修訂，並尋求本地及海外認可。同時，中文參考書的質素亦備受關注。

　　在高級程度會考方面，各校提供「核心課程」（core curriculum）和「選修課程」。前者包括英語運用科、中國語言及文化科，以及社會及人文學科[179]，可強化語文技巧及確保課程範圍得以擴大。[180]「核心課程」一詞在香港教育及考試制度首次出現，實際上仍跟必修科類同。一般文法學校的科目組合模式如下[181]：

2種語文	+	社會及人文學科	+	1個中級程度科目	+	2個高級程度科目
（中級程度）		（中級程度）				
【英語運用、中國語文及文化】		【選修2個單元】		【與所選的2個高級程度科目互相補足或成對照】		【學生的主修課程】

　　與其他中級程度學科相比，社會及人文學科明顯地着重課程範圍多於程度的深淺，特意為「擴闊」課程範圍而設[182]，要求學生有相當高的學習能力。該科欲發展成所有中六及中七級學生（職業先修學校亦包括在內）的其中一科核心課程。工作小組認為該科應設兩個單元，從理科及人文學科的單元中挑選出來，使學生有機會選擇至少一個與主修課程成對照的單元。[183]這有助擴闊課程結構，亦培養學生學習技巧，激發獨立思考。在原則上，中級程度課程只發展那些有足夠學生修讀的科目，避免開辦過多缺乏足夠教師任教、以及可能需要龐大發展經費的課程。[184]中級程度的科目能否成功設立，當中不能忽略客觀環境，需視乎三方面而定：

　　（1）高等教育院校是否願意接納該程度為收生資格；

　　（2）僱主是否願意採納為聘用準則；

　　（3）其課程是否容易在各校開辦。[185]

　　該工作小組亦就中級程度會考的命名進行研究，最終稱為香港高級程度考試，「高級補充程度科目」（Hong Kong Advanced Level Examination, AS-Level Subjects）。由於這些科目的修讀年期可以不是一年，故不再是教統會原先的建議，即中級程度的概念。該考試的本質跟英國的高級補充程度會考非常相似，而高級補充程度在海外漸

為人熟悉，當局為方便獲海外承認，故將中級程度會考易名。此外，當時亦有一個現實考慮，如中級程度會考與高級程度會考同時存在，須分別授予兩款證書。該試更名後，能以一款「高級程度」證書來涵蓋兩種學歷。[186]

誠然報告書所倡議的社會及人文學科正是高級補充程度的通識教育，縱使當時未能如預期般成為核心課程，但終在2009年成為新高中學制的核心課程。羅慶麟為其中一名開發者，且看其道出該科推行初時的反應，以及其背後的教育理念。開始推行自主學習，強調發展不同能力，跟過往考試學習的模式截然不同：

現時香港經常聽到的通識教育，在很多地方也有推行，其目標是全人訓練，即一個人能夠得以多方面思考。為甚麼會有通識教育科呢？教統會早已提出學生應多方面發展，因為當時流行分為文科和理科，坊間亦對是否有必要早早就將學生分得太專門這議題產生懷疑，故出現中六課程的檢討。

其後，中六小組報告書建議開立一門高級補充程度（即上文的「中級」）的新科目，希望同學能多方面兼顧，達至‘文中有理，理中有文’。當時課程組由視學處兼顧，我獲教署委任為代表，跟考試局的同工，共同設計新科目。有關課程希望使用單元形式設計 (modular approach)。當中設計了六個單元，涵蓋科學科與人文學科的學識。同學選修此科時，既可認識科學科，亦能學懂人文學科。早於1991年，該科推出首本‘紅白紅’小冊子——《中學課程綱要 通識教育科》。1996年已是修訂本。由1991到1996年，再到現在的通識科，實在已有很大的轉變。現今範圍更廣，學習內容更多，要求的能力也更廣，仍能切合這學科的原意。我有幸一開始便負責這科的設計與推行。

當局原意將這科目訂為核心課程科目之一。所謂「核心課程」，即希望所有同學都需要學習，藉以配合中六改革委員會的建議，多方面提高學生的學習能力。但最後最後當要推出這科目時，由於這科新！太新！專上學院對它的認受性不高，因此沒將它變成核心課程，而只是其中一個選修科目。正如我剛才所說，這科以單元學習為本，希望發揮同學們的構思和分析能力。該科只有基本的內容，但實在是要引用到當時社會發生的事，以至能夠發揮同學的思考和分析能力等要求。跟普通學科不同，它沒有明確的考試範圍和內容，老師們深感害怕；內容亦會因應時間和社會的轉變而有所不同。這是它

的好處，亦是其難處。教的很辛苦，學的也不易。

這科剛推出時，我為校長和老師舉行多次推介會。收回來的，老師和校長不約而同表示：「喂，這麼新的考試形式、內容和考試要求，我們存有極大疑問，很大困難，那如何解決呢？」實情亦需很多配合。現在我們樂見很多配套的推出，回想最初卻不然……老師、學校的認同很低，對它有非常多的疑問。當然現時還有很多問題，未必解決得了，始終其精神是提高學生學習能力。學習能力包括很多，其中一個經常提及的便是思維、表達和分析。[187]

1992年，香港高等程度會考舉辦最後一屆，往後全港中學均應考香港高級程度會考，該考試首設中文版試卷，其報考資格包括中學會考的中、英文科（課程甲、乙）的E級成績。同年9月，全港中六課程統一為兩年制。1994年，香港高級補充程度的科目於香港高級程度會考中首次出現，共17科。無論任何程度的科目，考生最多可報考8科。[188]跟前年相比，與考學校共372間，增加71間；全體考生為26,088人，增加4,013人，增長率達18.2%[189]，這跟「中六收生程序」[190]及英文中六學額增加有關。

英語運用自1981年已採用剖象方式（Profile）發佈成績。學生除得悉總成績的等級外，各部分如讀、寫、聽、說及應用技能亦列明等級。1994年起，中國語文及文化科及通識教育科亦採用此方式發佈成績。

1998年，香港公開試制度曾作檢討，當中涉及各層面的考慮，以香港高級程度會考為例，如何在21世紀中滿足和平衡大學收生取錄或僱主的要求，為兩者提供合適資訊，諸如動機、工作技巧或團體相處等。[191]相關報告建議擴闊高考的考試範圍，支持人力資本（human capital）的必要發展，長遠鞏固香港在國際知識型經濟（international knowledge economy）的領導角色。[192]同時，明確表示公開試須具評估和報告能力，展現學生在課程範圍內的各種能力，使證書更具有效。[193]

2000年9月，教統會向港府提交《香港教育制度改革建議》，就課程、評核機制和不同教育階段的收生制度作改革，其後獲得接納。2005年，教育統籌局公佈新高中學制於2009年9月在中四級實行。2012年，首屆香港中學文憑考試舉行，亦為最後一屆香港高級程度會考。2013年的高考只接受自修生報考。高考和中學會考因應本地學制的改革而次第完成其歷史任務。

註：

1 香港公學於1883年脫離政府監管，本來專門招收少量信奉基督教的歐籍學生，及後陸續招收葡萄牙人、猶太人及回教徒。以英國學生Lobb, George Frederick為例，父親為海軍補給站職員，Lobb在港就讀香港公學，在1886年應考劍橋本地考試初級程度，並在1889年10月升讀劍橋大學岡維爾與凱斯學院。詳見Cambridge University Local Examination Class List, 1886, p. 508, *Biographical History of Gonville and Caius College 1349-1897* Vol. II Admissions 1713-1897, Cambridge University Press; *Hong Kong Education Report for 1883,* No. 24, SP 1884.; *Hong Kong Education Report for 1887,* No. 18, SP 1888.

2 *Annual Report of the Head Master of the Government Central School for 1886.* SP 1887, No. 12, p. 270.

3 胡禮博士為皇仁書院校長，任期為1881年至1909年。

4 *Annual Report of the Head Master of the Government Central School for 1888.* SP 1889, No. 4, p. 120.

5 1889年7月，中央書院遷往新址，易名為維多利亞書院。

6 *Annual Report of the Head Master of the Government Central School for 1886.* SP 1887, No.4, p.120.

7 *The Education Report for 1892.* SP 1893, No.23, p.357.

8 轉譯自 Bernard Mellor. 1980. "Ch. 3 The University Idea". *The University of Hong Kong: An Informal History* (Volume Two), p. 17.

9 Minutes of 4th Meeting with reference to a proposed Hongkong University, November, 1908, p. 13.

10 *Report of the Director of Education for the year 1911,* p. 11.

11 Bernard Mellor. 1980. "Ch. 5 Scholars by Examination". *The University of Hong Kong: An Informal History* (Volume Two), p. 50.

12 *Report of the Director of Education for the year 1913,* p. 7.

13 楊學為編，《中國考試通史》卷五，第14章（北京：首都師範大學出版社，2008），頁465。

14 楊學為編，《中國考試通史》卷五，第14章（北京：首都師範大學出版社，2008），頁465。

15 The University of Hong Kong. 1922-1924. *Regulations for the Senior and Junior Local Examinations and for the Matriculation Examination 1922-1924,* p. 1.

16 楊學為編，《中國考試通史》卷五，第14章（北京：首都師範大學出版社，2008），貞465。

17 *Report of the Director of Education for the year 1931,* p. 14.，最初香港大學只取錄男生。

18 The University of Hong Kong. 1922-1924. *Regulations for the Senior and Junior Local Examinations and for the Matriculation Examination 1922-1924,* p. 1.

19   The University of Hong Kong. 1925. *Regulations for the Senior and Junior Local Examinations and for the Matriculation Examination 1925,* p. 1.

20   1925年，港大於湖北增設試場。

21   以港元計算，此段下同。

22   The University of Hong Kong. 1925. *Regulations for the Senior and Junior Local Examinations and for the Matriculation Examination 1925,* p. 2.

23   The University of Hong Kong. 1922-1924. *Regulations for the Senior and Junior Local Examinations and for the Matriculation Examination 1922-1924,* p. 1.

24   *Ibid*, pp.3, 15.

25   *Ibid*, pp.3, 15, 34.

26   The University of Hong Kong. 1925. *Regulations for the Senior and Junior Local Examinations and for the Matriculation Examination 1925,* pp. 3, 17.

27   The University of Hong Kong. 1922-1924. *Regulations for the Senior and Junior Local Examinations and for the Matriculation Examination 1922-1924,* p. 36.

28   The University of Hong Kong. 1925. *Regulations for the Senior and Junior Local Examinations and for the Matriculation Examination 1925,* pp. 4, 16, 37.

29   *Ibid.*

30   *Ibid.*, p. 37.

31   鄭何艾齡，本名崎姿（因在長崎出生），又作奇姿，生於1904年。

32   Irene Cheng. 1997. "Ch. 3 Childhood". *Intercultural Reminiscences*, p. 43.

33   編者按：即艾齡的姊姊。

34   Irene Cheng. 1997. "Ch.6, The University of Hong Kong". *Intercultural Reminiscences*, pp.106-108.

35   梅樂彬於1946年8月始服務港大，起初擔任英文系講師，並兼任署理教務主任；亦曾負責戰後港大復課的策劃工作。1948年2月，梅氏出任為教務主任（Registrar）。

36   Bernard Mellor. 1980. "Ch. 5 Scholars by Examination". *The University of Hong Kong: An Informal History,* Volume Two, p. 50.

37   Bernard Mellor. 1980. "Ch. 5 Scholars by Examination". *The University of Hong Kong: An Informal History* (Volume Two), p. 50.

38   Statutes of the University, An Ordinance for the incorporation and regulation of the University of Hong Kong. *Government Gazette*, 31st March, 1911, No.74, p. 144.

39   *Ibid.*, pp. 55-56.

40   米特爾頓・史密斯乃香港大學於1912年任命的首位教授。

41　劉振華，又名劉仙洲。1897年，劉仙洲開始讀私塾，參加科舉制度的最後一次縣考。1906年，劉仙洲以第一名成績考入當時完縣唯一的高等小學，後轉讀保定崇實中學和育德中學。1913年報考北京大學預科，名列榜首。1914年，劉氏考獲公費進入港大。畢業後回母校保定育德中學任教。1924年，他出任國內最早開辦的工科大學天津北洋大學校長。參考黎詣遠，〈劉仙洲教授傳略〉，載於劉蜀永編，《一枝一葉總關情》，頁35-37。

42　趙今聲，〈香港大學的河北省籍同學〉，載於劉蜀永，《一枝一葉總關情》，頁187-190。

43　同上註，頁183-186。

44　沈亦珍，〈五十年前港大生活回憶〉，載於《大成》第33期，頁2-4，1976年8月1日。

45　賴際熙曾任翰林院編修、國史館纂修、總纂，於1913年出任香港大學教授兼中文總教習，號稱太史。

46　「洋涇浜英語」是十九世紀中外商人使用的混雜語言。洋涇浜是英語與上海話結合的產物，並且在一定程度上受寧波話與粵語的影響。洋涇浜是上海的一條小河流，與黃浦江相連，從今延安東路渡口西向流至今西藏南路。十九世紀中葉，英國、法國相繼在上海設立租界區，洋涇浜正是英法租界的界河。租界設置後，大量的商業機構出現在小河兩岸，洋涇浜也因此成為上海對外貿易的一條重要的河流。由於中外商人語言交流不便，「洋涇浜英語」便在這種歷史條件下誕生了。

47　儀禮（Sir Charles,Norton Edgecumbe Eliot, GCMG, PC），香港大學第一任校長。

48　「上升趨勢」參見 *Report of the Education for the year of 1932,* p.11。

49　Bernard Mellor. 1980. "Ch. 5 Scholars by Examination". *The University of Hong Kong: An Informal History* (Volume Two), p. 56.

50　伍連德（Dr. Wu Lien-teh），福建音為伍星聯（Gnoh Lean-Teil），入讀港大時用此譯名。伍氏是前大英義學的男生（稱Old Free），曾獲英女皇獎學金往劍橋大學受教育，對中國防疫和公共衛生有卓越表現，獲稱為「瘟疫戰士」。

51　即雅加達，位處中爪哇，在1619年被荷屬東印度公司征服後更名。

52　蘇卡拉耶位處中爪哇。

53　C. M. Turnbull. 2002. "Ch. 5 The Malayan Connection". *An Impossible Dream: Hong Kong University from Foundation to Re-establishment*, 1910-1950, p. 99.

54　1912年，聖約翰寄宿舍（St. John's Hall）是英國聖公會提供予港大男生的宿舍，位處般咸道；1916年，馬禮遜堂（Morrison Hall）由倫敦傳道會建立；1923年，首間港大女生宿舍聖士提反堂（St. Stephen Hall）啟用；1930年，利瑪竇宿舍（Ricci Hall）接受港大學生入宿。

55　譯自 Bernard Mellor. 1980. "Ch. 5 Scholars by Examination". *The University of Hong Kong: An Informal History* (Volume Two), pp. 58-59。

56　瓊崖，即海南島。

57　〈國內振興實業聲中　港大工科學生激增〉，《香港工商日報》，1937年1月6日，第二張第二版。

58　英華女學校，《百年樹人百載恩：英華女學校校史》，第四章，（香港：英華女學校），2001年，頁64。

59 Hutchinson, *Report for 1927,* SCCF. · 此部分轉引自《百年樹人百載恩　英華女學校校史 1900-2000》第四章，2001，頁66。

60 轉引自《百年樹人百載恩　英華女學校校史 1900-2000》第四章，2001，頁67。

61 *Report of the Director of Education for the year 1938*, p. 4.

62 譯自 Bernard Mellor. 1980. "Ch. 5 Scholars by Examination". *The University of Hong Kong: An Informal History* (Volume Two), p. 55.

63 *Report of the Director of Education for the year 1932,* p. 5.

64 *Report of the Director of Education for the year 1934,* p. 9.

65 參見〈香港大學舉辦之中學會考昨日揭曉〉，《香港工商日報》（1935年7月27日）。

66 E. Burney. 1935. "Regulation for the School Certificate Examination", *Report on Education in Hong Kong*, Appendix p. 27.

67 *Ibid.*, p. 13.

68 〈香港大學舉辦之中學會考昨日揭曉〉，《香港工商日報》（1935年7月27日）。

69 見郭煒民訪談，2009年3月5日。

70 *Report of the Director of Education for the year 1935,* p. 5.

71 E. Burney. 1935. *Report on Education in Hong Kong*, pp. 13-14.

72 *Ibid.*, pp. 13-14.

73 *Ibid.*, pp. 13-14.

74 *Report of the Director of Education for the year 1935,* p. 5.

75 郭克時爵士，GCMG（Sir Christopher William Machell Cox）。

76 吳倫霓霞，〈第一章 建校的歷程〉，《邁進中的中學：香港中文大學30年，1963-1993》（香港：中文大學出版社，1993），頁3。

77 教育諮詢委員會會議，1947年4月8日；1948年3月25日等；轉引自A. Sweeting . 1993. "Ch. 9 Control of Education through Examinations". *A Phoenix Transformed: The Reconstruction of Education in Post-war*, Hong Kong; New York: Oxford University Press, p. 183.

78 Bishop Hall to Sloss, 14th August 1947，轉引自 A. Sweeting. 1993. "Ch. 9 Control of Education through Examinations ". *A Phoenix Transformed: The Reconstruction of Education in Post-war Hong Kong*; New York: Oxford University Press, p. 183.

79 1946年，大學校際理事會於成立。富爾敦曾於1964年至1968年間擔任該理事會主席。

80 A. Sweeting. 1993. "Ch. 9 Control of Education through Examinations". *A Phoenix Transformed: The Reconstruction of Education in Post-war Hong Kong,* p. 185.

81 *Ibid.*, p. 190.

82 *Ibid.*, pp. 190-191.

83 Ivor Jennings & D.W. Logan. 1953. *A Report on the University of Hong Kong*, pp. 26-27.

84 N. G. Fisher. 1951. *A Report on Government Expenditure on Education in Hong Kong, 1950.*

85 1951年，英國政府將學校證書（the School Certificate）及高等學校證書（the Higher Certificate）兩種考試合併，稱為普通教育文憑考試；考試分為普通程度及高級程度，由英格蘭及威爾斯地區8個不同的考試委員會，以及北愛爾蘭學校委員會各自舉辦。參閱李孝儒，〈第7章 英國大學入學制度解析與運作〉，《英國教育：政策與制度》（台灣：濤石文化事業公司，2001），頁208-256。

86 Ivor Jennings & D.W. Logan. 1953. *A Report on the University of Hong Kong*, p. 26.

87 須注意的是，「入學資格」僅是「符合大學入學資格」，並非已被大學取錄。

88 1953年，港督葛量洪從英國請來曾寧士爵士（Sir Ivor Jennings）和盧根爵士（Sir Douglas Logan）對香港大學的未來發展提出建議，成為港大戰後的重要發展藍圖。

89 1953年，英國大學行政管理專家曾寧士（Ivor Jennings）和盧根（Douglas Logan），受邀對香港大學未來發展提出意見，隨後發表《曾寧士・盧根報告書》。

90 Ivor Jennings & D. W. Logan. 1953. *A Report of the University of Hong Kong,* p. 27.

91 *The Hardy Report.* August 1962, Proposals for the Development of the Matriculation Examination, p. 1.

92 不少中學校長的年報中均有述及兩項考試的取錄標準不同，英皇校長沙治臣（C. W. Sargison）經分析亦得出此點，見〈校務概覽 一九五七年畢業頒獎典禮 沙治臣校長演辭〉，1958，《英皇書院校刊》，頁2。

93 見葉禮霖訪談，2009年12月9日。

94 〈一年之香港教育〉，《香港年鑑1955》，頁78。

95 同上註，頁（甲）86-87。

96 見郭煒民訪談，2009年3月5日。

97 梁演麃，〈我在英文特別班就讀的日子〉，《金文泰中學一九五五年畢業同學金禧回顧集：金禧紀念專刊》，2005，頁17。

98 *Handbook of the Advanced Level Examination*, 1966, pp. 1-3.

99 *The Hardy Report.* August 1962, p. 3, Proposals for the Development of the Matriculation Examination.

100 *The Hardy Report.* August 1962, p. 4, Proposals for the Development of the Matriculation Examination.

101 楊學為編，〈卷五 第14章〉，《中國考試通史》（北京：首都師範大學出版社，2008），頁469。

102 *The Hardy Report.* August 1962, p. 4; *Report of the Committee on the Organization and*

Administration of the Advanced Level Examinations. December 1964, pp. 5-6. Proposals for the Development of the Matriculation Examination.

103 港大學務委員會根據哈地報告（1962）及《曾寧士·盧根報告書》（1953）內的計劃，欲長遠規劃港大入學試的發展——「殖民地普通教育文憑試」（Colony GCE Examination），亦獲教育司署認同，但該試毋須依樣葫蘆，需因應本港需要而定。見Senate. The Development of the Matriculation: Senate action proposed. December 1964, pp. 1-4; A letter from the Director of Education to the Secretary of Matriculation Board. 23rd December 1960. Proposals for the Development of the Matriculation Examination.

104 *Report of the Committee on the Organization and Administration of the Advanced Level Examinations*. December 1964, pp. 2-5. Proposals for the Development of the Matriculation Examination.

105 B. Mellor. Notice. *Handbook of the Matriculation Examination 1965 and 1966*（1/4/1964擬定）。

106 University of Hong Kong, *Handbook of the Advanced Level Examination 1966*, pp. 3-4.

107 *Ibid.*, p. 3.

108 公務員薪俸及服務條件常務委員會，《第一號報告書（公務員薪俸原則及程序第一次報告書）》，1979年7月26日，頁9。

109 同上註，頁32。

110 同上註，頁13-14。

111 同上註，頁17。

112 同上註，頁16。

113 詳見港大入學試歷屆普通程度試題（1954-1964），*Ordinary Level Papers English Language and Literature*. Hong Kong University Press.

114 V. D. Silcocks. Follows the text of a letter from the Secretary of the Grants School Council to the Registrar. 9th October, 1964, Proposals for the Development of the Matriculation Examination.

115 *Handbook of the Advanced Level Examination,* 1967, p. 5; *Handbook of the Advanced Level Examination,* 1968, p. 5.

116 見劉賀強的訪談，2013年3月4日。

117 有關南來諸校的事跡，參見《教育與承傳（二）——南來諸校的口述故事》（香港：香港教育圖書公司，2011）。

118 〈嶺大入學試 港區生揭曉 香港區正取生127人〉，《工商日報》（1949年7月18日），第六頁。

119 〈一年來之香港教育〉，《香港年鑑1952》教育部分，頁55。

120 *Report of the Committee of Higher Education in Hong Kong,* 17th September, 1952, p. 7.

121 〈一年來的香港教育〉,《香港年鑑1957》,頁(甲)92。

122 根據1954年刊印的《四十三年度港澳立案高中畢業生來台升學辦法》,當時的報名費為港幣七元。

123 見《四十三年度港澳立案高中畢業生來台升學辦法》,1954年。

124 〈港澳學生返台升學 八月在港舉行考試〉,《中國學生周報》第42期,1953年5月8日。

125 僑務委員會致函香港培道女子中學(僑教35720號函),1956年6月26日。

126 〈四十五年港澳各高級中學保送成績優良畢業生來台升學辦法〉,1956年;〈四十六年港澳各高級中學保送成績優良畢業生來台升學辦法〉,1957年。

127 〈四十五年港澳各高級中學保送成績優良畢業生來台升學辦法〉,1956年。

128 〈四十六年港澳各高級中學保送成績優良畢業生來台升學辦法〉,1957年。

129 同上註。

130 見鄭樹鈞訪問稿,2012年6月28日。

131 和平獎學金供英籍學生赴英國大學攻讀純粹科學或實用科學之用。申請人的先決條件雖是英屬,所謂「英籍」是包括歸化入籍和在英屬地方出生者在內。其獎學金連旅費也計算在內。詳見〈一年來之香港教育〉,《香港年鑑1959》,頁108。

132 吳倫霓霞,〈第一章 建校的歷程〉,《邁進中的中學:香港中文大學30年,1963-1993》(香港:中文大學出版社,1993),頁15。

133 *Hong Kong Triennial Survey by the Director of Education of the years 1958-61.* Hong Kong: Government Printer, p. 45.

134 D. J. S. Crozier, *Confidential Report on the Post-Secondary Colleges of Hong Kong,* 26th May 1957;轉引自吳倫霓霞,〈第一章 建校的歷程〉,《邁進中的中學:香港中文大學30年,1963-1993》(香港:中文大學出版社,1993),頁17。

135 這三所學院均於1949年前後離開中國到香港來,崇基由十多所基督新教大學來港的教授組成,院長為曾任廣州嶺南大學校長的李應林;新亞則由張其昀創立,錢穆、唐君毅、張丕介等學者辦理,曾名亞洲文商學院(即亞洲文商專科夜校),後易名為新亞書院,首任院長為錢穆;聯合由平正會計、華僑、廣僑、文化及光夏等五所從廣州或鄰近地區南移、原為私立大學的書院合併組成,首任院長為蔣法賢醫生。三院其後合組成為聯邦式運作的香港中文大學。參考陸鴻基,《從榕樹下到電腦前:香港教育的故事》(香港:進一步多媒體有限公司,2003),頁129-130改寫。

136 《專上學校統一入學試規則》,1963年9月修正,頁4。

137 同上註,頁1。

138 見鄭樹鈞訪問稿,2012年6月28日。

139 根據饒美蛟在《多情六十年:新亞書院的過去與未來》中〈我的新亞情〉內文改寫。

140 《多情六十年：新亞書院的過去、現在與未來》，頁93。

141 *Report of the Committee of Higher Education in Hong Kong,* 17th September, 1952, p. 25.

142 *Ibid.,* p. 38.

143 *Ibid.,* pp. 26, 31.

144 *Ibid.,* p. 30.

145 「難民書院」一詞曾於《富爾敦報告書》內引述，見*Report of the Fulton Commission,* 1963. Hong Kong: Government Printer, p. 1.

146 陸鴻基，〈新社會、新知識、新大學 中大成長面面觀〉，《邁進中的大學：香港中文大學30年，1963-1993》（香港：中文大學出版社，1993），頁36。

147 *Report of the Fulton Commission,* 1963. Hong Kong: Government Printer, p. 4.

148 *Ibid.,* p. 19.

149 *Ibid.,* p. 122-123.

150 吳倫霓霞，〈第一章 建校的歷程〉，《邁進中的大學：香港中文大學30年，1963-1993》（香港：中文大學出版社，1993），頁23。

151 《香港中文大學入學資格考試規則 (1965) 入學考試各科試題 (1964)》，1964年2月，頁1。

152 〈香港中文大學入學資格考試規則〉，《香港中文大學入學資格考試 (1966)》，頁1；〈香港中文大學一九六六年入學資格考試規則〉，《聯合校刊》第12期，1965年11月30日，頁11-12。

153 中中考生獲得會考證書的其中一項條件——英文科及格，可用社會科組內任何一科（地理、歷史和公民）取代；英中考生則可以英國文學、中史、歷史、地理、經公、聖經知識取代中國語言及文學一科。詳見〈香港中文學高中畢業會考辦理細則〉，《香港中文中學高中畢業會考專輯1963》，頁3；Hong Kong English School Certificate Examinations, *Regulations and Syllabuses 1967,* p. 4.；Hong Kong Certificate Examination (English). 1968. *Annual Report of the Executive Committee and Reports from the Examiners,* p. 1.

154 《香港中文大學入學資格考試規則 (1965) 入學考試各科試題 (1964)》，1964年2月，頁2。

155 《香港中文大學入學資格考試規則 (1965) 入學考試各科試題 (1964)》，1964年2月，頁3。

156 見譚錫麟、黃浩潮、鄭樹鈞訪問稿，2012年6月28日。

157 〈中文大學入學試放榜日期 今年可能大為提早〉，《華僑日報》，1971年6月5日，第六張第二頁。

158 見譚錫麟、黃浩潮、鄭樹鈞訪談，2012年6月28日。

159 張德勝，〈第3章 制度的沿革〉，《邁進中的大學：香港中文大學30年，1963-1993》（香港：中文大學出版社，1993），頁60。

160 教育統籌委員會，《第二號報告書》（香港：政府印務局），1986年8月，頁56。

161 張德勝，〈第3章 制度的沿革〉，《邁進中的大學：香港中文大學30年1963-1993》（香港：中文大學

出版社，1993），頁69。

162　當時大學及理工教育資助委員會（University and Polytechnic Grants Committee, UPGC）為非法定的諮詢委員會，掌管本港大學發展和經費撥款，向政府提出意見。其原名為大學教育資助委員會（University Grants Committee, UGC），於1965年10月正式運作。自1972年起，該會亦處理香港理工學院撥款事宜而更名；至1994年11月，鑒於當時所有受資助的院校已升格為大學，故復用舊稱。

163　張德勝，〈第3章 制度的沿革〉，《邁進中的大學：香港中文大學30年，1963-1993》（香港：中文大學出版社，1993），頁72-73。

164　同上註，頁74。

165　同上註，頁76。

166　賀國強，《透視香港教育問題》（香港：藝美圖書公司，1989），頁35。

167　《中大四十週年校慶專輯‧我們是這樣成長的》（第二輯1983-1992），http://www.alumni.cuhk.edu.hk/magazine/200309/html/p09_14.htm。

168　教育統籌委員會，《第二號報告書》（香港：政府印務局），1986年8月，頁55。

169　教育統籌委員會，《第二號報告書》（香港：政府印務局），1986年8月，頁61、63。

170　同上註，頁61、193。

171　同上註，頁64-65。

172　張德勝，〈第3章 制度的沿革〉，《邁進中的大學：香港中文大學30年，1963-1993》（香港：中文大學出版社，1993），頁77。

173　教育統籌委員會，《第三號報告書》（香港：政府印務局），1988年6月，頁24-25；另賀國強認為第三號報告書重提中大四改三，預科統一兩年這些學制乃圍魏救趙的狠着，見賀國強，《透視香港教育問題》（香港：藝美圖書公司，1989），頁35。

174　張德勝，〈第3章 制度的沿革〉，《邁進中的大學：香港中文大學30年，1963-1993》（香港：中文大學出版社，1993），頁76-80。

175　工作小組的主席為教育署副署長尹輝，當然委員為教育署代表，如盧振鏗、陳蔭彭、黃錫華、高德文；其他成員計有白居雅（Dr. K. E. Barker）、港大陳鑛安教授、中大代表王于漸博士、浸會代表陳湛杰博士、城市理工學院甘偉基博士、香港理工學院代表梁寶珠、香港科技大學劉信德教授、課程發展議會主席蘇國榮、考試局秘書賀勤、張子江議員、張冠榮修士、蘇恩立、周耀榮、李崇德、譚萬鈞等。

176　《中六教育工作小組報告書》（香港：政府印務局），1989年7月，頁1-2、8-9。

177　同上註，頁23。

178　同上註，頁35。

179　社會及人文學科後改稱通識教育科（Liberal Studies）。

180 同上註，頁42。

181 同上註，頁44。

182 同上註，頁11-12。

183 同上註，頁14-15。

184 同上註，頁9。

185 同上註，頁11。

186 同上註，頁50。

187 見羅慶麟訪問稿，2012年7月18日。

188 *Hong Kong Advanced Level Examination Regulations and Syllabuses 1994*, p. 6.

189 〈考試報告〉，《香港高級程度會考年報 1994》（香港：香港考試局），頁8。

190 1991年，教育署推出「中六收生程序」，供全港中學會考生入讀官立、資助或按位津貼中學的中六學額。在同一次中學會考中成績最佳6科的總點數達14點或以上的學生，可在第一階段向原校或聯繫學校申請入讀中六。第二階段，只適用會考最佳6科的總點數達14分或以上的學生，可繼續往尚餘中六學額空缺的學校申請。第三和第四階段，只適用於符合參加高考的最低成績要求而未獲中六學位者向有關學校申請。第五階段，符合資格者將到申請中心，填寫有關資料，申請電腦統一派位。其前提是本港學校尚有中六學額。

191 "Ch. 2 Providing the context - Hong Kong and its examination system". Hong Kong Baptist University and Hong Kong Examinations Authority. 1998. *Review of Public Examination System in Hong Kong Final Report*, Volume 1, pp. 52-53.

192 *Ibid.*, p. 55.

193 *Ibid.*, pp. 56-57.

第七章

考試新一頁

香港考試局的成立

引 言

　　1937年，教育司署成立本地會考委員會（The Local Examination Syndicate），舉辦首屆香港中學畢業會考，繼香港大學後成為第二個香港主辦公開考試的組織。戰後，教育司署繼續主理公開考試，成立考試組，港府其後又成立香港考試局，先後接辦全港公開試，更專業、更有系統地處理各類公開考試；及後當局逐漸引入跨學科能力學習等新概念，並於新世紀擴大職能，兼顧發展評核工作，易名為香港考試及評核局，並朝向企業管理的模式，藉以配合本地教育政策的改革。

　　1977年，香港政府成立香港考試局，接管香港中學會考(Hong Kong Certificate of Education Examination，簡稱HKCEE)、香港高等程度會考(Hong Kong Higher Level Examination，簡稱HKHLE)、香港高級程度會考(Hong Kong Advanced Level Examination，簡稱HKALE) 三個公開考試。分級層遞的考試，就像從前士子考科舉一樣。不同的是，參加科舉考試的人不超過當時人口的百分之一，而中五會考每年均有適齡人口的八、九成報考。在香港少年的成長歷程上，會考儼然是人類學家説的「成年禮」。[1]

一、未有考試局以前——考試組主理的時代

1959年，教育司署成立考試組（Examination Section），屬總署管理的其中分支部門，負責並改進其轄下公開試的行政事務。[2]

談及公開考試，必然要了解甚麼人負責出卷、如何評卷、如何保密等等。在官立學校任職的助理教育主任（Assistant Education Officer）往往是考試組招攬人才的主要職系，這職位人選大多先在官校任教，獲得相當經驗；或赴外國考試組織受訓，回港後才調任相關工作。1960年代，葉禮霖入職助理教育主任，其後曾調往考試組工作接近一年時間，且看其進入考試組的緣由，亦可反映當時社會狀況：

> 1963年，我大學畢業出來找工作，在楓樹街的聖芳濟書院任教，教了一年，應徵助理教育主任，獲成功取錄，在筲箕灣官立工業中學任教，教了三年，在那裏擔任生物科和化學科的科主任。

> 1967年8月30日晚，忽然接到電話，告知我明早往總部報到，毋須再返回筲箕灣官立工業中學。到達總部後，才知被調往雪廠街考試組工作。

> 我當時擔任科目主任（Subject Specialist）之職，起初負責生物科和化學科的中文版本，其後連中文、英文、科學、附加數學等科也要做。負責工作主要是統籌擬設試卷，製作各科的公開考試試卷，其實非只一份，而是兩份，其中一份作為後備卷（Reserve Paper）。

> 科目主任除了負責擬題與命題的統籌工作外，還有一項額外的職責，就是要替前來開會的試卷主席（Chief Examiner）和審題員（Moderator）「入老虎」（即咪錶）。辦公室位處雪廠街，鄰近大馬路，沒有停車場，當時只有路邊錶位。[3]

羅慶麟亦曾在考試組工作一段日子，他於1970年加入政府，任職助理教育主任，先在官校任教一年；1971年加入考試組。羅氏的憶述有助理解當時考試組的工作情況，以及其所面臨的問題——人手短缺，這亦促使香港考試局的成立。

> 曾有一段時期我要負責地理、歷史、經濟、經濟與公共事務和宗教等科，而宗教科的試卷有天主教、基督教等不同宗教的版本；後來更有佛教⋯⋯

新入職時，我原本負責兩科，地理及經濟與公共事務，後來卻因人手調配的問題，最多試過同時做六、七科，非常辛苦。以我所知，兩個語文科會有多於一位同事處理不同的分卷，其他科目只得一人負責，甚或一人負責多科。[4]

人手短缺的問題不僅出現在會考的試前籌備工作，亦見諸於試後的閱卷情況。一般來說，試後需要聘用大量閱卷員，特別是應付中、英文這兩個語文科目，其餘各科名下試卷的工作量亦不輕。當時基於考試組的運作需要，閱卷員實行「拍檔制」（pair up）的概念，每兩位閱卷員組成一組，甲乙雙方需見面兩次，核對對方的分數，覆查題目總分有否計算錯誤。實行這措施看來不錯，卻無意間產生尷尬的情境，且看黃浩潮娓娓道來：

> 記得考試組的年代，我們拿取答卷後，要兩人拍檔，覆查對方的分數有否出錯。起初讓我們自行決定搭檔，彼此相熟，故問題不大。後期由局方安排，指定拍檔。試過有一年，對方是一名女士，大家各自批改名下答卷後，按程序須互相核分，由於閱卷時間相當緊逼，她不肯拿到我校來，我拿至她那處也不成，結果大家相約於某個公眾場合交收。其實此事非常困難，當時並非單是交收這樣簡單，而是需要現場核對對方答卷在分數上有否出錯，並署名作實，隨即交還予對方。若這種情況於今天發生，在公共場所核對分數，應已算違規了。[5]

> 最初的時候，在一個指定的地點，好像可以安排在新蒲崗辦事處或某處，大家一起進行，互相檢視對方的答卷。後來此項措施亦取消了，考試局成立後便聘請專人負責此類工作。[6]

事實上，當時電腦仍未完全普及，加上人手短缺，方會採用此等統計方式。畢竟公開試答卷屬敏感資料，須加以保密。該措施實為迫於無奈，僅短暫推行，至考試局成立始取消，另聘臨時員工處理此類工作。

談到考試局，其籌備過程長達15年，以下幾個事件或報告尤其重要，能整體交代該機構的成立緣由，如何把箇中理念逐步落實，以及曾面對的難題，亦可從中窺探不同代表的取態：

哈地訪港

1960年代初，港大入學試分為高級程度和普通程度，全由大學主理，唯面對各項考務難題，其中尤以閱卷為甚；且考試行政成本高昂，使大學教職員倍感吃力。1962年5月，英國劍橋大學考試委員會副秘書哈地（A. V. Hardy）訪港，其中一項建議為設立香港獨立考試組織，以統一管理本地英文學校考試系統，即香港英文中學畢業會考及港大入學試，藉以維持殖民地在港的利益。[7]該組織不能抵觸教育司署的政策，亦需讓港大控制收生，並負責協調兩項考試的小組委員會。其關鍵在於新組織成立的過程中，如何處理突如其來的相反意見。哈地建議成立工作小組籌備，成員應包括教育司署代表、學校、大學，以及各方持分者，如工商界等。[8]

哈地明確指出考試組員工須深切了解所負責的工作，認識世界各地的考試狀況。由是將來應成立一個全面的考試機構，故建議當局鼓勵組內員工短期遠赴海外進修，以提高效率。[9]

其後港大原則上接受相關建議[10]，教育司署也表示支持。工作小組預計該考試組織最終負責本地的公開試，考試在互相聯繫的體制下仍各自獨立；惟時機仍未成熟，至少有兩個附屬體制正處於新的工作形式，仍需熟習，不可能在1967年夏季成事。[11]原先哈地的建議屬初步構思，相對集中於考試行政管理層面，未有設想實際的操作情況。

縱使此項計劃未能成事，該小組也在組織功能和成員兩個層面繼續提供意見。它認為公開試組織應為法定團體，能控制其營運資金，必要時可獲公帑津貼；其成員須先為本港教育着想，規劃中學公開試時有充分考慮；其次顧及大學和中學的利益；最後符合本地需要，爭取國際認可，繼而使公眾和教育信心提升至最高。當局職責漸見清晰，諸如決定中學考試政策，安排考試設備；試後授予證書，並有收支記錄；為公眾評估其他同等考試的程度等。[12]

《馬殊・森臣報告書》

1963年2月23日，馬殊（R. M. Marsh）及森臣（J. R. Sampson）訪港考察，為期8週，拜訪港督、教育司署、不同政府部門和學校，以及與殖民地教育有關的人士等，主要集中商討教育經費問題[13]；其後於同年10月發佈《馬殊・森臣報告書》（*Report of Education Commission 1963*）。在公開試方面，香港中文中學高中畢業會考委員會、香港大學均各自忙於處理其考務改革，並未提供足夠資訊予兩人，因而未有任何實質建議。

對於獨立考試組織的成立，報告沒多加意見，唯在財政上予以具體建議和方向，認為該組織主理各項考試時應統一財務管理，避免重複。在經費方面，該機構有必要尋求足夠的營運基金；起初該機構獲政府資助。並預備年度財政預算，向政府呈交。每年財政應保持平衡，仔細閱讀支出及調整考試費的幅度，有必要時提高收費。當局應考慮各項考試設不同程度的收費，最初由政府釐定，往後的變動則由當局向政府提出，並提交實質數據和收支預算表後，靜候其審批。[14]

如前所述，為使組織自負盈虧，公開考試宜採用考生自付收費概念[15]，藉以產生足夠收入以應付組織開支，開設賬戶支付所有相關開支，諸如攤分職員和其他成本，其財務數據需獨立記錄和分析，確保當局採用正常的財政程序。惟考試費減免則不算在該組織的賬戶內，而由政府賬戶負責。所有款項應透過政府的會計機構支付。

為兼顧效率和經濟利益，任何職員從事本港各種公開試的工作，應由一位主管級的高級職員監督。如可行的話，將他們安排於同一座建築物內。這優勢從當前考試組顯然易見，理應持續下去。此外，辦公室成本，諸如樓宇維修、傢具和機械支援，應由政府分擔和管理；考試組職工的待遇和薪酬比例應考慮與政府相類或相近職級的薪酬掛鈎。經考試組織建議後，初期職員編制和等級，以及其後變動均由政府核准。在公開試的運作方面，委員會應有獨立架構和認可的規則，唯設獨立秘書和會計職員一事上，報告並不贊成，認為有關設備應由教育司署提供[16]；由此觀之，報告內的建議能讓教育司署掌握考試組織的舉動，且嚴格監控其財務，架構跟日後考試局的運作明顯不同。

《香港教育考試組織研究工作小組報告》

1969年6月，香港教育考試組織研究工作小組成立，主席為赫威爾爵士（Sir Charles Hartwell），其成員計有教育司簡寧（J. Canning）、港大教授羅福仕（Prof. B. Lofts）、中大教授徐培深[17]、香港英文中學會考委員會史碧琦牧師（Rev. G L Speak）、香港中文中學會考委員會李孟標、中學代表西門士夫人（Mrs. C. J. Symons）[18]和王幸利[19]、教育司署代表包樂賢[20]、布政司署人事科潘立夫（W. J. K. Booth）；秘書為港大戴志安（D. M. Dudgeons），委員的聘任由教育司委任。[21]該小組共舉行7次會議，首次會議於1969年7月3日舉行。

工作小組轄下設兩個小組委員會，一個負責商討考試組織、執行機構和秘書處的成立，另一個則負責商討考試組織財政、人員編制和辦事處。及後兩會提出報告，工

作小組以此為基礎，撰寫是次報告書。

該工作小組發現，海外不同區域中獨立考試機構成立的因由亦適用於本港，並強調統一考試組織的成立，對教育方面有重大影響。有感公開試跟市民息息相關，小組未着手研究前曾向各界廣徵意見，經由報紙，或直接向有關人士和團體呼籲，唯反應不太熱烈，僅收到六份意見書。[22]另一方面，小組向英國不同地區的考試機構取經，諸如倫敦首都考試委員會、地方考試委員會、倫敦大學入學試及中學會考委員會、劍橋大學地方考試委員會、紐塞北部地區考試委員會、曼徹斯特西北部中學會考委員會等。[23]當中以蘇格蘭教育文憑考試委員會的建議較為重要，內裏闡述該委員會的成立經過，頗具參考價值，足以借鑒[24]。

蘇格蘭教育文憑考試的歷史最早可追溯至1888年，曾有不同名稱。當時蘇格蘭樞密院教育委員會的貴族成員已開始頒授畢業證書予參試的學生。1888年至1965年期間，該試由蘇格蘭教育部經由其中一部分行政機構及政府視學官辦理。1960年，蘇格蘭諮議局的特別委員會出版報告書——《蘇格蘭中四以上之考試組織》，其中一項建議為設立考試委員會，負有廣泛責任辦理蘇格蘭中學會考，從教育部接手當地考務行政。該報告書提議成立委員會的兩大理據：

(1) 預期此後考生人數大為增加，各視學官亦有其本身職務，是以勢難兼顧此項考試工作；

(2) 從蘇格蘭當時之情勢觀之，除教育部外，尚有其他人士與該項考試有密切關係者，是以應負起一部分辦理考試之責任，並直接參與此項工作。[25]

《1963年蘇格蘭教育法》獲政府批准，年底制定該委員會職責和組織章程規例，並於國會通過。1964年初，當局按章程委任考試委員會委員，主要來自三個類別：（甲）教師和地方當局代表；（乙）各大學、專上學院和中央學術機構的代表；（丙）工商界代表。

1970年5月，政府公佈《香港教育考試組織研究工作小組報告》，清楚闡釋香港考試組織的獨立因由，跟蘇格蘭教育文憑考試委員會相若；並建議該考試組織的職責為主持本港全部中學考試，包括兩個大學入學試和兩個會考，小組亦替該考試組織各委員會草擬章程。以中大為例，其教務委員會已決定加入該組織成為其中一員，是以將舉辦「高等教育文憑考試」取代已有的中大入學試。如有需要，該考試組織或接受委託為本港或海外機構辦理其他公開考試。[26]

該報告亦明確指出當時採用先進電腦和資料分析設備日漸普及，建議建立統計研究及發展科，專責考試統計，並進行研究，以改進考試系統及技術。在香港，精於操作相關科學儀器者有限，若能成立本地教育考試組織，可將一般考試程序標準化。而覓得專業人才的協助，善用儀器處理考務，有助減低公開試費用，並增進考試工作效率[24]；長遠來說，本港考生人數漸多，尤其是兩個會考將於1974年合併，更須善用電腦及統計資料進行分析配合。

同時，工作小組視兩間大學為考生升學途徑的最終目標，中學教育的學科課程大多因應大學入學試的範圍而定，有需要將中學教育和預科教育這兩個階段的考試盡量銜接，是以該考試組織不單負責目前公開考試的運作，更須高瞻遠矚，開拓往後本地公開試和教育的關係及發展方針。報告亦計劃照顧理工學院的未來所需，因該學院可能需要高級程度考試相關科目的成績作為入學條件，而有關科目乃當前兩間大學入學條件並不包括在內者。當時港大代表曾指出頗多考生應考香港大學高級程度考試，只為獲得證書另作用途。因此，這些考試的定位不再囿於以升讀大學或專上學院為鵠的，而須擴闊其功能為公開考試，例如成為申請政府工作的必須或最低要求的學歷條件。

在財務方面，當時兩個中學會考的考試費用確實存在很大差距，以1969年為例，中中考生共9,263人，每人平均繳付31元，英中考生共34,978人，平均每考生繳付27元。倘若考試組織自負盈虧，前者須付110元，後者付76元。教育司署曾對考試成本費用作研究，估計該年費用淨額約300萬元。[28] 工作小組是以公開試作為本港整個教育制度中的一部分，政府不應過分提高考試費，應沿用現行辦法，繼續負擔各考試費用，並繼續讓貧苦學生有減免考試費的優待；考試組織只能向考生收取政府所未津貼費用部分。

至於辦事處設備及僱用文書與會計人員應由政府負擔，政府在原則上答應，完全按照1965年《教育政策白皮書》（*Education Policy*）緒言第二之第十六段進行。[29]小組亦建議政府設財務及總務委員會就考試組織的財務事宜提出一般性質的建議。

在招聘方面，該考試組織的工作人員分為三類，分別是長期僱用人員、科目專材和試卷製作人員。考試組織為僱主，有權負責招聘和解僱任何人員，並要設立升遷機制，及可決定試卷主席、擬題員、審題員及閱卷員等的薪酬；又可給予會考執行委員會適當薪酬。若組織受其他考試機構委託代辦考試時，應依照十足成本計算，向有關機構收回全部費用。[30]

原任於教育署的員工均被借調往考試局最少一年，以便考試局招聘人手，確保公開考試在該組織成立初期能順利過渡。[31]由是該考試組織所僱人員的薪酬盡量跟相同職級的政府人員相同，並符合《香港法例》第89章長俸條例的規定，凡長俸公務員之永久調職至該組織者，均應視為調往「其他公務機構」任職。相關條例亦加重考試組過渡至考試局時人才短缺的困境，再看陳永照對該時段的憶述，可知悉一二：

> 當時教育司署想將考試工作由教育司署獨立出來，故提出要成立香港考試局（Hong Kong Examinations Authority）。換言之，該考試組織不受教育司署控制，要自己獨立。雖設秘書執行日常事務，但考試局另成立主要由教育界以至社會人士組成的顧問式的委員會，有自己的主席，其餘的會員大多來自大學或教育司署的代表。另外，每一科有科目委員會（Subject Committee），包括大學教授和中學老師，另會聘請全職的科目主任（Subject Officer），處理每個科目的考試工作。如果那些科目主任不是全職聘請回來，而是由教育署督學借調任職，工作了一段日子也需回到教育署，或離開政府公務員體制。[32]

二、香港考試局的成立和架構

隨着考試組的解散，香港考試局（Hong Kong Examinations Authority）於1977年成立。該年5月4日，立法局通過《香港考試局法例》（*Hong Kong Examinations Authority Ordinance*）[33]，考試局於同年8月1日正式執行其法定職責。當局獲政府撥出新蒲崗官立小學舊址設立辦事處。在未獲永久辦事處前，局內主要部門仍借用廣東道政府合署考試組的舊辦事處辦公。[34]

1977年至1983年期間，教育司（或教育署署長）擔任香港考試局當然主席，第一任香港考試局主席為陶建（K. W. J. Topley），首三年負責處理本港公開試過渡的工作[35]。自1983年，港府改委任非官守人士出任考試局主席，並於1987年增設副主席。[36]至於秘書處，首任秘書為賀勤（D. Hogan），副秘書是陳永照。當時陳永照大多以考試局的代言人身分出現，且看其道出箇中緣由：

> 在考試組的時代，最初由包樂賢（A. G. Brown）主理。當他離任後，D. B. M. Board又曾負責過一段時期。考試局成立時，第一任秘書是賀勤，他委任我做副秘書，主責局內的行政管理。由於賀勤為外籍人士，而面對傳媒，當時用

粵語或中文發佈消息較為方便，好讓公眾能清楚了解情況，所以往往只能由我這位副秘書代勞，間接造成我如「話事人」般的形象。[37]

1978年至1980年期間，當局先後接辦本地公開試，分別為1978年接辦香港中學會考；1979年接辦香港中大入學資格考試，易名為香港高等程度會考；1980年接辦香港大學高級程度考試，易名為香港高級程度會考。

香港考試局的成員大致上分為兩類，當然委員及由港督任命。往後成員因應本地高等教育的發展而有所增減，使香港考試局條例作出多次修訂。下表為最初考試局的成員名單，由港督任命的委員期限不應超過三年：

<u>當然委員</u>	<u>由港督任命</u>
（1）香港大學校長或其代表	3名公務員
（2）香港中文大學校長或其代表	港大教務會提名1人
（3）香港理工學院院長或其代表	中大教務會提名1人
（4）教育司署署長或其代表	理工校董會提名1人
（5）香港考試局秘書	1名具師訓經驗
	1名專上學院院長
	3名中學校長
	3名中學教師
	3名資深工商界或專業人士
	不超過3位其他人士[38]

起初香港考試局及其秘書處的架構未算龐大，其後配合本地教育政策的變革，公開試的內容和形式等隨之改變，促使當局投放較多資源發展，其架構亦因時勢轉變。考試局的架構如下：

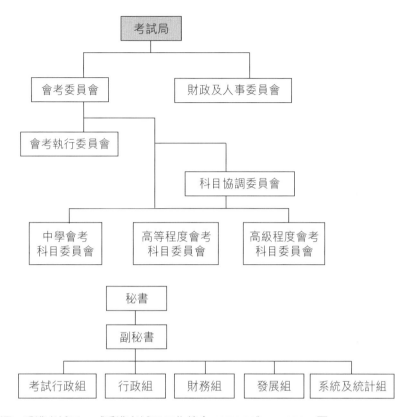

資料來源：香港考試局，《香港考試局工作簡介 1977-89》，1990，頁11。

1978年，考試局委任會考政策諮詢委員會（School Examinations Policy Advisory Board）和會考委員會（School Examinations Committee），協助處理各項會考的事務。前者由當時兩所大學、香港理工學院的教師、中學校長和教育署署長提名的人士挑選，後者則從會考政策諮詢委員會中挑選部分委員出任。

1982年9月，上述委員會的職務逐漸繁重，獲賦予更大的執行權力，會考政策諮詢委員會易名為會考委員會（School Examinations Board），原有的會考委員會則改稱為會考執行委員會（School Examinations Executive Committee）。會考委員會的成員曾因應本港大專學院的發展而修改，諸如1985年，香港城市理工學院成立，香港浸會學院轉為大專院校；1991年，香港科技大學成立等均使考試局及會考委員會的組成屢作更易。除當然委員（即考試局秘書）外，其餘委員均以個人身分獲委任，並不代表其任職機構的意見。

會考委員會的職權主要跟考務有關，例如報考資格、應考科目及其宗旨、釐定各科成績等級和水平，以及考生違規時的處理方針等，提供相關意見，以配合日益發展的專上教育；它亦代表當局通過公開試的課程，審視擬題、審題及評卷等工作，亦處理覆核考試成績，指導會考執行委員會、科目委員會（Subject Committee）和科目協調委員會（Co-ordinating Subject Committee）[39]等。黃浩潮曾於1990年代初獲委任為會考委員會的成員，以下為其分享當年經歷及深切體會：

> 與科目委員會的工作相比，會考委員會屬另一層次，工作十分繁重。每年舉行多次會議，當中牽涉各方面：
>
> (1) 通過每一科目課程的修訂或改變；
>
> (2) 每一個考試完結後，其報告呈上來時，需作核實，以及將有關建議交回各科科目委員會跟進；
>
> (3) 處理外界的投訴和局方內部的檢討，數量很多，我們在會議上討論如何應對及處理。
>
> 因此，會考委員會其實涵蓋了不同層次的會考，現在說得比較輕鬆，但每次會議的時間頗長。每次會議前都要仔細閱讀那疊厚厚的文件，會後還要想盡法子將它碎掉，因全屬機密文件，避免外洩。那幾年很開心，對考評工作有深層次的認識。[40]

會考執行委員會由會考委員會任命，其職權以考試行政為主，如與局內財政及人事委員會相討考試工作人員的薪酬、通過考試時間表和安排試場、執行既定程序評定績級及懲處違規考生等。

在考試局舉辦的公開試中，每一程度考試各科均設科目委員會。該委員會就其所屬科目有關考試的不同事務提出意見；其工作範圍甚廣，計有考試課程的草擬及修訂、考卷擬審、評閱試卷等工作，亦負責推舉合適的考務人員，擔任該科以至局內其他考務工作。

一般來說，科目委員會的組成包括中學老師，使前線工作者能參與公開試工作，從而掌握公開試資訊，協助學生應付公開試，亦能互動地分享教授有關科目的心得或體會，以改善考試課程及試題質素等。跟考試組相比，考試局在邀請教師出任委員方

面較為制度化，先致函各校，附上教師委員的提名方針和原則，邀請校長提名校內合資格及適合的教師出任。該會收集各校提名後，先作篩選，製成名單交與各科的科目主任考慮。如有需要，科目主任會邀請見面，並根據該年科目委員會教師委員的缺額填補，向當局推薦聘任。[41]

一直以來，公開試評級由會考委員會審議後呈交考試局。1988年，會考委員會成立常務委員會——評級檢討委員會，專責檢討和建議每年會考的評級政策。其成員包括會考委員會中若干成員和局內秘書處職員。該會根據會考委員會所定的指引，加上當時統計資料及過往經驗，詳細檢討評級程序。及後得出建議，經會考委員會考慮和通過後，再呈交考試局批准作實。

此外，財政及人事委員會（Finance and General Purpose Committee）各成員包括主席均由考試局委任，其餘成員悉為局內委員，副主席則從各委員中互選產生。該委員會的職責主要向當局建議年度財政預算、會考考試費及年終結算；亦主理招聘職員事務，並向當局建議職員編制、薪酬及服務條件等。

秘書處（The Secretariat）以考試局秘書及副秘書為首，成立時轄下設考試行政組（Examinations Administration Section）、行政組（General Administration）、財務組（Finance Section）、系統及統計組（Systems and Statistics Section）、發展組（Development Section）等，初期全職僱員共180人。[42]

由於考試局財政獨立，需預留儲備金，一般相等於總收入的10%至15%，用以應付客觀環境的轉變而影響收入，諸如預計考生人數和報考學科減少，或通脹率較預期高等；同時需確保考試費用沒大幅增收，卻足以支付部分經常性開支項目。[43]考試局成立初期，財政由港府補貼，直至1981年，局方財政始能獨立，自負盈虧。局方主要的收入來源為考試費和售賣各類考試刊物，港府對考試局的唯一資助乃為其提供辦公地方。[44]

考試局的考試行政組亦繼續接受海外機構的委託，在香港舉辦逾150項考試，大致分為3類：海外考試機構、專業學會考試、音樂及舞蹈考試。當中較著名的有英國倫敦商會考考試（LCCI）、托福考試（TOFEL）、必文考試（Pitman Examinations）、普通教育文憑考試（GCE）、皇家音樂學院考試（RSM）及皇家芭蕾舞學院（RAD）等，這些考試成為考試局另外的收入途徑。以托福考試為例，考試局接受美國教育測試中心的委託，於每年1月、4月、6月、8月、10月及11月在港舉行6次考試，並全年

接受報考申請。[45]事實上，早於考試組的年代已接辦各類海外考試，陳永照分析箇中因由：

> 以往教育司署考試組內有一個部門專門負責海外考試，說起這部門成立的原因，相信主要是例如某海外考試將其試場拓展至香港，最初可能交託予當地的商業機構在本港安排考試。這裏有一問題，如果學生與這機構串通作弊，海外當局也許不知道。當時教育司署跟英國方面的機構接洽，告知它們讓別的機構，特別是由商業機構主理考試可能出現的問題，因而彼岸逐漸將這些考試改由教育司署代辦。考試組年代其實已全部接辦，考試局成立時只不過是順理成章過渡而已。[46]

考試局成立後，隨着社會發展，資訊科技進步一日千里，是以考試局秘書處內設有系統及統計組，負責電腦系統的操作及編製統計資料，又提供局方檢討和研究考試制度的未來發展。且看蔡熾昌述說電腦設備對公開試的重要性，以及如何影響考試局的長遠發展：

> 以前我們用政府電腦資料處理處（Government Data Processing Agency, GDPA）的服務，跟別人共用，不能由自己控制運作程序與時間安排；我們又曾用過大學的電腦中心，與他們的終端機聯繫。自考試局接辦香港高等程度會考及香港高級程度會考，加上中學會考工作量甚為浩繁，要借用服務，甚不方便。

> 1985年，局方決定自置電腦，不再向政府借用如A-level的系統，便找專人來編制，人手的需求漸大。在維修方面，我們自聘員工負責。

> 電腦主要是為考試服務而設。自置電腦系統，速度當然是快了，亦相對方便，譬如各科的科目主任有甚麼需要，我們可代為效勞。這對提供服務予局內人士和考生，肯定較好、較快捷。例如為大學提供入學的資料，雖然它們的要求愈來愈高，預留給我們的時間愈來愈緊迫，我們也可做得到。[47]

三、香港考試局的特色——保密意識強

　　無論考試組或往後的考試局，一切考務工作（如擬題和審題）均涉及敏感資料。若職員稍為疏忽大意或有違操守，會造成不公平的現象，影響千萬學子的前途，且使當局聲譽受損。因此考試局其中一個特色是保密意識強，有關概念可貫穿本地公開試系統的演變。而《香港考試局條例》訂明相關人士執行責任或履行職能時所獲悉的一切事宜保密及協助將該等事宜保密，不可傳達他人及留有記錄，否則一經定罪，可處罰10,000港元和監禁6個月。[48]

　　羅慶麟憶述考試組工作環境保密意識強，不足為外人道，諸如房間密碼及存放試卷的地方等，連帶課程範圍，甚至個人言行均須多加注意，恐防洩密，毀了苦幹多時的工作成果：

> 考試組內，科目主任的房間形同密室，外人不可以隨便進出，須先在外面經過一道密碼鎖，像「夾萬」般的門，方可進內。進入後，進去房間的那條鑰匙，由科目主任自己來保管，別人不能進來，而且房門只能在裏面開，在外面要靠鎖匙才能開門進入。

> 進房間後還不能開始工作。因房間有很多書，亦有很多工作堆擱著。最重要的是試題！試題並不是單單從抽屜裏拿出來，它平日是放在「夾萬」內的。那「夾萬」須用密碼才能打開。密碼只有科目主任知道。他只能把那號碼記在腦內，不可寫下來。但為保障起見，仍要將號碼寫下來，很小心把它藏在密封的信封內，該信封須轉交上司放在另一密封之處。保密一詞雖常掛在口邊，但假如一下子忘記「夾萬」號碼，怎辦？

> 糟了，大件事！要找專家來開鎖。第一，先要跟上司備案，要「死死地氣、認低威」，向他申請取回「夾萬」的密碼。第二，這密碼非永恆不變，因保安理由，每三個月需更換密碼，這亦是作為科目主任的我們經常忘記的原因，很易混淆！不是記性差，而是真的很容易忘記，試想三個月更換一次，記錯了以前的，怎辦？

> 「唉呀！考試組，不要吧，這樣的工作……」在一般老師眼中，考試組除工作壓力外，還有保密的壓力。由於負責考試的工作，需稍為被「查家宅」。

第一，你作為科目主任，有沒有兄弟姐妹，或者已婚的，子女乃應屆會考學生？如是，要是你的子女該年有報考你負責的科目，該年考試你便不能負責該科，否則你負責那科，如何保密？幸好當時我孩子還小，助理署長說：「行、行、行！他們才小學而已，還有很多年時間，不怕，做吧！」。他須問及子女或家中成員有否應考，但員工交代一聲「沒有！」即可，純粹為了考試的保密。當然我們也熟悉一般公務員條例。

另一方面，說話須小心點，不然有人察覺你時常在說某些東西，或會發現該年試題會是甚麼。除工作方面的機密外，與普通人的交往，也需極小心，不能讓別人猜度到你心裏所想。

順帶一提，考試課程在未公佈之前亦須保密[49]。作為政府公務員，你的工作不能只告知一人；所說的理應每個人都能知道，這才算是公平。否則假如不慎讓那些教育出版機構有機會優先處理其課本，或「搶閘」出版了某些教材，則會遭人說你處事不公，或是懷疑你收受了出版社的甚麼好處，後果甚為嚴重。[50]

且看葉禮霖分享在考試組工作的片斷，足見考試組保密程度何其誇張：

記得放工時，我們要走下石階樓梯那段路。較印象深刻是某天下班時某位同事急步走落樓梯，當她走到天星碼頭時，給包樂賢捉個正著，包要求看看她的高跟鞋有否藏着作文題目。包樂賢亦曾跟我說，放工後需檢查我的背心，看看內衣裏有否印了題目，想起來也覺得很瘋狂！[51]

踏入香港考試局的年代，陳永照在任時設計了不少保密措施，讓員工遵從；蔡熾昌主理數據系統時亦有其保密措施，特別關注考生分數及公開試證書。除前述訪談部分，再加陳與蔡的對談，可更了解考試局不同層面的保密措施：

首先，每一位科目主任，局方特別安排他們有自己的房間，這些房間都在考試局總部一個「限入」的特別區域（Restricted Area）內，普通人不容許進入該區。另外，若我要找指定的人員，譬如高級職員商談工作，我的職級較高，當可進入，其餘的就不可。譬如蔡熾昌，他當時已是系統及統計組的主管，負責考試系統部門，但即使他有要事跟他們商量，甚至討論相關資料，

需預先跟他們聯繫，並須在密室以外的區域傾談，不得在房間內密議。

事實上不少文件的影印及派發均須記錄在案，以便追查，尤其是中國語文科和中國歷史科。那時電腦仍未流行，當命題與審題的程序完結後，跟着要由該些科目的科目主任把定稿交由指定的兩位職級屬高級考試助理（機密）的同事用中文打字機打好。他們兩人的辦公地方當然位於密室內。必須知道，未考的試題是屬於「高度機密」（SECRET）的文件。[52]

猶記得在考試組時，英文版的試卷均由外籍人士打稿，盡量將有機會接觸機密資料的人減至最少，如陳Sir（陳永照）及我也不能檢視。其後陳Sir引入「迴避」——避嫌的政策。若你有近親參加公開試，你須申報，另作安排。後來當局定下很多限制，批改答卷時亦增多了一些限制。若閱卷員來自某間學校，我們的同事預先會將該校的答卷抽取出來，讓其他閱卷員批改，盡量避嫌，盡量予人公平的感覺。而該年任教該程度會考的老師也不能擔任擬題及審題的工作。

在系統方面亦要保密。每張會考證書都有系列號碼（Serial Number），我們的財務主任在試後要做審計。其他資料的更改，譬如處理作弊考生分數，需待委員會決定過後，我們方能更改其分數。一旦更改任何分數，不能隨便一人話改便改，一定要有權限的職員才能更改，還要得到部門主管核准，方能成事，盡量做到向各方面均有所交代。[53]

考試局自1977年至1993年期間，曾處理數宗試題外洩的事件。由於試卷數量龐大，印製試題工作須依賴本港政府印務局，以盡量減輕試題洩漏的風險。陳永照坦言任職考試工作多年，印象最深刻的正是下面所載有關試題洩漏及善後處理的片斷：

到現在還記得，就是當年考試題目由政府印務局負責印刷。在印務局印刷時，他們在機密方面，首先印刷機器全由高級職員控制。另外，當印題目時，最初定必試印幾張，看看效果如何，檢視過後才正式印刷。試印經過他們檢視後，若效果不錯，便交由較低級的職員剪掉或碎掉，然後才大量刊印。低級職員的入職條件需不懂文字，偷看了也沒用；此外，負責包裝的亦刻意聘請文盲負責。

最深的印象是，其中一位低級女職員的兒子於某年考公開試應考物理和化學等科。當那位母親知道眼前需清理的是物理科試卷，她私下偷了一份，其餘的就碎掉，此外，她也偷取了一份化學科試卷。回家後將試題交給兒子，讓他好準備應試。兒子看完後有很多不懂之處，將其抄錄，並回校找物理科老師解答。老師亦不解該學生為何有這些題目，學生只答是別人的貼士，未將實情透露，老師便依題解答。翌日，那學生在試場外向其他考生兜售老師的解答本，二百多元一份。此外，那老師在監考時發現考題正是昨日替學生解答的，心知不妙，故即告知校長，並立即向考試局報告。

我負責接聽電話，我問他那位學生是誰？他說出來，我們核對資料，很快知道學生當時被派往哪個試場應試。我立即趕到試場，見到那位學生，請他出來。「對不起，你找老師解答物理試卷有問題，同時亦聽到你還藏有化學科試卷。」東窗事發，我們到他的家裏。他將化學科試卷交還給我們。後來，他被取消資格。我們成功阻止事情擴散。但是，他賣了一部分試題予其他考生。唯一的辦法是，我們將當時那試場的物理科試卷特別分開處理，請閱卷員細看各份試卷。若發覺當中內容很接近那老師的解答，疑似抄襲，需抽取出來，然後個別接見那批考生，細察內情。結果沒人反對，我們搜尋出來的「買家」考生那一科全都取消資格。這是我最難忘的事件。[54]

以往不少補習學校刊登廣告時暗示其教職員有辦法取得極度機密的資料，經過考試當局的調查後，往往發現廣告全屬虛構。同時，亦發現部分老師為求在學生中樹立權威形象，不惜虛構自己如何在閱卷時加分予筆跡稔熟的答卷等[55]，然而全屬子虛烏有。

誠然科技日新月異，尤其現今智能電話流行，網上資訊傳遞快速，保密的難度只會有增無減，唯有依賴建立可靠制度和措施，各考試工作者嚴格遵守保密原則，避免出現利益衝突而已。

四、考試和學校課程的規劃發展

香港考試局經常跟教育署合作，特別是學校課程及考試課程之間的關係。1982年，考試局的發展組與教育署的課程發展委員會共同制定新的工作程序。當籌備新學

科時，務求雙方在教學和考試課程的編採步驟更趨一致。發展組的主要職責為規劃、訂定及發展本港各項會考的考試課程，又負責統籌擬題和審題，以及招聘和訓練閱卷員等工作。

考試局成立之初，發展組由高級科目主任主理，轄下只有12位科目主任和6位考試助理。1984年，該組共負責44項科目，各科設一科目委員會。唯隨着學科的發展，科目主任的數量大為增加，1993年已增至25位科目主任和14位考試助理。科目主任負責處理20個高級程度科目、19個高級補充程度科目和42個中學會考科目的考試事宜。[56]

課程發展委員會（Curriculum Development Committee）於1973年9月組成，主要為中小學編訂教學課程綱要。在中學方面，該委員會研究當前社會對課程有關的需求，同時為中學教育白皮書所建議的計劃做好準備工作；在小學方面，主要研究小學活動教學試驗計劃的效果。[57]該委員會有兩層架構，第一層為主要委員會，第二層則有科目委員會及課本委員會，前者負責各科課程。1988年，課程發展委員會重組，改為課程發展議會（Curriculum Development Council）。

各界提出任何開辦高中或預科新科目的建議，經收集後交由課程發展議會進行商討，向不同學校諮詢。若建議可行，該會需成立臨時聯合核心科目委員會，主要負責制訂新科目的目標、方針及課程綱要，之後呈交予課程發展議會及香港考試局雙方審議。通過後，雙方各自成立科目委員會，並派員組成聯合核心科目委員會，負責課程綱要的初稿，以供當局審議。經過彼此修訂及同意後，課程綱要會加入試卷要求大綱及各課題的編配時間，前者由考試局科目委員會負責，後者則由課程發展議會科目委員會負責。完成後，各自呈交予考試局委員會及課程發展議會審議，並通傳各學校或院校徵詢意見。由是課程發展議會將擬定的課程綱要的草稿下達各校及有關機構，所收集回來的意見副本轉交考試局。聯合核心委員會主席或秘書收集到不同意見後，因而作出修訂。考試範圍及試題樣本由考試局科目委員會釐定，教學課程綱要則由課程發展議會科目委員會釐定，並各自再上呈當局審議，通過後作最後修訂。隨後公佈考試範圍與教學課程綱要。[58]

考試課程的修訂需時最少兩年的時間。一般來說，課程每年考試後予以檢討，主要是在試後得悉各方意見。每年9、10月期間，科目委員會舉行會議。會上委員如覺有必要修訂考試課程或考試形式，會成立工作小組，並在11月和12月期間，向科目委員會提出修訂的建議；翌年3月再將詳細建議提交委員會通過，其後會向學校、課程

發展議會及相關團體諮詢。待9月時，科目委員會收集意見，再作討論；工作小組亦可再作修訂。最終通過後，方可刊於翌年4月出版的專輯內。

羅慶麟曾任職課程發展處多年，且看其對相關概念的體驗，繼而理解公開試的改革趨勢，以及考評在教育政策中扮演的重要角色：

設計課程，須兼顧很多方面，它除了兼顧對學習者的要求之外，還希望能夠帶動某些事物。評核是一種機制，以一個不同的方式找出課程的目標是否能夠達到。理論上，兩者是二而為一，互相平衡。課程設計與評核兩者要互相配合，原因是社會不斷轉變，因應社會的要求、學習者不同的情況，以至整個環境的變動，學習因而有所改變，故需要有課程。當課程推出後，究竟能否達致其目標？要求能否達到成效？這不能空口說白話，需要有機制，讓它客觀地給予你明白的結果，因此需要評核。正式來說，不應是單軌，而是循環，互為影響，方能推進整體學習。在學生的學習方面而言，課程、教學、評核三者互相結合。[59]

香港考試及評核局水印印戳。（圖片由香港考試及評核局提供）

1978年香港中學會考考生報名名冊。（圖片由香港考試及評核局提供）

五、香港考試局更名為香港考試及評核局

2000年9月，教育統籌委員會發表《終身學習 全人發展 香港教育制度改革建議》，其中一項改革措施為基本能力評估，意屬中央統籌的測試。[60]報告內雖未明言主辦機構誰屬，唯其後發展卻與考試局扯上關係。且看蔡熾昌簡單道出當時考試局因應時勢而變的緣由：

> 主要是由教育統籌委員會的報告書 (Education Commission's Report) 引起，要做全港性系統評估 (Territory-wide System Assessment, TSA)，即小三、小六、初中三，他們說明這是基本能力評估 (Basic Competency Assessments, BCA)，不是考試。那時當局希望由考試局接辦，如用考試機構接辦公開評核性質的測試，但不是公開考試，好像「名不正」，於是用了約兩年多時間易名，終在2002年改名為香港考試及評核局 (Hong Kong Examinations and Assessment Authority)。[61]

由是工作範圍擴闊，考試局除辦公開試外，亦承辦各類型的能力評估，藉以理解學生在主要學科上是否掌握基本知識。其時考試局副主席譚萬鈞認為：

> 隨着世界各地愈來愈重視促進學習的評估，而輕淘汰式的考試，海外許多考試機構都逐漸轉型，香港考試局亦不例外。[62]

當局亦計劃將部分評核與工作要求或資歷掛鈎，使評核結果更適合僱主使用或參考。2002年7月19日，特區政府憲報刊登立法會通過《2002年成文法（雜項規定）條例》，因其職能擴闊包括管理評核工作，故香港考試局易名為香港考試及評核局，以反映當局的新定位。此外，當局秘書在海外工作時，其秘書職銜予人疑慮，故改稱為秘書長（Secretary General）。[63]

以往考試局的工作予人神秘的感覺，惟在二十一世紀的社會要求漸高，凡事講究透明度，局方相對加強對外溝通，以消除大眾的疑慮。在2002年成立公共事務及傳訊組（Public Affairs & Communications Unit），主要職責為提升考評局的形象，加強與外界的溝通。[64]

2002年，考評局委員會委任跨國顧問公司IBM Business Consulting Services and

Business Consulting進行策略性檢討，藉此檢視其定位及功用，並定下短期和長期計劃，以企業管理模式迎接挑戰。2003年5月7日，該公司發表總結報告[65]，指出香港考試系統的關鍵問題，在評核政策和實踐上有嚴重差距；且收入來源有限，當局在舊有的法律框架下運作。因此報告建議為實踐新的評核形式，港府應予考評局資金開發；亦與教育當局課程發展處緊密合作，處理教育改革事宜，其中更建議「若雙方未有緊密的工作關係，考評局將有可能需要跟課程發展處的一部分合併，組成新的組織」。[66]

同時，報告指出1977年《香港考試局法例》的問題，「把考試系統鎖定於適合香港較早期的發展時段，跟現時的抱負明顯地不太相符。」[67]跟英國、澳洲南部和新加坡等地不同，考評局權責不清，身兼管理和操作兩職，經常遺忘釐定教育標準的責任，出現「等級膨脹」（grade inflation）[68]，即更多人獲得佳績，難以辨別優秀學生。因此該報告建議作出改變，凸顯其組織結構。事實上，當時未見清晰的考評政策，缺乏校本評核的師資培訓，需盡快解決。報告又表示大班教學難以實行新的評估形式。

2004年，考評局獲政府撥款1億3,670萬元，支援其未來五年進行評核發展、政策及研究工作。主要的工作範圍為四方面，包括評核發展、運用科技改善公開試、長久定期監察和比較學生水平，且加強對教師的支援。考評局曾進行兩項研究，探討網上評卷，以及部分科目採用網上評卷的可行性，藉以配合社會所需。2006年，考評局獲撥款興建中央電子評卷中心，藉以減少遺失答卷的風險。當局曾參考內地和英國的考試措施，前者約有14至15個省市實施電子評卷多年。[69]

無論何時，考試制度均因應社會環境的發展而改變，昔日考試主要用作篩選考生升學的機制，其後未能滿足社會大眾和學子的要求，逐漸形成公開考試的概念，除升學外，也提供證書及成績予考生以便其在社會就業之用，擴闊了公開考試的功能。回顧過去，由教育司署考試組主理考試，至香港考試局的成立，先後接辦全港公開試，更趨專業，有系統地處理考務，與教育當局統籌發展課程等，已邁進了一大步。及後當局逐漸引入跨學科能力學習等新概念，並於新世紀擴大職能，兼顧公開考試以外的評核測試工作，新學制重視以評促學，文憑試多科均設校本評核，加上小學及初中強調學能測驗，使考試局在接受新任命之際，正名為「香港考試及評核局」，朝向企業管理的模式，藉以配合本地教育政策的改革及社會的發展，步入另一個里程碑。

六、考評基本功：命題與評卷

談到公開考試，最重要的兩個元素就是「命題」與「評卷」。這兩項均對考生影響最大，亦是最直接的。[70]

命題乃公開試考試前的環節，它包括擬題（question setting）、審題（moderation）等工作，所以其實應是「編製試題」（construction of question paper），是一項專業的工作。命題時，擬題員須發掘在該科來說屬於新的題材，期望考生可運用恰當而切合水平的能力回應；除題目外，擬題員亦須草擬評卷參考（marking scheme）。命題這項工作與評卷剛剛相反，因保密性及存放緣故，它希望盡量減少參與其中的工作人數。

在本港，試題編製的工作由各程度各科科目委員會轄下的審題委員會（Moderation Committee）主理，成員包括試卷主席（Chief Examiner）、擬題員（Setter）、審題員（Moderator）及考試局負責該科的科目主任（Subject Officer，其後改稱Assessment Development Manager，評核發展經理）。[71]顧名思義，擬題員負責命題，審題員負責審閱擬題員擬設的題目，而試卷主席的職權及責任最重，他要「瞻前顧後」，即試前要負責設定試卷，試後亦要主持閱卷員會議（Markers' Meeting），主理整個評卷程序。

首先試卷主席會向擬題員講解要求，擬題員於指定日期前遞交試題及評卷參考的初稿，並由審題委員會進行多次討論，深入研究：

- 課程範圍有否偏差？試題有否溢出範圍以外？
- 分佈是否均勻及合理？題與題之間會否有重複？
- 是否適中？會否難予回應，又或是過分淺易，難以甄別？
- 過分偏重考核記憶知識？要求的答案會否流於空疏？
- 分量要求是否適中？與分數比例又是否合理？
- 題義是否明確？文字是否精簡易讀？
- 去年或近年有否在試卷中出現？

回說命題，考卷的設計旨在令考生在考試中表現他們運用在學習過程中所獲取的知識的能力。美國學者霍華德·加德納（Howard Gardner）指出：

要測試考生是否了解一個主題或概念，可給予他們一些新穎的題材，看他們如何有效處理這些課題。考生如對該課題有充分的了解，便可以利用有關的概念及選擇有關的資料，解決課題內的問題。[72]

一般情況下，命題工作包括擬設題目及編寫評卷參考。

擬設題目

命題取材盡量與考生日常生活有關，或者先引用某些材料，試題中很多時候要求學生運用不同的能力，並結合所學的知識，或所了解的情境回應題目要求。在這情況下，考生不能以千篇一律的模式，或是只靠背誦就能取得完滿分數。以下是一些在試題中常見作答要求考生運用不同能力回應的詞彙或用語（Question Words）：

- 描述、辨識、分類
- 分析、析述、論證
- 組成、綜合、比較、⋯⋯及⋯⋯的相互關係
- 觀點、論據、意見
- 評價、概念

考評局特別強調考生在能力上的表現，透過等級描述及考生答卷樣本提出對考生的要求。在香港中學文憑考試中，各科都設有等級描述，供教師、考生及公眾參考，如中國語文科的說話能力部分，最高等級即第五級的要求就有以下描述：

> 第五級（達到本等級考生的典型表現）如下：
>
> - 對課程內容有廣泛的認識和透徹的理解，能把概念和技巧有效地應用到多元和複雜的不熟悉情境，並顯示深入的見解
> - 能分析、綜合和評價廣泛的資料
> - 能精簡及邏輯地傳達意念和見解

從以上的要求分析，可見考試題目至少下列基本能力：

（1）應用學科知識；

（2）有效地處理有關學科的資料；

（3）有效地辨識及敍述學科的知識內容；

（4）有系統地進行分析；

（5）有一己見地，評議觀點，並建立概念。

擬題員通常會把學生能力層次要求，配合各科考核課題，在命題前譜列在評核方案或測驗藍圖（assessment blueprint）內，作為命題基礎。

編寫評卷參考

不少人以為完成題目設計後，命題工作便大功告成。其實，設定評卷參考也是命題工作中重要的環節，特別是開放回應式的題目，更要在命題時考慮提供題目的建議答案重點，以及預備評卷參考等。設計評卷參考時，必須考慮以下各方面：

首先，命題者必須清楚知道所期望的答案。如有客觀答案，必須把有關文字及重要步驟列出；即使是沒有客觀答案，亦應該把答案大綱臚列，這樣才能令審題者知道命題的原意，亦有助於他們了解題目難易度是否適合。

其次，必須把每題各部分的分數列出，這樣可令負責評卷工作的試卷主席、助理試卷主席，以至閱卷員均能清楚了解每題的重點所在，以及每部分及或要點的分數比重如何，這些資料在評卷過程中都是很重要的。在文章式題目（essay-typed question）中，考生大部分答案都不會是全對或全錯的，大部分考生都不會有滿分，或甚麼分數都沒有。所以評卷參考應將分數如何分配清楚列出。

最後，在評卷參考中亦應註明其他注意事項，例如處理一些異常答案的方法，例如數學科答案單位錯了，如何扣分；方法對了，但在最後運算中弄錯答案，如何扣分；又各科如多答了題目，如何處理，錯別字要不要扣分等。

試題完成定稿版本後，便交往政府印務局（Government Printer）[73]付印。印製完畢，再行校對[74]，確保無誤，例如確保在印刷、裝訂過程中並無出錯。在這個階段如發現有任何錯漏，輕微者須在考試當日向所有試場發出特別通告（Special Notice），嚴重者則需要重印試卷。

編製試題工作固然艱巨，但評卷工作亦不簡單。評閱考生的答卷須依賴專業判斷，以及配合公佈所定的要求。一般而言，考試局聘用的閱卷員多為各有關學科的任

教教師，以申請人的學歷、教學經驗、考試行政經驗和評卷經驗等進行甄選。考評局更要求申請者須申報其任教學校名稱，避免將有關閱卷員所任教學校考生的答卷分發給該評卷員批閱。此外，考評局也不允許教科書或與該程度或該科有關參考書的編著者擔任閱卷工作，防止出現任何利益衝突的情況及不公平的現象。

一般而言，考生人數眾多的科目須聘用大量評卷員參與評卷工作。為確保對所有考生公平，考評局須在設計評卷參考、評卷配套程序等各方面採取適當步驟，劃一評卷尺度。

評卷參考旨在提供一份指引讓閱卷員有所遵循，使大家能在共同的規範下評卷，評卷員在整個評卷過程中大致可用一致的尺度來評閱試卷，而各評卷員之間以及同一評卷員在不同時期評卷時出現的差距也可盡量減少。在某些情況下，評卷員可斟酌情況利用他的專業知識來判斷答案應獲的分數，因此評卷實非機械化地遵照某些規則，而是一項極富挑戰性、非有專業知識不能應付的工作，至於詳略程度則會因應各科性質的不同而互有差異。

在考生人數眾多的科目，特別是文章式題目的評卷環節，不時更須行「雙閱卷員」（double marking）制，如中學會考的英文作文、文憑試的通識及中國歷史等科均是。在這情況下，面臨的重要問題就是須聘用大量評卷員參與評卷。但是，評卷是一項以專業判斷為主的工作，為保證對所有考生公平，考評機構便須採取適當步驟，劃一評卷尺度。香港考試及評核局為保持評卷信度，確保考生的答卷得到公平及客觀的處理，在評卷環節所採取了不同的程序，包括評卷參考的設計、評卷的配套程序和評卷教師的培訓等。

評卷參考的修訂

為了管理及監察評卷程序，考評局建立一定的機制來保證這項工作。首先，每份試卷都由一位資深的教育工作者，或該專業的專家擔任試卷主席，領導評卷的工作。為了保證評卷品質，試卷主席需要其他資深教師及資深評卷員幫助，出任助理試卷主席，協助試卷主席覆核答卷的工作。答卷由試場收回後，有關科目的試卷主席會選取適當的答卷作為答卷樣本。一般而言，被抽選的多是典型的、具代表性的，或答案具爭議的答卷，並盡可能包括優劣不同的答案。選出的答卷樣本，連同評卷參考及其他文件分發給評卷員。試卷主席及助理試卷主席在評卷員會議前先舉行籌備會議，評閱這些答卷樣本，並交換意見，統一評卷尺度，也會根據考生的表現修訂評卷參考。凡

此種種修訂均會在即將舉行的評卷員會議上討論。與此同時，其他閱卷員亦須在評卷員會議前仔細參閱評卷參考，並試改答卷樣本。評卷員會議上，全體評卷員將會經試卷主席帶領討論下，完善評卷參考，讓全體評卷員均有所據，使評卷尺度能趨於一致。全體評卷員將會依照修訂後的評卷參考批改新一批的答卷樣本，並將結果與試卷主席及助理試卷主席所評者比較。兩者的給分若仍有差距，試卷主席會反覆就有關問題再與閱卷員詳加討論，或再作修訂，務求各閱卷員在正式評閱試卷前能清楚了解評卷參考的評分準則。

傳統評卷的特色

（1）答卷樣本與正式評卷

　　隨着考生人數遞增，考試局為確保閱卷員評卷水準劃一，乃採取自1961年開始在香港英文中學畢業會考沿用的方法——試改答卷樣本，力求減少閱卷尺度的差異。所有閱卷員須在正式評卷前，參加閱卷員會議，在試卷主席領導下，一起評閱答卷樣本的複印本，並討論該等答卷的給分，直至達致共識，才可評閱真的答卷，正式展開評卷工作。[75]

（2）核卷安排

　　核卷工作由試卷主席統領，考生眾多的科目並有若干名助理試卷主席協助。每名試卷主席／助理試卷主席協調及監察10至15位閱卷員的評卷工作。核卷是監察評卷工作的重要步驟。整個評分過程最少有兩個核卷階段。第一階段的核卷通常在閱卷員會議數天後進行，評卷員須將部分已評閱的答卷送交試卷主席覆核，結果令人滿意並得到試卷主席同意，該閱卷員方可繼續評閱其他答卷。此舉旨在確保評卷員能正確理解評卷參考及在閱卷員會議上推定各試卷樣本一致認同的分數。第二階段核卷在整個評卷過程的中段進行，試卷主席從評卷員交回的一批答卷（約佔全數的一半）中抽取樣本覆核，以確保評卷員的評分標準前後一致。

（3）行政措施

　　為提高評卷工作的效率，考試局不同的科目委員會設置一些配套措施，例如中央評卷及網上評卷等。中央評卷是指把評卷員集中在某一段時間、某一處地方集體評卷。這個方法有不少優點。首先，這做法可以提高評卷的效率，讓評卷工作較易控

制，亦較易在預計的時間內完成。其次，由於評卷員都集中在一個地方，如果評卷、核卷時發現任何問題，都可以即時處理。但是，並非每一個科目都可以作這樣的安排，特別是考生人數較多的科目卷別，因為評卷員一般都有自己的工作，要把評卷員在一段較長時間內集中在一起並不容易。另外，評卷工作只被視為一項服務考生的兼職差事，個別校長並不希望教師因為替公開考試機構評卷而影響本身在學校的教學工作。中央評卷雖是一個相對給分較為準確的好方法，但仍需視乎客觀條件能否配合。

隨着科技發展日新月異，考評局近年開始引入網上評卷，以進一步提升評卷的效率。為實施網上評卷，考評機構一般會採用條碼技術，辨識考生的基本資料，經電腦掃描後答卷影像便可存檔於系統之中，再進行評閱及記錄資料。透過內聯網和網上評卷系統可把答卷不同部分的答題影像分發予評卷員評分。網上評卷提升了評卷的效率，有效及快捷地完成答卷的評閱，亦可更快速地計算考生得分，並可同步分發答卷給兩名評卷員以雙評方式評卷。這樣大大減低了輸入分數，及記錄或計算考生分數時出錯的機會。

（4）統計支援

在統計學上來說，若某個科目考生人數不是太少，在隨機派卷的安排下，每位閱卷員名下的答卷理應包括各種不同水平的考生在內。由於各閱卷員獲發的答卷應是整體考生的縮影，可以相信各閱卷員名下答卷統計資料的特徵可反映整體考生的表現，包括平均分（mean）、標準差（standard deviation）及百分位數（percentile）。各評卷員積分的百分位數分佈可以用圖表列出（見右圖），電腦把評卷員的積分相對累積頻率曲線（由「〇」號代表）印製出來，並加添兩條邊界曲線（由「＋」號代表）以表示整體積分的分佈情況。兩條邊界曲線的中間區域，可稱為「容忍地帶」（tolerance zone）。根據設計，評卷員的積分分佈曲線（markers' graph）出現在「容忍地帶」內的機會是 99%。此地帶的寬度，隨着評卷員的卷數增長而縮窄。假如評卷員的分數曲線超出「容忍地帶」的範圍時，試卷主席或助理試卷主席將會進一步覆核該評卷員的答卷。此項統計資料旨在協助試卷主席在眾多的評卷員中找出評卷過寬或過緊者，或分數會否過分集中於某個分數區域內等，並藉此了解其在哪些分數範圍內出現問題。有時候，評卷員的積分統計資料可能與整體的相當接近，其曲線亦可能出現在「容忍地帶」內，但其評卷水準仍可能寬嚴不定。

要找出這種偏差，必須依賴另一項統計資料，但它只適用於設有多項選擇題試卷

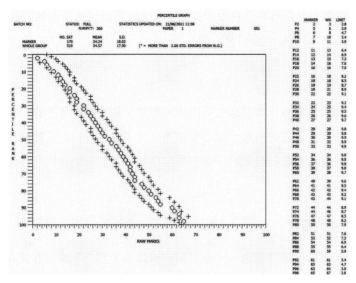

這是有關閱卷員評卷的統計圖表。圖中顯示 "○" 是這位閱卷員所評170份答卷百分位數（percentile）的分佈，而兩旁 "+" 號所形成的是整體考生（whole group）共519位在統計上的容忍地帶（tolerance zone）。大體而言，這位閱卷員名下考生成績的分佈形態與整體的相符合。

的科目。這項資料包括各閱卷員名下問答卷的平均分及標準差，該批考生在多項選擇題試卷的平均分及標準差，以及兩組分數的相關係數（correlation co-efficient）。而整體考生的上述各項資料亦同樣臚列出來，以作比較。一般而言，各閱卷員的名下考生在多項選擇題試卷的平均分及標準差若無甚分別，反映出各人所負責評閱的答卷，其名下考生的水平理應相若。因此，其答卷的平均分與標準差一般亦應相若。假如差別太大，評卷的水準也許有問題，值得跟進。在同一科中，兩卷的積分應有一定的相關係數。至於相關程度，則根據科目所測試考生的要求而定。

綜合而言，即使已聘用具專業水平、且有多年任教該科經驗的主任教師評卷，有時仍未能劃一評卷尺度，大概而論，常見以下問題出現：

（1）評卷水準受答卷的前後部分水平影響而出現誤差

這是指閱卷員在評閱整份答卷時，因已知道之前那份答卷的表現，而對考生答卷產生正面或負面先入為主的效應；也有一種情況，就是閱卷員評閱一些欠理想的答卷後，在評閱一份其實只具一般水準的答卷時，會傾向給予較高的分數。試卷主席在閱

卷員會議上帶領閱卷員評卷時往往須予提點，又或可考慮引入「按題評卷」（mark by question）的模式，以避免這種情況出現。

（2）分數過分集中

評卷時評卷員有時會出現分數過分集中的現象，即把分數集中在一個分數範圍，又或沒有給予最高或最低的分數。除了會使區分度不足之外，也可能產生其他問題，例如需要把不同卷別分數加起來時，會出現分數標準差較大的卷別所產生的實際影響加大。

（3）不完整答案的處理

評卷工作最難掌握的問題之一，就是如何判斷不完整的答案。在評卷過程中，可找到完全錯誤的考生答卷，亦可以找到幾乎完美的答卷，不過這些都佔少數。大部分考生的答卷都不盡完美，但亦非全錯。那麼如何評定分數，就要靠評卷員作一個合適而一致的判斷。所以評卷參考應作出一些說明，答案不完整時應如何處理。例如是運算類型的問題，可分析考生運算是在哪部分出錯，即使最後答案不正確，但仍可在步驟上給予一定的分數。為方便評卷員評卷，評卷參考須盡量詳盡。當然，考生的答案多不會如評卷參考般清楚列寫出來，諸如欠缺某幾個步驟或將步驟隱含於字裏行間。如遇到類似情況，閱卷員應運用他們的專業知識去判斷是否給分。一般來說，如考生的答案已運用相關的概念或技巧，則該部分應予給分。

（4）異常情況的處理

當發生某些異常情況時，各評卷員一般不能私自處理，否則會導致不公。在香港，語文科的作文卷是評分中容易出現異常的情況的領域。例如，有考生背誦範文作為自己寫作的文章。對於這類異常情況的答卷，評分中應有統一的做法，避免由各評卷員自行決定。以下是香港考評局多年前的一個案例，案例中最終規定了評分的統一做法，有利於讓評卷員依照指引處理：

今年考試發生一宗令人遺憾的事件。在評卷期間，有教師與考生投函考評局，懷疑有部分考生背默某補習社的「模擬作文」，感到對其他考生不公平，有違本試卷考查寫作能力的目的。因此決定為了維護考試公平，也鑑於考試課程已清楚說明該考卷的考查目標為寫作能力，絕不能由背默能力代替。處理的方法

是剔除每卷背默「類比作文」的部分，然後就其餘的文句評分。

這個做法沿用至今，並在評卷員會議上加以說明。

（5）閱卷員採用自己的標準

這種情況容易在開放式試題中發生，因為這類題目鼓勵考生盡量表達自己的意見。格蘭特·威金斯（Grant Wiggins）曾表達對評卷指引規限的不滿：

看看以下有關評閱作文的指引（符合拿到最高分數的要求）：文章有引言及結尾部分，內容須配合題目的課題及有明確的主題，而且有組織及邏輯性……多沉悶啊！指引內沒有分數屬於寫作的形態、想像力和如何吸引讀者。

可見在評閱開放式答卷時，閱卷員可能增加了「想像力」的元素。為了克服這個困難，也為了維持評卷信度，採用明確及清晰的分類表來評分較為可取。考評局可把相關的詳細資料在考試前公佈，供教師及學生為準備考試時參考。這些描述和準則若可在平日向教師說明，便會節省評卷員會議所耗費的時間。

（6）評分過寬或過緊

即使已將要求清楚分類，評卷員在評分時也可能會有差異。例如，通識科及中國歷史科對考生處理某些觀點的認同程度，寫作的試題評分中通常會考慮不同方面，包括內容、組織、結構、文法等；而每一個環節都有一個分數範圍，那麼該如何在這個分數範圍打分呢？為克服這個困難，除了緊貼評卷參考指引評卷及在評卷員會議上詳細討論外，利用試改考生答卷樣本也是一個可行的做法。首先，試卷主席及助理試卷主席在評卷員會議之前先舉行籌備會議，並評閱這些答卷樣本，劃一尺度及分數；而在評卷員會議上再與閱卷員共同商議哪個分數才算恰當，大家達成共識，使評分標準更趨一致。

絕對公平：網上評卷的推行

一向以來，公開考試在評卷方面的運作，均採用閱卷員攜答卷批改，把分數登錄在答卷或記分紙上的做法，這些年來，這種沿用已久的方法問題屢現，連考評局主席亦言其已不合時宜。[76]

問題之一是歷年考評局多次遺失答卷，申訴專員公署在2004年3月曾發出《香港考試及評核局如何妥善保管考試答卷調查報告摘要》，文內就考評局上呈的統計資料，在1999年至2003年這5年間，該局共遺失77份考生答卷（見下表）。

	AL[77]	CE[78]	總計
考評局遺失答卷數目（1999-2003）			
1999	5	7	12
2000	3	18	21
2001	6	16	22
2002	9	8	17
2003	3	2	5
總計	26	51	77

考評局認為，由於收集和運送的答卷數量龐大，遺失試卷在所難免。而在評卷程序上，他們有相對縝密的做法：

考評局每年需要評閱兩百多萬份答卷。⋯⋯考評局會向評卷員發出一份指引，亦會向他們闡述評閱答卷程序的詳情，包括如何收集答卷和核對答卷的數目、評卷和覆核評卷的程序；而曾經遺失答卷的評卷員，日後獲聘用的機會定受影響，如他／她承認有疏忽，會在隨後三年不獲聘用。

閱卷員在收到以信封密封的答卷時，必須先根據考生的出席紀錄核對所收到的答卷數目，如數目有錯誤，須向考評局報告。考評局亦會進行一次覆核，確定答卷是否足數。當懷疑有遺失答卷時，考評局會要求有關評卷員在評卷的地點徹底搜尋。考評局時刻竭盡所能，求證該生有否出席，還是監考員誤把缺席考生記錄為出席。考評局亦會致電有關考生，設法查證他們曾否參加考試。

申訴專員公署不認同考評局「答卷數量龐大，遺失答卷在所難免」的說法，反之，他們認為「遺失答卷對考生日後的前途，甚至人生路向，都可能造成深遠的影響。因此，無論遺失答卷的百分比如何‘微不足道’，考評局也絕不能掉以輕心，更不容疏忽或草率處理。」[79]

言猶在耳，翌年考評局又遺失答卷，一名中學會考中文科卷二的閱卷員，在批改及記錄分數後，所交回的考生答題卷少了四份。考評局同樣依據考生在同一科目的其

餘答題卷成績，以及考生其他科目成績、校內成績以及同學在該科的表現，推論該生評級。[80]

另一個遺失個案為2003年中學會考地理科答卷，《太陽報》收到元朗信義中學學生寄來一份中學會考地理科答卷，指該校某老師利用上課時間評改會考試卷，且該老師在評閱試卷後，把試卷放在抽屜內多天，把考生的私隱置諸不理。而時任考評局秘書長蔡熾昌亦承認該年共遺失三份試卷。[81]

接二連三，年復一年均發生失卷事件，加上申訴專員公署報告中的負面評議，使考評局不得不思考整套評卷系統，以減少技術與人為上的錯誤。2005年起，考評局已萌起電子化評卷的念頭，原因有二：（1）減少遺失試卷；（2）減少技術錯誤。

當時世界各地已開始引入電子化評卷，內地已有十多個省市採用[82]，系統也漸趨成熟；而考評局同工亦親身到世界各地取經，聯絡不同服務供應商，探討不同的可行方案。

在電子化評卷這議題上，當時副秘書長張永明博士一直堅持兩項原則：

（1）必須中央評卷；
（2）評卷的方案系統必須為考評局所擁有。

整個系統的安排是：公開試完畢後，答卷必須於72小時內完成掃描，再傳到數據中心及評卷中心（assessment centre），隨即由該科的試卷主席決定如何分小組批改，再在網上試改，接着商討和修訂評卷參考（marking scheme），以及召開閱卷員會議。由掃描到批改，考評局均全方位監控各環節的評卷質素，全部透過內聯網傳送，而閱卷用的電腦亦不能上網，把外洩的機會減到最低。

2007年開始，考評局推出「網上評卷」（On Screen Marking）系統，要求閱卷員親身到評核中心使用電腦改卷，而不能讓閱卷員把答卷帶走。評卷系統先在中國語文及英文科試行，現已推展至香港中學文憑考試（Hong Kong Diploma of Secondary Education Examination, HKDSE）各個科目。

網上評卷最重要是保證了評卷的客觀性、公正性和科學性，避免傳統評卷中容易出現的錯改、漏改、「把關不嚴」等弊端，有效維護考生的切身利益。而且，在傳統的評卷方式中，一個考生的某道試題往往只是一個人批改，即使是進行核卷或重改時，先前閱卷同工的給分難以遮蓋，但網上評卷則可以每個學生的每一道題目由兩個

或以上的評卷員及／或考試工作人員評改，這是兩者最大的不同之處，也是網上評卷的優勢所在。

考評局並鼓勵各科採用按題評卷模式，即閱卷員只須批改試卷的其中一題，較以往由一名評卷員改一整份試卷更為公平。但亦有數名資深閱卷員反映，自從利用電腦改卷後，他們必需到專門的評核中心才可以改卷，反而費時失事，難以遷就時間，缺乏彈性。

為了確保評卷品質，電腦還可以對評卷教師的評卷情況進行有效監督。因為電腦很容易掌握評卷教師批改每道考題的時間，當評核發展經理或試卷主席發覺某位評卷員在批改一道題目的時間相對其他閱卷員為短時，會予以留意這閱卷員的評卷尺度與評卷態度等，甚或提醒他。同時為了控制評卷的穩定性，系統內會包括以下四類型答卷，使閱卷員熟習評閱答題的範圍及評分要求，以及保持評卷水平穩定：

- 參考卷（Reference Scripts）——評閱正式卷前參閱的答卷，旨在看看如何掌握評分要點。
- 練習卷（Training Scripts）——評閱正式卷前先做若干份答卷作為練習，然後進行「考核」，完成若干份「測驗卷」。
- 測驗卷（Qualifying Scripts）——考核用答卷，「過了關」可評改正式答卷，「過不了關」須重做練習卷，直至「過到關」，才可評改正式答卷。
- 控制卷（Control Scripts）——每位閱卷員在評改正式試卷時，在評閱若干份試卷後系統會靜悄悄地彈出一份控制卷予閱卷員評改，當若干次控制卷均不能達標時，須重返練習卷環節，再做練習卷及測驗卷，待過到關再改正式試卷。

網上評卷的優點

網上評卷有很多優點，例如閱卷員不用一直等到具體資料出來就可以直接開始評閱第二批答卷，此外閱卷員在種種監控之下，如果他們不認真閱卷，便須繼續接受培訓，這對於考生來說是十分公平的做法。再者，系統會定期對試卷進行監控，檢查你的評分是否準確可靠。這些在紙質評卷難以做到。

2007年香港中學會考英國語文及中國語文科開始採用網上評卷，其後逐步推展其他科目，其他會考，以及教師語文能力評核及全港性系統評估等。2012年第一屆文憑試，聘用接近3,800名閱卷員，評閱約109萬份答卷，當中大概有98%的答卷採用網上

評卷。網上評卷系統曾多次獲獎，包括2008年MIS亞洲資訊科技大獎——最佳變革管理（政府）獎、2007年香港資訊及通訊科技獎——最佳商業系統（應用）獎優異證書等。

另外，保密掃描後的答卷影像，保存在保安嚴密的電腦資料庫內，閱卷員與核卷員無須前往考評局交收答卷。開始閱卷後，試卷主席可即時監察閱卷員情況，確保評分水平和質素，可及早發現評卷時出現的問題，並作出即時調適及更正。

其他優點包括：可將個別題目分發予專責閱卷員評閱；有效及靈活地處理答卷；更有效率地計算考生得分；同步分發答卷予兩名閱卷員以雙評方式評卷（double marking），可提高準確性，減低輸入分數時出錯的機會，減低人手計算或記錄考生分數時的出錯機會；資料數據豐富，可更詳細分析考生的表現，及就每道答題提供更多資料，以便有效地分析考生表現和作出回饋；方便檢閱答卷，提高處理成績覆核及研究的效率。更重要的是，網上評卷消除答案在評卷期間及之後的移動，減少遺失試卷的機會。

註：

1 陸鴻基，《從榕樹下到電腦前：香港教育的故事》（香港：進一步多媒體有限公司，2003），頁164-165。

2 Hong Kong Education Department. *Annual Summary 1959-60.* Hong Kong: Government Printer, p. 10.

3 見葉禮霖訪問稿，2009年12月9日。

4 見羅慶麟訪問稿，2012年7月18日。

5 見譚錫麟、黃浩潮、鄭樹鈞訪問稿，2012年6月28日。

6 同上註。

7 *The Hardy Report.* August 1962, p. 1, 4. Proposals for the Development of the Matriculation Examination.

8 *Ibid.,* p. 2.

9 *Ibid.,* p. 4.

10 The Development of the Matriculation Examination: Senate Action Proposed. December 1964, p. 2. Proposals for the Development of the Matriculation Examination.

11 *Report of the Committee on the Organization and Administration of the Advanced Level Examinations.* December 1964, p. 5. Proposals for the Development of the Matriculation Examination.

12 *Ibid.,* p. 6.

13 *Report of Education Commission.* 1963, pp. 1-2.

14 *Ibid.,* p. 74.

15 原則上由考生自付，如因家境問題而在學時有學費減免者，其考試費亦相應可獲減免。

16 *Report of Education Commission, 1963.* pp. 74-76.

17 除首次會議外，全由該校胡熙德先生代為出席。

18 西門士夫人（Mrs. C. J. Symons）生於上海，雙親均為混血兒，1926年入讀拔萃女書院，1939年於港大畢業後回母校擔任教師，1953年成為拔萃女書院校長，直至1985年退休。

19 王幸利為馬來西亞歸國僑領，在1954年創辦易通英文專修學校（Eton English Tutorial School），位處尖沙咀金馬倫里4-6號，其後設多間分校。王氏身兼該校校長和校監，曾任香港私立英文校聯會會長，亦為教育諮詢委員會委員。詳見〈易通書院創辦人　王幸利先生簡傳〉，載於胡熾輝編，《香港教育年鑑1966-67》，頁82。

20 第2次至第6次會議，由教育司署代表田柏士博士（Dr. A. D. Peggs）代為出席。

21 《香港教育考試組織研究工作小組報告》（香港：香港政府印務局，1970），頁1。

22 同上註，頁3。

23 同上註，頁14。

24 同上註，頁6。

25 同上註，頁5。

26 香港教育考試組織研究工作小組（1970），香港教育考試組織研究工作小組報告（香港：香港印務局），頁2, 5-6。

27 同上註，頁6、9。

28 同上註，頁10-11、35；*Hong Kong Triennial Survey by the Director of Education for the year 1967-1970*, p.121.

29 Modifications and Reservations concerning Recommendations by the Working Party on the Education Commission Report and the Report of the Working Party on the Provision of Education for English-speaking Children, p. 5. Appendix 1, *Education Policy*. April 1965.

30 《香港教育考試組織研究工作小組報告》（香港：香港政府印務局，1970），頁12。

31 《香港考試局工作簡介1977-93》（香港：香港考試局，1993），頁1。

32 見陳永照、蔡熾昌訪問稿，2012年8月8日。

33 Hong Kong Examinations Authority Ordinance 1977, Ord. No.23/77. 5th May 1977. *Legal Supplement No. 1 to the Hong Kong Government Gazette*. 6th May 1977. pp. A104-A111.

34 《教育司署年報1978-79》，頁24。

35 《教育司署年報1977-78》，頁2。

36 《香港考試及評核局廿五週年紀念特刊》（香港：香港考試及評核局，2002），頁9-10。

37 見陳永照、蔡熾昌訪問稿，2012年8月8日。

38 Hong Kong Examinations Authority Ordinance 1977, Ord. No.23/77. 5th May 1977. *Legal Supplement No. 1 to the Hong Kong Government Gazette*. 6th May 1977. pp. A104-A106.

39 1990年代初，科目協調委員會於考試局架構中解散。見《香港考試局工作簡介1977-93》（香港：香港考試局，1993），頁10。

40 見譚錫麟、黃浩潮、鄭樹鈞訪問稿，2012年6月28日

41 《香港考試局工作簡介1977-93》（香港：香港考試局，1993），頁14。

42 同上註，頁11。

43 《香港考試局工作簡介1977-93》（香港：香港考試局，1993），頁56。

44 蔡熾昌，〈香港公開考試點滴〉，《香港考試及評核局廿五週年紀念特刊》（香港：香港考試及評核局，2002），頁45。

45　《香港考試局工作簡介1977-93》(香港：香港考試局，1993)，頁31。

46　見陳永照、蔡熾昌訪問稿，2012年8月8日。

47　同上註。

48　Hong Kong Examinations Authority Ordinance 1977, Ord. No.23/77. 5th May 1977. *Legal Supplement No. 1 to the Hong Kong Government Gazette.* 6th May 1977, p. A110.

49　根據文件的分類，課程在未公布前屬「限閱」(Restricted)文件，只限有關人士閱覽，具保密意識。

50　見羅慶麟訪問稿，2012年7月18日。

51　見葉禮霖訪問稿，2009年12月9日。

52　見陳永照、蔡熾昌訪問稿，2012年8月8日。

53　同上註。

54　同上註。

55　《香港考試局工作簡介1977-93》(香港：香港考試局，1993)，頁74。昔日香港考試局發展組 (Development Section)在香港考試及評核局時期改為評核發展部(Assessment Development Unit)，主管由原稱高級科目主任(Senior Subject Officer)改為總經理(評核發展)(General Manager〔Assessment Development〕)，科目主任(Subject Officer)改為經理(評核發展)。

56　同上註，頁14。

57　包樂賢，〈序論〉，載於課程發展編輯委員會，《課程發展》第一期(香港：政府印務局，1976)，頁 2-3。

58　《香港考試局工作簡介1977-93》(香港：香港考試局，1993)，頁21-23。

59　見羅慶麟訪問稿，2012年7月18日。

60　〈附錄III 基本能力評估的具體建議〉，載於教育統籌委員會，《終身學習 全人發展 香港教育制度 改革建議》，2000。

61　見陳永照、蔡熾昌訪談，2012年8月8日。

62　轉引自〈配合新增評估研究工作 考試局擬易名〉，《明報》(2000年1月12日)。

63　《香港考試局條例》、《2002年成文法規(雜項規定)條例》，載於《香港特別行政區政府憲報第 1號法律副刊》，2002年7月19日，頁A1834；〈考試局角色變或改名〉，《蘋果日報》(2001年4月10 日)。

64　〈考試局傳訊會專責對外溝通〉，《大公報》(2002年1月5日)；*Strategic Review of Hong Kong Examinations and Assessment Authority: Final Consultancy Report.* 7th May 2003. pp. 5-6.

65　*Strategic Review of Hong Kong Examinations and Assessment Authority: Final Consultancy Report.* 7th May 2003. Hong Kong: IBM.

66 *Ibid.*, p. 2; Report calls for review of exams authority, *South China Morning Post*, 24th May 2003.

67 *Ibid.*

68 *Strategic Review of Hong Kong Examinations and Assessment Authority: Final Consultancy Report.* 7th May 2003. pp. 25-26.

69 見〈教育事務委員會 立法會秘書處為2008年12月8日會議擬備的背景資料文件 香港考試及評核局更新和研發考試系統〉，立法會CB(2)387/08-09(05)號文件，檔號：CB2/PL/ED。

70 香港考試及評核局前總監張光源博士曾就「命題」與「評卷」兩個環節撰文，名為〈編製試題工作闡釋—香港的經驗〉及〈公開考試評卷工作的重要程序—香港的經驗〉，分別載錄於2011年第四期及2012年第二期的《考試研究》內。而本文其中作者梁操雅亦曾於香港考試及評核局評核發展組工作，是以本章內容多參考張氏文章及出自梁氏的工作體驗。

71 考評局於約2006年改制，科目主任改稱評核發展經理（Manager - Assessment Development）。

72 Gardner, H. 2000. *The Disciplined Mind.* New York: Penguin; Nitko, A. J. & Brookhart, S. M. 2007. *Educational Assessment of Students* (5th edition), New Jersey: Upper Saddle River: Pearson.

73 2003年後改稱政府物流服務署。

74 審題委員會及負責該卷的科目主任在審題工作完畢後，須仔細核對及審校有關試卷，確保正確無訛。

75 蔡熾昌，〈香港公開考試點滴〉，《香港考試及評核局廿五週年紀念特刊》，2002，頁42。有些科目，閱卷員甚至在閱卷員會議前已須評改若干份答卷樣本，在會議上由試卷主席領導討論各題各部分的給分。

76 考評局主席顧爾言2005年9月12日在立法會教育委員會特別會議上表示，考評局管理考試的方法已不合時宜，程序操作過於依賴人手，所用電腦系統及程序也已過時。全面的積分覆核程序由數百名臨時員工處理，既費時也容易出現人為錯誤。

77 AL，即Advanced Level，乃香港高級程度會考的簡稱。

78 CE，即Certificate of Education，乃香港中學會考的簡稱。

79 《香港考試及評核局如何妥善保管考試答卷調查報告摘要》，2004年3月。

80 〈試卷遺失考評局被指圖隱瞞〉，《蘋果日報》（2005年8月4日）。

81 〈元朗信義爆醜聞 師生恩怨害考生 學生偷會考卷逕寄本報〉，《太陽報》（2003年8月3日）。

82 2003年上海高等院校招生考試歷史科實行網上閱卷。評分者分成若干組，每組兩人，組內互相閱、複卷；遇到分歧時，兩人協商解決，若解決不了，再交閱卷中心裁定。見聶幼犁及上海市教育考試院課題組、2003年高考歷史命題組：〈中學歷史學科大規模考試網上閱卷的實踐探索〉，《考試研究》，2003年第6期。

第八章

考評理念的變易

從常模為本到水平參照

引　言

　　2000年《教育制度檢討改革方案》的諮詢文件，第一章開首說：「世界變了，教育制度非變不可！」。[1]文件指出香港社會由以往的密集型工業社會、低工資競爭的階段，轉型為高增值、知識為本的社會，而不斷湧現的新科技、新行業、新經營策略、新運作模式，以及靈活變通和善於創新的人才，乃是香港「持續發展的先決條件」[2]，惟當日奉行的教育制度不足以培養讓香港得以持續發展的人才，因此必須推行教育改革。另一方面，教育改革的迫切性亦來自政府對於1990年代學生競爭力下降的恐懼，為了提升未來人力資源的質素，增加學生的「可受僱性」。[3]因此主權移交後不久即開啟了一系列由上而下的教育改革，香港教育無論於課程、學校、教育結構等都重新審視，所有教育的參與者與持分者，都不得不面對嶄新局面的挑戰。

　　後九七的教育改革，在高中階段來說除了為課程帶來了新的一頁，評核及評級方式亦有所改變。2009年起取消實行數十年「二加二」的高中及預科課程，推出三年一貫制的新高中課程，落實十二年免費教育，銳意將全民教育年期貼近國際趨勢，延長年輕人基礎教育的階段，並大幅改革課程內容及要求，擴大學習範疇，將以往以文、理、商科等分班，壁壘分明的專業化教育往後延，並加入必修的通識課程，培養學生的共通能力與環球視野。新高中課程除了改變學制結構，亦創設中學文憑試（Hong Kong Diploma of Secondary Education（HKDSE) Examination），取代行之經年、歷史悠久的中學會考及高考。

　　教育及考試理念的轉變，亦使世界各地已發展地區的教育持分者，開始關注評估以及評級的方法於促進學習的功能及成效。他們質疑既有的評估及評級方式是否能夠適切地量度及反映學生的水平；再者，更期望透過評估，能夠有效提高教育質素及成效。因此，新設的公開考評乃參考了世界各地考評改革的趨勢，逐步以水平參照模式匯報考生的成績，取代沿用了四十多年的常模為本的考評概念，在公開考試不再使用參考組的方式來協助評定等級，並依學生考獲的等級，加入等級描述，如實報告考生實際的能力與程度，為各個教育持分者提供更仔細的資訊，回饋學與教的改革。

　　本章將會從海外評級改革的經驗，以及近年本土考試評級的改革發展，反映社會對教育功能及人力資源需求的變遷，如何影響近世迄今的考評理念的改變。

一、全球趨勢：考評範式的轉移

第二次世界大戰後，各國逐漸修復並重整戰爭帶來的民生與經濟傷害，對於青少年與兒童的福利政策，政府的角色主要包括提供教育機會，並落實且逐步提高國民基礎教育的年歲規定。戰後普及教育的推廣，使得新一代人均平均教育年期延長，雖然當時社會階級仍然頗為牢固，但逐步擴展的普及教育無疑亦有助階級流動。由於人均教育水平提高，因此不少學童完成基礎教育以後，仍寄望繼續求學，惟當時的教育機會分佈亦有如金字塔般，高等教育的機會僅僅開放予數量有限的菁英分子。在高等教育學額不足的年代，公開考試尤其着重成績優次（order of merit）排序，由於常模為本的評級方式能夠配合當時對相對成績制度（relative grading system）的需求，嚴格地限制各成績級別的考生人數的百分比，有效地甄選最優秀的一小撮學生升讀大學，並將其餘的學生依成績分流至不同功能的訓練場所或投身社會工作，常模為本的評級方式因其效果而備受當時的施政者推崇。

以英國和瑞典為例，兩者都在1960年代初期落實以常模為本作為公開考試的評級方式，改革的壓力正正是因為戰後嬰兒潮，國民基礎教育落實及延長，造成高等教育需求大幅增加，然而高等教育學額不足以滿足國民需求，因此公開考試便需要配置有效的甄選與分流方法。

英國於1947年將國民基礎教育年齡訂為15歲，並在1951年推出GCE A-Level與O-Level考試[4]，取代當時的中學畢業試（School Certificate）[5]及高等中學畢業試（Higher School Certificate）。早年的A-level考試並沒有評級，只分為及格與否。隨着與考人數節節上升，考試當局認為單單將各學科評為及格與否並不能有效將學生分流，因此於1963年，引入評級（Grades）分辨學生於A-Level及O-Level各科目的表現，並限定每一個成績級別的考生比例，依照成績優次，首10%的考生將獲A級，接下來的15%獲B級、10%C級、15%D級、20%E級，接下來20%的考生將視為等同O-Level及格，而餘下最後的10%考生將判為不及格。當時英國推崇這種評級概念，正因為它能夠保證只有少量的學生能考獲得A級，而同時又容許每年A級的分數、試題程度的變化。[6]

瑞典早在1842年已設有普及教育政策，所有兒童理論上均需強制接受基礎教育，只不過早年的歐洲國家，貧窮人家的孩子往往被視為重要的勞動力，因此不少孩子年紀雖小，卻早已離家工作幫補家計，無緣接受教育，而富有階級的孩子則由「家教授

習」，因而不利公立學校制度或公共教育政策的發展，亦使得普及的教育開展步伐甚為艱巨。[7]因此瑞典雖然早在十九世紀中期已實施強制公共教育的政策，但實際上亦要一個世紀後才真正實踐7至12歲的強制教育。所以直到二十世紀中期，情況亦如前述的英國，學校制度相對發展成熟，學生留校的時間亦進一步延長，基礎教育發展到後期，亦催生學生對較高等教育的需求。由於中等及高等教育的學額及資源有限，因此便需要一個有效甄選學生的工具。瑞典在1960年代開始，使用常模為本作為公開評核模式，固然是回應當時對考試甄選功能的需求。

不過自1980年代起，瑞典的教育工作者開始質疑常模為本模式的評級方式，究竟能否為學習者及施教者提供有效及足夠的資訊，或者能否如實反映學習者的實際能力。1984年英國的中學考試委員會（Secondary Examinations Council）建議評級的臨界分數應取決於考生實質的分數與能力，而不應受限於參考組的數據，因此評級的改革便朝標準參照（criterion referenced）邁進。英國公開考試於1987年起便用標準參照的評級模式，直至2000年的課程改革為止。

隨着社會更着重個人化的學習經歷，學習及知識的傳遞由以往着重實證、準確及量化等素質，趨向着重質性的理解、詮釋、共通及互換等能力，說明學習並不再以累積知識的數量作為目標，反而是集中於學生運用知識的能力。教學的重點亦不再單單集中於知識的準確性或數量，而是學生能否於學習過程中建立批判思維、合作溝通、解決困難等能力。故此，瑞典的教育家因應教育理念與社會對學生能力需求的改變，在1994年以目標為本及標準參照的評級方式，取代了常模為本的評級方式。四個評級分別反映不同的學習進度：IG—不及格；G—及格；VG—及格並優異；MVG—及格及特別優異；學生必須獲得G，即及格的評級才能離校。[8]評級的改革使得標準考試不再只着重甄選功能，而是確保每一個學習者能在教育過程達到一定的標準，在離校以前獲得基礎學術能力的發展。

除了歐洲地區，世界各地的義務教育發展進程，亦見類似的評估改革。以色列的代表2000年在聯合國教科文組織（UNESCO）匯報其教育概況時，亦提出當地的教育當局正重新審議其不同階段評估政策及程序，評估的革新主要基於全球趨勢。革新的內容包括由以往集中劃一的評估模式，轉化為校本自主的評估模式，將考試融入教與學的一部分；由以往評估基礎能力趨向更高階的能力，例如理解能力及探究能力；由以往單單紙筆轉化為多元化評估方式。減少考核純屬知識認知的題目，並增加要求考生理解宏觀脈絡的考題。大學入學試將會使用標準參照（criterion-referenced）而非常

模為本（norm-referenced）的評核模式等等。

澳洲新南威爾斯州教育局在1998年發表《保障他們的未來》[9]教育白皮書[10]，目的在於改革當時的高中文憑試（High School Certificate，簡稱HSC），而改革重點在於課程以及評級和匯報成績的方式。改革前因為教育當局有感高級程度課程的修讀率明顯下跌，認為大學收生主導了高中文憑的考試及課程，間接鼓勵學生選讀較易考取好成績的科目[11]。此外，考試評核及匯報的方式過於着重學生考獲的分數及名次，而非反映學生所達致的水平。

因此新南威爾斯州的高中文憑試改革的其中一個目標，便是「保證高中文憑試的分數能夠如實反映學生所達致的水平」（to ensure HSC marks fairly reflect the standards achieved by students）。[12]新高中文憑試將棄用常模為本的評級模式而採用水平參照評級模式。由於學生的考試成績不再需要與其他學生比較，個人的考試成績能夠如實反映學生個人能力，藉以鼓勵學生以個人能力及興趣選修科目，不受考試分數的綑綁。此外，新南威爾斯州的另一考評改革，便是加入等級描述，以實踐白皮書中另一目標，「以社會大眾能夠理解的方式匯報成績」（to better equate the method of reporting achievement with concepts understood by the community）。[13]

在香港，依照各科水平等級評估學生的能力，並加入等級描述匯報成績，這兩項改革讓學生、老師、未來僱主、高等教育或訓練機構等各個持分者能夠更理解學生所達到的水平。使用水平參照，使得學生能夠在學習過程中知道個人能力所在，並依據個人能力提升水平；老師能夠掌握個別學生的能力程度設計課程與調整教學；亦使得學校對於學生的整體表現有跡可尋。政府及社會大眾能夠了解隨着時間過去，整體的水平有否提升，藉以調整教育政策或教學方式。對於大學收生，或僱主聘用離校青年，他們亦能藉着等級描述的能力程度，取錄或聘用更切合其需要的人才。

常模為本理念與參考組考生

香港的公開試向來奉行常模為本的測試模式。李越挺這樣評述公開考試的模式：

> 最初的概念，即使是升中試也好，都稱為「畢業」，諸如小學畢業試、中學畢業試等。當時的概念是以「科組為本」（Subject Group Based），不論應考英文中學會考或中文中學會考，若是英文中學會考當然需要英文科及格，然後再有很多科組，每科組裏最少要有一科及格。如不能符合這些條件便不能畢

業，連文憑也沒有。後來，發現這不太好，於是取消了「畢業」這概念。你考多少科就獲得內列應考科目數量的文憑，即是由科組為本轉為科目為本（subject based）。但沒有硬說多少科及格這回事。

早期「畢業」，有關科目要有 E 級才算是正式及格。到以科目為本時，已沒有及格與否的概念，是以等級（Grading）來區分。不過，那些「用家」如政府把 E 級當成入職要求，變相世人將 E 級當作及格。但從考評局的角度來看，從未說過 E 級成績是及格。特別是採用常模為本（norm-referenced）作為考評的概念，定必有人「墊底」，例如60%考生及格，40%不及格。若每科墊底的考生累積起來，就會形成總有低分的考生出現。可是，這是制度衍生出來的結果，每年均會製造一些「墊底」考生。因此不再「拉curve」了，應制定一些標準，學生達到某個標準就考獲該成績。[14]

常模為本，俗稱為「拉曲線」、「拉curve」，這種評估模式在香港行之已久。這種考試模式主要是基於每年的考生人數相若，理論上各主要科目的成績一般來說亦應沒有大的差異，故每年拿A、B……等各級的考生百分比理應差不多，此考試模式在香港運作超過四十年[15]，香港中學會考[16]早在1962年起使用參考組（control group）協助界定整體考生成績的等級分佈。根據考試委員會（Board of Control）的年度報告，英文會考自1962年起，取消以總分40％為及格線的制度，而使用參考組控制並釐定各個評級的分數線[17]。當時使用常模為本的原因，主要為應付中學會考考生逐年增加的情況[18]，並在考生人數增加的情況下，仍能夠有效揀選獲頒獎學金的學生。根據1963年的報告，反映使用調整分數的評分方式後，各科的及格率明顯下跌，同時亦反映使用參考組的成績定評級分數線，能有效分辨學生與學生之間的能力，甄選成績位列前茅的學生升讀有限的預科學額。但由於訂立分數線將判別某比例的學生為「不及格」，因而如上引文般，製造「墊底」與「零分」的學生。

秦景炎曾擔任科目主任，陳永照則是當時主理公開考試事務的官員，聽他們述說當時進行界定各級分數時的情況：

所謂「拉Curve」，我的理解是負責評級的委員會衡量各科成績、當年及以往試卷的深淺程度，以及學生水平等等，然後界定某些等級的臨界分數。上層的大委員會自行衡量當時的情形、各科的關係、成績如何、當年及以往試卷的深淺程度，以及學生的質素等等去衡量。譬如分數及／或考生人數偏低的

話，可能要升高一點，通常都是很平穩的。[19]

在印象中，本身我們的考試成績推出社會時，一般人都覺得當時考試局釐定的成績，其準確性是相當高的，即是不會出現某一年某一科特別寬鬆，較多人能獲取及格，抑或是特別困難，從沒有此等情況發生，反而能維持一定水平。本身我們採用評估的模式大抵上已決定約有多少的百分比取得這級成績。我們設有參考組（control group），即是那些學校每年所派的考生水平很一致，較一般考生為高，且歷年如是，我們便以此作為指標，然後跟整體考生相比。各科每年均按照這方法界定等級臨界分數，而每年取得各等級的人數及百分比實在相去不遠，穩定性強。[20]

一直以來，香港公開考試秉持兩大目標：(1) 維持年與年之間的水平；(2) 維持同年間不同科目成績的等值。直到考試局接辦公開考試的年代，仍以此為原則。

為保持每年的考試成績相若，考試局在兩個公開考試中挑選一些學校為「參考組」[21]，主要為政府或資助學校。這些成員學校必須在過去公開考試成績有穩定的表現，並整體成績達到指定水平。這些成為參考組的成員學校，佔香港學校的三分之一，大約150所。[22]

在與考人數較多的科目，往往約30%（正負2.5%）[23]的人將獲C或以上的成績，由於參考組的數目頗為龐大，理論上除非教育制度有所改變而影響學校生源[24]，否則參考組的水平理應相對穩定。因此在釐定成績等級時，考試局率先參考「參考組」考生的成績，並根據過往的資料及數據，為各科主要等級成績預先釐定百分率，並依從參考組的表現，決定某些等級的臨界分數作為等級的指標。各級分數線一經釐定後，便會套用於全體考生中。

對於參考組的情況，包樂賢早於1966年5月中旬向香港教師會演講時，略有介紹：

所謂「參考組」（即以某些歷屆成績較好、且水準穩定學校的考生的成績，作為每年訂定各等級臨界分數的參考）這個名稱，許多人會誤解。簡單地說，這是某些學校在歷屆會考中獲得頗穩定的成績，他們的成績一般較佳，我們只要一些大致上成績穩定的學校，我們早已從這些學校連續數年的考生中，算出他們的及格百分率每年是差不多的。[25]

不過，其前提是有可靠的原始分數，建基於切合考生水平的考卷和統一的評分準則，互為依存。同時，釐定 E 級、C 級及 A 級的最低分數的工作也非常重要。當局沒有預設及 E 級的最低分數[26]，每科的試卷主席、科目主任和有關人士對該年度的試題標準和往年比較，並根據參考組的成績，觀察甚麼分數應為 E 級的最低分數，使其及格率跟歷年所用的相若。包氏強調：

> 運用上述這種技巧，其結果通常是把及格分數從40分降低而不是提高的，因為我們的目的是想保障考生，使不會因較為艱深的試題（為擬題者意料不到的）而不及格。至於提高及格分數，只有由於某種原因發現試題是異常淺易才會發生的，此外，又定下「良好」與「優異」的標準分數。[27]

及後考試局把相關分數輸入電腦，電腦把考生各科成績合併，並依照會考規章，釐定其及格與否。1966年中英文兩個中學會考首次運用電腦計算考生應否予以「補分及格」[28]，並列出及格考生名單，以及「補分及格」考生的考慮名單，交由執行委員會審核批准。一旦執行委員會通過，修訂考生成績，再由機器選出最後修訂的成績分發予各校，將最終及格名單交予報界「放榜」，運作跟現今不同。如上文所述，其後沒有「及格」與「不及格」的區分，反之把考生所應考科目的等級列出。

對應參考組的分數及考獲的考生百分率來釐定公開考試的等級，其中當然亦參照試題難度及／或因課程改動而有所影響。其概念建基於一個假設：在一般情況下，組內學校的整體水平不應在一兩年間出現明顯的變化。憑相若的參考組百分率推算出來，年與年之間同一學科的相同等級的臨界分數理應相若。[29]為維持參考組學校水平的穩定性，考試局擬設三份客觀試題，中、英、數各一，每年2月抽樣邀請香港中學會考參考組學校的中五生接受測試。若兩年測試有明顯差異，當局會因應需要作出研究，判斷參考組的水平是否提升或下降，對參考組的百分率作出相應調整。香港高等程度會考則依據兩年前中學會考的表現，以維持其穩定性。

二、本土發展：從常模為本到水平參照

> 水平參照評級能配合新高中課程的宗旨和目標，把各科明確的學習重點及預期的學習成果，轉化為評核的標準，既可以幫助教師和學生更了解應該教甚麼、學甚麼和如何改善學習，也讓學生知道自己的水平所在，從而在現有基礎上向更高的等級挑戰，力求上進。[30]

香港考試局委託香港浸會大學及澳洲的新英格蘭大學（New England University）審視香港公開考試制度並提出改革建議，並於1998年發表三百多頁的報告。建議旨於改善評級方式，加強並保有考試的認受性及可信性。

報告其中的〈改善評級方法〉中首項長期建議，指香港考試局理應重視各評級的特點（specification），而非着眼各評級的百分比，指出評估報告能夠為學生提供其所知及所能做到的資訊，乃是全球趨勢。因此建議公開考試應以水平參照匯報學生的成績（standard-referenced reporting），並設等級描述（level descriptor），讓學生能清楚明白自己的能力何在。

香港中學文憑考試（HKDSE Examination）24個甲類科目[31]採用「水平參照」成績匯報制，仍沒有「及格」的概念，考生的表現只要達到預設的水平，會取得相應的評級。評級一共分為5、4、3、2、1共五個等級，第5級最高，第1級最低。然而為了方便甄別最高等級的考生，第5級內再細分為5*及5**。考生只要在最少一科考獲第1級，可獲發證書。

公開考評制度總隨社會發展而改變。戰後本港人口增加，至1980年代乃為中學學生人數最多的時期，是以向來公開考試着重考生排序，並着意把成績優秀的甄選出來，且年復一年學生人數相若，故一向採用常模為本的考試概念。迨1990年代以後，學生人數逐漸下滑，社會投放於教育的資源相對較為充裕，各界人士漸漸強調公開考試如何量度學生於各科的真正能力，因而公開考評逐漸傾向水平參照的理念。

註：

1　教育統籌委員會，《教育制度檢討：改革方案諮詢文件》（香港，政府印務局，2000），頁2。

2　同上註。

3　曾榮光，〈第一章 香港教育特區教育改革議論：導論〉，《廿一世紀教育藍圖》（香港，中文大學出版社，2006），頁3-26。

4　GCE為普通教育文憑（General Certification of Education）的縮寫，是英國自1951年新設的考試制度，當時英國的中學由三年制改為四年制，並加入更多實用科目，供學生選擇。高中畢業生將應考普通程度考試（Ordinary Level，簡稱為O-level），考生年齡設定為16歲。有意投考大學的學生，修畢預科程度課程後將應考高級程度考試（Advanced Level，簡稱為A-level），考生年齡為18歲。

5　學生若要獲得中學畢業證書，必須於數學、英文及另外三科目獲得及格或以上的成績。

6　Tina Isaacs, "Assessment in education in England", *SA-eDUC JOURNAL* Volume 9, Number 1, July 2012.

7　Wikström, Christina. 2006. "Education and assessment in Sweden", *Assessment in Education: Principles, Policy & Practice,* 13:1, pp. 113-128.

8　*Ibid.*

9　Australia（New South Wales）, External Examination System, *Securing Their Future: The New South Wales Government's reforms for the Higher School Certificate.*

10　*Ibid.*

11　Prof. Barry McGaw 受聘於澳洲新南威爾斯教育當局評估高中文憑制度，並提出改革建議，其終期報告書*Shaping Their Future: Recommendations for Reform of the Higher School Certificate*在1997年發表，他亦應本港教育統籌委員會邀請就本地的教育改革作出分析，於2006年12月發表。

12　Australia (New South Wales), External Examination System, *Securing Their Future: The New South Wales Government's Reforms for the Higher School Certificate.*

13　*Ibid.*

14　見李越挺訪問稿，2008年12月22日。

15　香港的英文中學會考率先在1962年使用常模為本的評級制度，高考於1980年代開始使用常模為本，主要原因是高級程度會考亦在八十年代才投入運作，至於中文大學入學試以及港大入學試是否使用常模為本，則有待查證。

16　當時仍稱為香港英文會考。

17　參考組乃在公開試考生人數持續大幅上升時，用以決定及控制該試的水平。

18　1961年的考生人數為4,734人，1962年5,269人，1963年6,496人，1964年8,371人，1965年10,061人，1966年14,686人，到1967年更增至17,664人，1983年甚至有15萬人（包括自修生），歷年英中會考的考生人數持續上升。

19 見秦景炎訪問稿，2009年12月18日。

20 見蔡熾昌、陳永照訪問稿，2012年8月8日。

21 「參考組」(control group) 為在整體考生人數中抽選成績較佳且穩定學校的考生成績作指標，用以配對整體考生的成績。

22 蔡熾昌，〈香港考試制度〉，《香港教育的過去與未來》，頁324-325。

23 Choi, Chee Cheong."A Study to Assess the Change in Standards of Referenced Group Schools taking the Certificate of Education Examination in 1982 and 1983". Lo Lam Fat (eds.). *Selected Papers from the First Annual Conference*, Hong Kong: Hong Kong Educational Research Association, 1985, pp. 19-32.

24 有關收生生源遽變對參考組數據的影響，1983年便是一特例。由於1978年小學升中採用分區派位的方式，而有鑒於派位方法改變，當時的樣本反映基本上所有科目的成績都有顯著下跌，分數愈低的跌幅愈大。以附加數學科為例，1983年參照組獲A級成績下降了2.53%，A-C級下降了5.85%，而及格人數，即A-E級則比1982年下降了6.68%；中國文學獲A級成績下降了7.98%，A-C級下降了10.20%，而A-E級則下降了12.60%。文科科目如英國文學、地理、中史等的跌幅又比理科、商科等為大。

25 包樂賢，〈談香港的中學會考〉，《教育曙光》第7期，1966，頁23。

26 一般而言，E級的最低分數在40分左右。

27 包樂賢，〈談香港的中學會考〉，《教育曙光》第7期，1966，頁24。

28 「補分及格」指給予只欠一科內之兩三分即可取得會考證書條件的考生，若該考生在其餘學校成績頗佳，便在所欠那一科補足分數，使其及格。

29 楊學為編，《中國考試通史》卷五，第14章 (北京：首都師範大學出版社，2008)，頁497。

30 引自羅范椒芬，〈水平參照評級的意義〉，2006。

31 新高中文憑將科目分為甲、乙、丙三類。甲級科目共分為八個學習領域，一共24個新高中科目，包括中國語文、中國文學、英國語文、英國文學、數學、通識教育、中國歷史、經濟、倫理與宗教、地理、歷史、旅遊與款待、生物、化學、物理、組合科學、綜合科學、企業、會計與財務概論、設計與應用科技、健康管理與社會關懷、資訊及通訊科技、科技與生活、音樂、視覺藝術、體育。全由考試局負責。乙類主要為應用學習科目，由課程提供者評級。丙類則是中、英以外的高補程度的語文科目，由英國劍橋大學國際考試組負責。

第九章

時移世易

從多項選擇題到校本評核

引 言

多項選擇題（Multiple Choice）和校本評核（School-Based Assessment, SBA）都是用以評核考生的工具或模式，二者看來無直接關係，何以會連繫在一起？

二者在身處的年代同屬嶄新概念。前者於1969年香港英文中學會考正式採用，那時中學生人數漸多，為減輕人手評卷的壓力與倚賴，加上電腦的發展，遂引入可用機器評改的多項選擇題試卷。以多項選擇題形式考核可配合電腦的使用，以及善用統計學的概念及方法，分析試後數據，有助規劃及改進考試的未來發展；至於後者，它屬於二十一世紀教育改革下的產品，希望藉平日課業能較全面反映考生的真實能力，彌補筆試的不足，盡可能減少「一試定生死」的情況。踏入1990年代，中學生的人數逐漸減少，社會對教育投放的資源相對充裕，加上大學學額增加，社會上對公開考評的理念已由「排序選優」轉變為「顯示能力」；是以希望對學生的評核，除一貫的紙筆考試外，還兼顧學生日常的課業，故有校本評核的引入。

本章藉着闡述多項選擇題及校本評核的由來與發展，凸顯兩者如何反映當時考試及社會發展迥然不同的狀況。

一、多項選擇題的引入

多項選擇題題目（Multiple-Choice Item）意指測試問題連同四個或五個可供選擇的回應答案，學生須從中選擇其中一個正確或最佳答案。而題目由以下四個元素組成：

(1) 題幹（Stem）：題目最初的部分，用以闡釋或引入問題，使考生明白所問，故極為重要。題幹最好只包括一個中心問題。

(2) 選項（Options）：備選的回應，通常有四個或五個可供選擇，其中一個為正確或最佳答案（Key），其餘為誘誤選項（Distractors）。

(3) 正確答案（Key）：每題只應有一個正確或最佳答案，不能有兩個或多個意義相同的正確答案。

(4) 誘誤選項（Distractors）：在四個或五個可供選擇答案中，只有一個是正確答案，其餘均是誘誤選項，考核考生的辨識能力，具「迷惑」和「困擾」的作用。[1]

【例】[2]

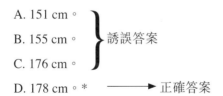

25名教師和140名學生的平均身高為150 cm。若學生的平均身高為145 cm，

則教師的平均身高為 ⟶ 題幹

A. 151 cm。
B. 155 cm。 ⎫ 誘誤答案
C. 176 cm。 ⎭
D. 178 cm。* ⟶ 正確答案

多項選擇題一向被視為客觀的考試模式，題目理應有一個正確（或最佳）的答案，使閱卷時較易識別。部分人認為問答題（essay type question）能給程度較差的考生有機會回應所問，同時又可給優秀考生一顯身手，把一己精闢之意見寫出，甄別不同程度考生的能力。從評核角度出發，若閱卷員批改問答題時，較難或較精準評估考生的程度，多依靠試卷主席與閱卷員商議訂定尺度，而多項選擇題能準確、客觀地評核考生對該題所問是否認識。一般而言，以多項選擇題考核學生有以下優點：

1. 能在短時間內回答題目。

2. 題目涉及的內容範圍廣闊。

3. 易於評分。

4. 評分客觀，每題只有一個正確 (或最佳) 答案。

5. 可有效地比較學生的能力。

6. 可用來測驗學生多方面的能力。[3]

自1960年代的公開考試，香港英文中學畢業會考的考生按年大幅增加，以英文科為例，由1964年的10,238名考生，劇增至1968年的25,863名考生，此與1966年開始將全部日校及夜校考生均應考同一份英文科試卷有關。[4]

由於考生人數倍增，閱卷情況出現問題，及後逐漸出現兩個中學會考合併的聲音，有迫切解決的需要。當時包樂賢（A. G. Brown）[5]指出：第一，閱卷員需予同等能力的考生一個相同分數；第二，訓練該批閱卷員，無論是誰批改，其評分也是一致。儘管委員會已採用詳盡的評分準則，並小心協調閱卷員之間的工作，以解決上述問題，但隨着閱卷員人數增加，協調個別寬緊差異變得更加困難。評分準則亦惹來不少問題，不同類型的問題在評分準則中存在相似的客觀差異。只有少數閱卷員具相當高的水平，仍能從一般的評分準則中可靠地甄別其所評改的答卷。一旦閱卷員增至30至40位時，便需要更仔細的評分準則。正因如此，在考生人數日漸增加時，便會要求評卷參考臚列所有可預計的答案清單，並附各項細分，但這樣做卻會扼殺了問答題試卷設問的優點——容許考生有較大空間思考以回應所學。[6]

當時的會考委員會曾嘗試用不同方法解決相關問題，例如限制考試的報名人數，由中學選取成績較佳的學生報考，但是這些概念不為社會接納；為了獲得更可靠的合適閱卷員，委員會說服港府同意提高薪酬，甚至公開招聘閱卷員，盡辦法聘請合適人選擔任閱卷工作，但仍未能達致預期的效果。在預期考生相應增加的情況下，實有確保閱卷的準確性的需要。因此當局最後落實使用機器批改的多項選擇題試卷，分擔繁重的閱卷工作，且從中又能減低人為上的錯誤與落差。

事實上，當時不少已發展國家和先進國家如英、美等國率先引入多項選擇題，英國主理機構的倫敦教育部（Ministry of Education）和美國普林斯頓教育測試中心（Educational Testing Service）等，均成為本港考試組可予借鏡的地方。實際上製作一份多項選擇題的試卷，需要經過受訓練的技術專才編寫，方能算是具效度（validity）

和信度（reliability）的題目。當時主理公開考試的考試組不能只將英、美兩國所撰寫的題目搬字過紙，因這未必全部適用於香港的公開考試，故題目須由本地專才撰寫。而曾往受訓的考試組員工則成為提供題目者（item contributor）的指導導師，由他們檢視所有提供的題目。1967年6月，普林斯頓教育測驗中心的職員Mr. J. Robert Cleary來港訓練本地教師如何擬定多項選擇題的題目，同時政府亦決定添置文件閱讀機（document reader），取代打孔卡片設備（punched card equipment），並計劃於1969年的香港英文中學會考實施多項選擇題考試。[7]

陳永照、秦景炎、羅慶麟等前考試組同工，均屬多項選擇題的開發者，從他們口中可得悉本港公開試何以會踏上多項選擇題的途徑，以及該技術引入的由來：

> 大學畢業後，我受聘於一間賣工業用品的公司，任職了一個月，剛遇到一位在拔萃任教的同學，他正想着辭職赴笈海外；而我有興趣教書，他引薦我到拔萃任職，教中五和中六的物理科。其後，我投考教育司署當助理教育主任，獲得取錄。受聘後，我獲派往伊利沙白中學任教了四年。往後校長推薦我申請英國文化協會(British Council)的獎學金，前往英國進修統計學文憑（Diploma of Education in Statistics），只需修讀一年。那獎學金已清楚列明，若能成功修讀此課程後，返港後不會再獲委派到學校任教，一定是到考試組工作。1966年畢業回來便到考試組擔任系統方面的工作。

> 當時英、美兩國的考試機構已開始使用多項選擇題這種考核方式，我們認為值得參考。在英國，我只是前往其考試機構旁聽，以及與他們的系統工程師進行交流，如何借助分析答案以決定題目的優劣、有效的試題能否再用、如何再用等等；在美國，我則在ETS（Educational Testing Service，即美國教育考試服務中心）那邊參加約一個月半的課程，如理論分析。英美這兩個先鋒國家確有值得我們參考與仿傚的地方。

> 文章式考試的閱卷工作確須很多人手批改答卷，一眾閱卷員雖有評卷參考作指引，但寬緊始終未及一致，要用統計學的方式調整分數，因而需要更多熟悉統計的專才。[8]

＊ ＊ ＊

多項選擇題引入時為1960年代末，1970年代初。最初在美國，有一個機構叫做ETS（Educational Testing Service）。現在很多這類考試都是使用他們當年創設的模式。因本港考生愈來愈多，如只依賴人手評改，也許未能相應配合。另一方面，問答題的題目當然可以考到很多（範圍），然而假如你需要應付大量的考生答卷，那有一部分需要使用多項選擇題，以減輕繁重的評卷工作。因此考試組在六十年代末、七十年代初那十年八年間，引入多項選擇題模式的考試。當年我們這些科目主任，有機會輪流到ETS受訓大概兩個月左右，跟隨那些專家學習。

我們上午讀理論課，下午跟着專家們學習擬設題目。理論上，多項選擇題在評核方面，很多範圍及能力都能夠兼顧，就如Bloom's Taxonomy（布魯姆學習層次）[9]，即知識（knowledge）、理解（comprehension）、分析（analysis）、評價（evaluation）、綜合（synthesis），多項選擇題一樣能做得到。還有，它不需人手批改，變相降低犯錯的機會，加上用機器批改，即使考生人數倍增，仍可大量應付，好處也就是在這方面。因香港在研發這方面沒有專門訓練，我們有幸能到ETS接受專業訓練，回來後能夠學以致用。

箇中的學問很多，一道題目出得好與否不能單靠肉眼看，需要靠經驗，還有統計分析（statistical analysis）。分析這些多項選擇題也須運用很多程式，我們的題目其實也經過很多所謂「預試」（pre-test）、預習、修訂，然後才正式使用，然後檢討，以及再修訂等眾多程序。我們需要由基本的統計學開始學習，從而將題目修訂，並引用一些數學上的分析。[10]

* * *

港大畢業後，我到位處活道的維多利亞工業學校任教。我先教中四，兼教中、英文科。那時管考試組的是包樂賢。他多次邀請我到考試組工作，我本來不想去。包氏下令我校的校長放我離開。1969年我進入考試組，不久便派我遠赴美國受訓，讀了兩個多月便回港。

回來後主理多項選擇題事務。當時有很多英文題目，我先把它們分析並且分類。中文應該用甚麼方式去考核學生？初時每題四個選項，後來變成五個。當時聘請很多人撰寫試題，我曾舉辦幾個多項選擇題的課程，讓中學老師參

與；又開發多項選擇題的試題庫。

當時我主要負責小學六年級的升中試，工作繁重。除了做小學會考外，我還要負責中學中文、中史及中國文學等各科的考試事宜。

我覺得多項選擇題的引入主因是：若只是考核寫文章式的答案，考生不熟識便不能作答，不可以真正考核其全面的情況。多項選擇題則不同，它涵蓋面闊，差不多可以考核所有內容，很多知識也能考核。我認為昔日包樂賢主要是想引入新進的方法去推動考試的發展，讓學生得益，這是最重要的。

五個選項的問題，很容易考，隨意選一個也成，也沒損失。其實並不是這樣，多項選擇題命題很困難。若有少許不明之處，亦會阻礙考生的思維。多項選擇題的選項答案有很多引誘、誘惑，這項好像是對的，不過那項又像合適，使人很迷惑。因此在考試時，那些是真材實學的，很容易分辨到而選出每題的正確答案。[11]

1968年，當考生考完英文科考試後，有90%考生自願參加該科多項選擇題的「模擬考試」。[12]由於測試結果極度滿意，使英文中學會考其中五科正式在1969年開始引入多項選擇題試卷，包括英文（卷二）、生物、化學、數學（Syllabus A, I & II）及中國歷史等。1970年，經濟及公共事務、地理和物理也加入行列；1971年再增添歷史一科，總共九科。

1974年，兩個會考合併為香港中學會考，首次出現多項選擇題的中文版本，包括物理、歷史、經濟及公共事務。[13]中國語文科首設多項選擇形式的試卷（卷二），內設10篇文章，每篇設四個問題，測驗考生的理解能力、分析力及判斷力，亦能減少中文作文試卷評分時人為的主觀偏差。[14]事實上，早於1970年2月，香港中學會考中文科小組委員會安排包括官立、津貼和私立在內的八間中學，同時舉行中國語文閱讀理解測試，以多項選擇題的形式進行。為慎重其事，英中會考的中國語文及中國文學科（卷一）提早於1973年採用新的選擇題測驗形式，考生成績與試題經過嚴密統計和分析，證明其可靠性，有效甄別一般中學生的閱讀能力。至1974年，中文中學考生才首次正式以多項選擇題形式考核該部分。[15]可惜考生的回應及試題的效能均欠佳，終於在1980年取消。

在應用多項選擇題的初期，部分科目的考卷長度及應試時間不斷修訂。以中國歷

史（卷二）為例，1969年的考卷有66條題目，佔總分的40%。[16]在1970年的考卷有70條題目，應試時間為70分鐘。[17]1971年，該科考卷沿用上述設定。委員會已決定，任何科目分配多項選擇題的部分最多只能佔該科總分的一半[18]，在試卷中其部分的比重不超過40%。多項選擇題不能衡量考生的寫作技巧，也不能讓考生有機會組織和選擇材料，討論和表達其意見。為補救此一漏洞，一般文科試卷如採用多項選擇題形式，須同時設傳統文章式（conventional or essay type question）問答題考核參考生，以起相輔相成之效。[19]

事實上，相關技術推行初期，坊間有很多質疑。除中學會考應用多項選擇題外，升中試亦於1969年首次採用。當時《大公報》曾作以下報導，表達學校老師對多項選擇題的推行抱有懷疑：

> 「升中試」已在前日下午舉行，中、英、算三科，每科考試時間是45分鐘。據考生指出，以中文科為例，共有80多條小題，平均約半分鐘要做一條題目，其中選擇題約佔試卷的百分之五十（即電腦批改部分）。過去，他們考試時，做了答案就可以，但今次卻大大不同了，除了選擇題答案外，還要在密密麻麻的表格上劃上答案的字母，使他們增加負擔。……而且今次第一次推行「電腦改卷」，在出題時花多了很多時間，考生亦難免因過度緊張而心情患得患失。[20]（《大公報》，1969年5月9日）

> 關於「機械改卷」的問題，不少教師曾經指出，這不過是使考試變成機械化、教導學生及教師都要跟着機器走的做法。這樣的教育，是死的教育，這樣的考試辦法只迫使學生死記一些零碎的、無用的知識，並不能起衡量學生真正成績的作用。[21]（《大公報》，1969年4月9日）

提出反對聲音者主要持三大理據，分別為：

(1) 任何類型的客觀問題傾向限制學科的測試材料；

(2) 引入相關技術滲有強烈的猜想成分，有意外選中正確答案的可能；

(3) 學生毋須為多項選擇題的測試準備。[22]

包樂賢則認為這只是普遍的看法，並不代表客觀事實的全部，他認為採用多項選擇題這技術，絕少限制其測試材料。問題大多屬簡單開放、半客觀，且要求簡短作答，易於批改，限制答案為直接和沒爭議性的主題，只有正確或是最佳答案或絕對錯

誤。題目選項有可能複雜，能比較準確度，甚至是形形色色的意見。在一個處境中提出幾個可能性答案，考生需細心思考，從中評估，挑選最好的解釋，能觸及標準課本沒提及的邊界，亦能考核學生的邏輯能力。

多項選擇題看似輕易，其實不然。它能令鹵莽或能力稍遜的考生忽略正確的選項，隨便作出猜測。若誘誤選項（distractor）經過精心設計，內含疑似真實的選擇時，吸引認知能力較低或概念不完整的考生，他們不大可能猜想到正確答案。只有優秀的考生，或對學科有廣闊了解的考生，方能清楚無誤地選出正確答案。此外，多項選擇題試卷可全面涵蓋課程範圍，更能反映考生真實的能力多於純粹憑記憶，或靠瞎猜而「猜中」答案。

雖說運氣在公開考試常扮演重要角色，例如猜測出甚麼試題，但卻難在客觀測試出現。傳統試卷題目數量有限，較易猜中。反過來說，在多項選擇題答卷中，考生純粹憑瞎猜獲得高分的情況十分罕見。

若學生傾向操練多項選擇題，容易造成「倒流效應」（backwash effect）[23]，或不懂表達自己所學，對教學帶來影響。包樂賢在文中告誡擬題者應在教育利益及精確量度之間取得折衷。多項選擇題及短答題各有優劣，可測量不同的學習能力。前者能給予一個較準確的評估，後者則對教學有較佳的影響。委員會將兩者考慮過後，決定保留相當大比重的問答題或短答題試卷，以便提供一份合理長度的考卷，並深信結合兩者能印證考試準確評估的基礎，對校內教學沒有不良影響。同時，在校內避免縮短老師教學時間。當會考成績公佈後，又不會影響中六收生。在1969年英文中學會考初次引入多項選擇題時，評卷表現使人滿意：

> 至於利用電腦評閱答卷，包括計算考生在選擇題試卷的積分，進行頗為順利。雖則在評閱時曾花去不少時間，找人核對分數，但今年的評卷工作，是1964年以來最早完成的一次，該年度之成績是於8月1日公佈，唯該年度之考生僅為11,000名，本年度則達35,000名。[24]（《工商日報》，1969年8月2日）

當時，考試組不斷強調不應盲目操練多項選擇題，只需熟悉有關技巧，並不建議將多項選擇題的經驗用於教學方面。李越挺在〈中學會考面臨之幾個基本問題〉中對這種情況表示關注：

唯一之顧慮為部分教師急於協助考生獲致較佳成績，對於教學時過分偏重考試技巧；加以一般坊間出售之測驗指導，對學生之學習，害多於利。本人必須指明「多項選擇」試題只為一種考試技巧。根據統計分析證明學識充分之考生不論擬題為何種形式，均能獲致同等良好成績，故考生僅需明瞭如何作答「多項選擇」問題，教師實毋需多花時間教導此類問題之技巧。蓋足以引致教師忽略培養學生之自我表達能力。[25]

二、在電腦應用之前——打孔卡片的配備

多項選擇題試卷一般設50題，甚或更多題數，是以會出現大量數據，電腦只是促成大量數據的統計及分析得以更快更準進行的催化劑。在此之前，打孔卡片的配置（punched card equipment）能提供各種協助，諸如從數據中得悉教育規劃的需要；考試及測驗更易進行，使最後結果更可靠；亦可維持完整的學生記錄，以及協助所有類型研究的進行。

陳永照憶述早期公開考試應用有關設備的情況：

回想舊日也有用統計概念以分析數據，不過比較複雜一點，在整個考試電腦化的過程中，最初未有電腦，已經有打孔卡片系統。打孔卡是一張卡，可能有80行（column），每行代表一個字母，可打印一段文字出來。例如完成閱卷後，如有300份答卷，便有300個分數，那些分數透過這張卡輸入系統。系統經過整理後，將來畫成曲線圖。憑這曲線圖，跟整體來比較，決定閱卷員的批改嚴謹與否，藉此調整分數。初期已有統計及分析的概念。那時包樂賢對這方面尤感興趣，由他開啟這方面的發展。[26]

A. Godman[27]在〈打孔卡片配置和電腦在教育的應用〉一文中說明1960年代應用數據資料輸入設備（data processing equipment）的情況：

當所有學校或教育機構的辦公室很易獲得相關設備時，在英國已有不少地區正在使用，但時機仍未成熟。最主要的阻力是所須設備的成本和大小，以及資本和周期性。最近在市場裏出現成本較少的小型機器，在未來更有增加的趨勢。設備頗適合美國大多院校應用，每日運作。教育世界正面臨改變，如教育規劃、考試應用、保存記錄和進行研究等方面。[28]

1966年，當局首次在香港中文中學會考中使用機械技術，例如以打孔卡提供標記檢測（mark sensing），包樂賢認為此項技術極好，所用的技術方法均經過妥善試驗：

> 改卷的人本來是用筆在表格上填寫各考生的分數然後將表上的分數加起來的，現在不是這樣做了，而是取一種「記分卡」，用鉛筆在對着分數的位置旁，副導電的線痕。這些線痕，通過機器的電流，就變成小孔。將這些打了若干小孔的記分卡，放入另一種機器內，便可進行各項工作，尋出種種結果（例如分數需要分別調整，以求標準統一；某些統計數字需要加起來，判定一些成績該為及格與否）。因此，我們便省去一切用人手轉登記及計算的麻煩，而且可以利用機械獲得很準確很可靠的結果。[29]

在考試及測驗中，考生會取得多項選擇題試卷的試題簿及答題紙（mark sensing answer sheet）。一般來説，每題設四或五個選擇答案，考生從中挑選正確的，並在答題紙上填畫。答題紙經過特別印刷，標記感應再生器（mark sensing reproducer）將小孔等同答案，它會選擇正確答案，予以記認，並統計出原始分數（raw score）。稍後原始分數可能被分析，變為標準分數（standardized score），記錄考生的指數（index number）。

跟人手評估問題相比，打孔卡片有極大的自由度。昔日在人手評估的程序中，需先確定方法，其後製表；在打孔卡片的程序下，所有相關資訊快捷可行，其採用的方法由不同的分類技巧執行，最終每小時能有40,000的分類速度，總結速度為每小時6,000。[30]

再者，方程式的應用使資料能用於計算機（calculator）或電腦（computer）內。在首次運行中，打孔卡片被穿過，能找到當中的分佈頻率，有利將卡上的原始分數轉為標準分數，及後校對機或電腦劃分所有分數及等級。往後電腦能用作覆檢、協調及統一，首次藉機器提供資料以關注閱卷員及考生的表現。

資料處理器對公開考試而言可謂「佳音」，它主要能確保所有可用的資料打在第一張卡或主卡（master card）上，能跟科目成績卡（subject result card）校對。所有學校獲賦予一個代碼（code），化成簡單的參考數據。相關資訊包括年齡、性別、以往的學校經歷、特定的學校、學校類型、學校地區、校內各級分班和學科分數等。如有需要，更可覆查考試人數及姓名。當局能從學校類型或分班等方面分析成績，亦能估計年齡及性別差異。如考試需要調查，所有前述的數據是必要的。考生個人表現的量

度能從其實際背景作對照。不少數據難於短時間內建立，只有使用打孔卡片的設備能得到如斯靈活，以及可接受的速度。

在籌備公開考試時，面對人數激增，考生報考自然成為一個重要階段，有關當局於1966年採用被形容為「古怪」的報考表格，上面以號碼代表各項科目。表上所填資料在各階段中，在機器本身所進行的程序中受翻來覆去的檢查。[31] 當校方交回申請表，當局把核對無誤的副本寄回學校後，會藉機器列印准考證，並分配考生編號及安排試場等。

基於經濟原因，考試組並沒有添置資料輸入裝置，連接的配置太小、速度慢，難以應付繁忙時期的工作需要，電腦因而要與其他相關政府部門共用。[32] 1968年，香港政府購置了一部電子計算機，用以取代打孔卡片系統，以及一台光學閱讀機。1969年兩個中學會考同時進行電腦化。

三、多項選擇題活用統計學分析

學術成績的測量方法非常精密，使用統計學的方法驗證，以客觀測試為主，大大改進測試成效。不過，測試過程中牽涉大量員工，要在整年的空閒時間裏完成，取代昔日要求員工每年花兩至三個星期批改答卷。從批閱至設定平均分的工作沒大轉變，反而是需要更多有技術的考試同工協助。當時香港在考試質量方面沒大問題，倒是缺乏大量曾受特別訓練的人才。

題目分析（item analysis）為試後檢視的一部分。在測試中，各題目視為一個個體，在評估後，把考生答案傳入電腦，得出題目的分析數值。

羅慶麟和秦景炎各自在訪談中分享有關題目分析的觀點：

其實，多項選擇題學問很多，它最好的地方，是因為一般考生能夠在分半鐘內完成一題。一般考卷均有數十道題目。數十道題目當然可以考核的內容有很多，深淺度也能兼顧，以配合一般考試。如果同學努力完成他基本能力可以完成的部分，獲取基本分數以外，也能將學生的程度分為高、中、低，分為很多級。

多項選擇題還有一個好處，它要求考生從題目中分析選擇正確答案的能力，

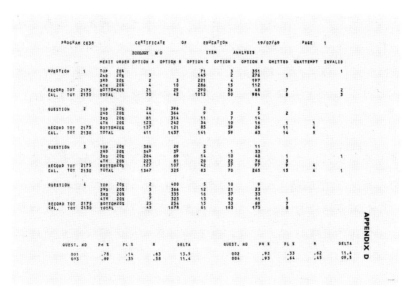

題目分析表 （資料來源：Examinations Section. 1971. *Examinations Processing in Hong Kong.* Hong Kong: The Government Printer, Appendix D.）

這讓我們知道選擇這題目而答對的考生他的能力真正在哪裏，文章式的題目不那麼容易讓我們找到這些數據。因為多項選擇題不只是A、B、C、D這麼簡單，它還有很多學問。你能從中運用統計學的方式，獲得學生能力高、中、低（的資訊），還有教學成果。表面上看來，多項選擇題只是由機器將考生的答卷評分，但其實除了評分外，你能利用它得出很多客觀的數據，方便進行研究。多項選擇題的好處就在這裏，很多人未必知道。[33]

* * *

因為每題經過考試後，能觀察出學生的反應和作答能力。統計數據可以表現出好的，知道哪道題目的確可以永遠用得到，哪些題目不適宜重用。很難答到出來的，不可行。一百個人只有四、五個能答對，那就沒用，不能甄別全部考生的能力。

我們有部分題目一定是難，有一些極難，拿高分的考生才能選中，難的就是用來甄選拿優等的考生，即使沒甚麼能力的也能取分。只要盡了力，可以得到他所需的分數。在我看來，這也屬公平。考試最緊要的是公平。

在評卷過程中，多項選擇題試卷得出的數據還可以用來支援另一試卷，即問答題試卷的評分是否準確、穩定及可靠，兩者確實相關。不過我們最初的概念並非如此，仍認為最重要的是試卷一，這份才是正統主流的。但是有很多其他知識，那試卷考核不了的，就放在多項選擇題試卷內考核，涵蓋面較闊。

多項選擇題試卷用機器改卷，其實仍有人覆核，故其得出數據最客觀，可以互相比較，不會偏頗，對考生比較公平，考試結果亦比較正確和全面。故此，在引入多項選擇題試卷後，各科多設兩卷，卷一為文章式試題，測試到考生文字寫作及表達能力；卷二為多項選擇題，則考核考生的理解能力及邏輯思維。[34]

大致上，題目分析有三種測量方法：能力值（facility）、甄別能力[35]（discrimination）和誘誤答案的力量（power of distractors）。

能力值用來量度題目的難度，反映成功答對問題的百分率。如題目的能力值低於0.2或高於0.8，其甄別考生的能力不強。最理想的題目能力值應介乎於0.5至0.7之間。[36]有關能力值（簡寫為「F」）的計算程式如下：

$$F = \frac{選答正確答案人數}{考生作答人數}$$

在統計術語方面，題目的甄別能力用以量度一個題目和測試的相互關係（correlation）。電腦計算整體考試分數，並以優秀次序（order of merit）將考生劃分為五組（blocks），最高（top）的20%代表成績最好的考生，接着20%，從上而下，如此類推。其後，列出考生在各選項的選擇數據，從中反映題目的成效。[37]

若跟較差的學生相比，優良學生答對的百分比佔大多數，顯示該題目有正面的甄別能力。若兩組學生同樣有上佳表現，則該題沒有甄別能力可言，可能不少考生瞎猜猜中答案（blind guessing）。[38]

每個錯誤選項理應包括常見錯誤或對問題的誤解，部分考生會視其為正確答案者，並非胡亂猜測，或隨意擬設。為印證其確實存在，各錯誤選項應有成為考生所想的正確答案的可能，最少應有10%的答錯考生意圖選擇。當然，這情況很難達到，對任何少於10%考生選擇的錯誤選項會進行調整。若調整不果，或少於5%答錯考生挑

選，將來如再次選用該題目時，那選項會被棄用或加以修訂。

四、題目庫的出現

專業撰寫多項選擇題的教育界同工要擬設一個具甄別能力的題目，連同調整修訂題目在內，約需二或三小時。[39]題目經過撰寫及組合而成，當中的數據資料需經過不斷預試及分析，才放在正式試卷內考核學生。

題目的質素有賴教師及考試組同工合力將之完善。科目委員會（Subject Committee）由來自不同教育機構例如專上學院及中學的學科專家組成，其中一個任務便是提供建立及發展多項選擇題的題目庫（item bank），邀請該科有經驗的科任教師、專上學院同工等擬設大量題目，若撰寫題目成功錄用，會致酬金。題目成功通過後，會分類存入題目庫，留待公開考試時應用，這可避免每年試前需擬定50條題目的情況出現。每年科目主任便會從試題庫中預備適合測驗的題目，經審題委員會審議及修訂後，便成為該年的試題。[40]學科專家負責判定題目的質素並給予意見[41]，例如措辭方面，題目多以正面方式發問，避用雙重否定（double negative）的詞彙，且行文及措辭盡量簡潔。

秦景炎曾任科目主任，主理開發多項選擇題，倡建題目庫，在此細說相關經歷及概念：

> 那年設立題目庫，專門儲存試題。收集回來的試題初稿首先會分類，存入題庫。考試前，我就去找那些合用試題出來，由於題庫內題目為數甚多，每年考試所選的都不同，但是再重考去年試題的話，會很容易被學生知道。

> 老師襄助擬寫很多題目，但我們不能照單全收，要篩選，選出質素高的，具甄別能力的，致酬予擬題者。一般來說，教師都不會為那區區薄酬而撰寫題目，多是為興趣而寫的。

> 一般來說，十題只取兩、三題左右，不適合的不要，有些則要他們回去修訂或重寫。老師肯吃虧會再寫，我會告訴他們哪些題目不適合，再請他們重寫。我將我的要求講出來，他教書時便可得益。教學生時會準確一點，知道那些部分會考核，那不會。

> 我們通常發覺庫存題目不夠時，便要再邀請他人擬寫。每年都有「進貢」，

有新的題目進入試題庫。誠然每年也不能擬定那麼多試題。題目庫最初的觀念是收集最好的擬題，並從中選擇，不用一人負擔所有擬題工作，可集合多人力量而成。[42]

1969年至1970年期間，葉禮霖於考試組工作，印象非常深刻，尤其是工作量甚多，對多項選擇題有深刻的體驗：

我在考試組擔任科目主任，負責生物科和化學科試卷的中文版本，以及科學科（General Science）的英文版，那時做得很瘋狂。我開山劈石始創多項選擇題試卷。那時科目主任專責做多項選擇題，若沒同工肯幫忙，不夠題目，便需由自己擬設，真是叫苦連天！[43]

在本質上，考試內容變化急速，由於多項選擇題試卷的試題能重用，試後不會立即查詢教師對考題的意見，局方又有題目分析，能測量各題目的成效，且其後多項選擇題的發展漸趨成熟，故學科普遍採用。自1976年起，黃浩潮參與中史科（卷二）的工作，在訪談中分享參與多項選擇題的工作經歷：

1976年，考試組的官員邀請我擔任中學會考中史科試卷二的前期工作，即審題員。卷二是多項選擇題試卷，由電腦評卷，不用開閱卷員會議，故試後工作相對較為容易處理。那份試卷予我印象最深的是，試前的審題會議時間遠比卷一（即文章式問答題試卷）長。記憶所及，當年在數個月時間內要開二、三十次、每次二至三小時的會議，最難處理的是要極度思考那些首次接觸的誘誤答案，期望這些非答案選項不太偏離史實，即錯得不要太明顯；亦希望能考核學生思考，並非單靠記憶便可。有時我們舉行一次會議，腦袋隨時被「卡住」，「摩」[44]不了一道題目。那時課程分甲、乙、丙三組，共有75題。試想一下，要舉行多少次會議呢？部分同工聽見中史卷二時都不願沾手。那時我剛升為訓導主任，課節不多，加上校長不用我教會考班。其後我晉升至副校長，更加不用教中學會考班，當時考試組（及其後考試局）的科目主任在人手安排上急時便會找我幫手。那時為了修訂或擬設某一兩道題目，動輒花上很多時間尋找書籍，對自己也是一個很大的挑戰；不開心的地方是會議時間太長，有時甚至佔用星期六全日。[45]

五、從多項選擇題到試場安排——隨機抽樣

設有多項選擇題試卷的科目在試場佈置上與一般的有所不同，主要目的是要盡量使考生的作弊機會減至最低。包樂賢曾與海外考試中負責有關測試的委員交流，其中一個常討論的問題是，多項選擇題以答案由選項A至E五項，跟其他地方相比，本港公開考試試場座位編排較為緊貼，考生輕易地在同一試場內向朋友發出暗號提示，間接衍生作弊的可能。[46]

1968年，在進行大型的英文科「模擬考試」之前，普林斯頓教育測驗中心Mr. J. Robert Cleary曾來港視察，為進行多項選擇題考試提出建議。[47]他提議本港可仿傚美國同類測試的做法，試卷的題目次序不一，並設計成幾個不同的版本，讓考生作答。這影響至試場考生座位的佈置，座位相鄰的考生們不會有相同的試題簿[48]；座位1、11、21、31等派發第1版本，而座位2、12、22、32等派發第2版本，餘此類推；同時，亦能確保有10%的題目已進行預試，並不規則地插入試卷，毋須跟正式題目（live item）分辨。預試題目在各版本的難度相同，不會影響題目難度的分類，故沒有重新安排題目的需要。[49]

考試當局把同一份試卷設計成10組（set）試卷，編號分別為0至9，並以10的倍數包裝試卷。[50]唯一顧慮的是，須確保考生準確地將答案記在獨立分開的答題紙上，否則正確答案將不獲分數。為此當局在真正的問題簿加上封面，並附有所屬版本的記號，考生需將此抄寫在答題紙上，考試完畢後有員工負責覆檢答題紙，確保無誤。其後答題紙經電腦分類。而電腦儲存10種標準答案，快速批改各版本的答題紙。在1969年的《香港英文中學會考年報》，指出：

> 雖有廣泛的宣傳，向學校及考生給予詳細指引，許多考生首次應考多項選擇題，忘記將其問題簿的號碼抄於答題紙上。因此，局方巳部署額外人手進行100%的檢查，以確保這些考生不會因疏忽而受罰。但是，令人感欣慰的是往後的考試甚少出現這情況。[51]

在宣傳方面，當局首年介紹機械批改時，善用大眾媒體，諸如收音機和報紙；亦製作一系列掛牆圖表（wall charts）及小冊子，派發予各考試學校，讓師生得悉答題紙的設計，用鉛筆應試，以消除考生應試時的疑慮。答題紙有一特色，答案欄前的第一組是5個英文字母，分別為選項A、B、C、D、E；第二組選項則是P、Q、R、S、T，

餘此類推。其設計有助學生答題時知道題目位置，不致將答案錯配題目，出現因錯劃答案而失分的可能[52]；並在答題紙上列印條形碼（bar code），內載考生姓名、考試號碼、科目、試卷、試場等詳細資料，方便電腦批改時確認。[53]

電腦適時興起，與公開考試的安排彼此相應配合。在1965年以前，考生在原校應試；1965年，試場分派的規則轉變，考生按姓名順序排列，依次分派試場，唯考生鄰座仍有可能是親兄弟姊妹，彼此相識。當局於1969年始能隨機分派考生編號，不按次序分派予不同試場，減少作弊的可能。考試結束後，閱卷員獲隨機分派答卷，使考試的公平性得以提高。值得一提的是，1970年香港中文中學會考才首次採用新法[54]編配試場內的考生，藉電腦充分利用考試期間每一試場之座位。[55]這有利監考工作，各科考生每日能盡量集中於較少數的試場，依次排列，此舉能減少監考人員的數目，亦縮短試場的使用時間。

李越挺及蔡熾昌暢談隨機概念如何應用於公開考試中，特別是多項選擇題，以及舊日試場安排的演變：

隨機編配（randomization）很重要，很多方面影響考試的運作，包括答卷批改、試場編排及考生分派、多項選擇題的擬題等。這機制是希望考試在最公平的情況下進行。例如我當年會考時，是在自己學校應試的，沒說要到別校去。若沿用最原始的方式，其弊處是當你收集試卷時，同一學校的學生試卷必然聚集一起。除非回去後，再將試卷重新排列一次，否則同一學校的試卷都交予同一個閱卷員手中，有違公平。但是，假若答卷是隨機的，從常模參照（norm-referenced）的角度來看，各人若批改數百份試卷，得出分數分配的統計數據形態，即所謂「curve」[56]理應相近。為公平起見，我們便要把考生隨機編配，使試後收集給閱卷員的試卷不按序集中一起。

我曾聽過的一個笑話，不知真假與否。在試行隨機編配最初的時候，包樂賢曾試過「搣紙仔」，撕了一大堆小紙條，在每張小紙條上寫一個數字，然後就在拋，藉以核證是否真正「隨機」。[57]

* * *

隨機編配是香港的特色，其他國家幅員較大，做不了。這概念從1960年代開始，由包氏主理。我們早期的隨機抽樣是按英文字母順序，即姓區的永遠是

排第一。後來發現這方法不行，容易讓別人追查，不是真正的隨機。

另一與隨機編配並行的是多項選擇題試卷10 set（詳見本書頁291）。何謂10 set呢？多項選擇題試卷有幾個答案以供選擇，有意作弊的考生可窺視鄰座考生所選擇格子的位置，然後劃上自己的答題紙上。於是設10套不同的版本，題目相同，內容一樣，只把那些題目的編排次序調亂，次序不同，杜絕考生偷看鄰座考生。還有一個巧妙之處，就是這10個版本，座位不能以10的倍數來排列。

其實，那時10個set把試題調亂，真令人叫苦連天。因要做一個換算表，即要對照set 1的第一條，又是等如set 2的第幾條。這個表需要輸入電腦，要是弄錯了，所有的答卷都會改錯。到1979年已沒有10個set的安排了，因為工作太繁複，不值得。[58]

在另一訪談中，陳永照及蔡熾昌亦闡述當中的關係：

當時多項選擇題的引入，在器械上有光速閱讀機器（optical reader）的協助，亦有技術人員配合。此外，至1960年代末應試考生人數漸增。傳統考試多以問答題（essay-typed questions 或conventional paper）形式進行，考試時間有長至兩個半小時者。每份答卷的篇幅頗多，且發覺當時很難聘請閱卷員，於是引入多項選擇題，先在英文科實行。另一方面，多項選擇題試卷因試題數量可以多達50，能涵蓋較大範圍，且多項選擇題的數據可用來監控問答卷的評卷尺度。整件事的大前提是因為有隨機抽樣，才可藉着多項選擇題的種種訊息得知學生表現及各閱卷員的水平。

在電腦配合考試的時代，先有隨機抽樣，即是說所有學生報考時，自行決定應試的地區。若考生住在九龍，他不會分派到新界應試。決定後，電腦會在該區分配考生應試的試場，但不能自由選擇試場，只能選區。若這區有10個試場，你獲派往哪一個試場應試，由電腦分配，不能更改。在每區抽出部分試卷予每位閱卷員批改，抽樣較有代表性。

其實，早期仍按考生英文姓名的字母排序，姓歐的永遠坐在前排，直到1970年代，始能應用統計學提供的隨機編配表（random table），隨機派發考生編

號予學生。初時隨機編配表的上限只是十萬考生。其後，我們估計1983年的考生會有17萬人，於是又要更改相關系統。那時有電腦程式衍生號碼，增加多少學生也沒有問題。

當我前往英國訪問時，分享香港使用隨機編配的經驗，諸如分析出來的數據，可怎樣調整評分。還記得當時與該地同工交流時，他們說香港能做到是非常之好，他們想做也不成。當中的原因就是英國地方大，學生不可能隨意調動至不同的試場。畢竟英國較香港大很多，試場之間的距離或許甚遠，考生只能在居處或就讀學校附近的試場應試，即是說閱卷員只能集中批改某幾間學校的試卷。那如何平衡呢？只能安排每位閱卷員批改數間不同程度學校考生的答卷，藉此平衡，並不如我們般可隨機抽樣。[59]

無論試前或試後，公開考試均講求客觀及準確性，如何維持精確的標準成為一大關鍵。多項選擇題和電腦的應用成為其中要素。前者先涵蓋廣闊的學科範疇，又能較客觀判別考生答案正確與否，與傳統問答題試卷相輔相成；憑專業的考試工作者擬定嚴謹的試題及評分標準，並藉着電腦進行有系統的統計，分析考試數據，提升試卷的質素；又能評定公開考試的等級，直接鞏固當時的考評概念——常模參照（norm-referenced），其中涉及參考組（control group）這個概念。

六、源自教師評審概念的校本評核

現代教育往往以考試為主導，引致教學上出現倒流效應，亦顛倒了課程與評核的關係。學者往往批評這類教學為單向灌輸，以背誦為主，學習效應並不理想。有見及此，世界各地政府催生校本評核，以促進學習效果及減低考試為學生帶來的壓力及影響，因勢利導，「校本評核」亦從狹隘的紙筆測考模式轉化成廣闊的教育評核。[60]

1980年代，香港已踏進高等教育普及化的道路，不再是昔日的精英制，惟課程及公開考試並未順時變革。在常模為本的情況下，未能全面反映學生真正能力和表現。1978年，香港大學高級程度考試的化學科設教師評審計劃（Teacher Assessment Scheme, TAS），藉以考核考生的實驗技巧及撰寫報告的能力，取代往日的實驗試（Practical Test）。在此之前，港大主導其入學試的內容，以化學科為例，由於時間、儀器及場地有限，實驗試不得不從現實角度出發，以簡單的定性和定量類型的實驗為

題，鮮有考核較複雜的實驗。

另一方面，試題確對教學有指導性作用，導致出現「不考不教」的情況。正因如此，校方大多着學生操練公開試常見的實驗，反而較少進行複雜的實驗，直接影響化學科的教學質素。其後當局採用教師評審制取代，藉以要求校方在日常教學中安排各類的實驗，以供教師評核之用，亦可促進學生學習。

教師評審制在評核的理念來説，屬於「補充模型」（complement model），其優點是借助日常學習，以補充公開試較難涵蓋的目標及能力。校本評核所測量的部分是公開試難以考查的，該模型集中增加該科評核的效度（validity）。換言之，無論校本評核和校外考試成績，都是相關學科學習的成果。

回説校本評核，進行校本評核還有其他原因。其一是為避免「十年磨一劍，一考定終身」、「一試定生死」的偶然性，減少學生對筆試考試成績的過分依賴，因為筆試考試成績或未能可靠地反映考生的真正能力。根據學生在較長時段內的表現，並由認識學生的任課教師進行評估，應該可以提供較為可靠的學生評核依據。另一個原因是為學生、教師和學校員工帶來正面的「倒流效應」（backwash effect）。校本評核所要求的課業均須建基於學習活動。學生須參與任教教師設計的學習活動，並透過這些學習活動並進行評核。對於各科的科任教師來説，校本評核可以強化課程所擬定的宗旨和為其提供良好的教學實踐，並為日常運作的學生評核活動提供系統架構和增加其在學習上的重要性。[61]

可是，這種評核模式也有其限制，這跟校本評核分數有關數據調整的程序有關。在調整程序中，雖能確保諸校評核時的可比性，唯校本評核和公開試的相互關係不一定互相緊貼，因而對校本評核測量分數調整的準確性或有影響。[62]

觀望全球教育發展，國際教育評核聯會會議（International Association for Educational Assessment Conference）在1993年致力討論校本評核的問題，足見世界各地已實踐跟教師評審制相比的機制。校本評核的引入源自國際視野，具有較廣闊的定義。校本評核能有總結、形成和判斷等評估動機，能跟相關評核元素或目標相互配合。[63]

與會學者Yussufu形容校本評核有不同層面的意思。該模式為有系統地收集分數或評級，橫跨某段時間，聚集而成為最終評級，經深思熟慮的周期性評估，朝向某些目標實行，以達至成功。它為眾人表現建立累積的判斷，讓教師持續評核學生。Yussufu再指出：

校本評核的本質是一個累積的過程。除呈現學生的發展外，也反映其在課程內的轉變。如運用得宜，校本評核將成為精密的監察裝置，把教學方法和學生的學習意見回饋予老師。[64]

與會者帶來各地實行校本評核的經驗，例如葡萄牙、英國和澳洲等。以英國GCE A-Level的數學科為例，其校本評核的特性是不受時限，要求學生達致的任務和認可開放，以紙筆記錄；它亦是有溝通技能的認證，包括實踐、口語表達及協作等，使學生學以致用，獲校外和其他課程承認。當中提到以四個領域，包括知識和掌握技術、組織和研究技能；口語和其他溝通技巧；應用的廣泛性，及對數學的洞察力，為學生在日常學習作總結。[65]

跟校本評核相比，傳統紙筆考試有一定限制，它側重測試語言和邏輯數學能力，較難測試實作能力。若過度習慣筆試，有可能只會着重背誦知識，評核者及受評者的交流較單向，鮮能作互動。[66]儘管筆試易於評分、比較和分類，唯學生多只重於牢記知識，而非理解運用，學生真正學到的往往未能全面反映出來。

有關討論本地公開試評核模式的改變，早於1997年《香港教育統籌委員會第七號報告書》曾述及：

考試和評估是學校教育中必要的部分，既可評核學生在某個教育階段的表現，亦可與世界水準參照比較。近年來，考試在其他教育制度中的角色也正朝着積極的方向轉變。教統會認為考試是保證教育質素的有效工具，並須按教育制度的發展而改變。

⋯⋯

教統會與很多人的意見一樣，認為要全面評估學生的能力，必須持續進行，除了全面評估學生的知識外，還須評估他們的態度和行為。教統會建議政府和教育界人士應讓社會人士明白均衡教育的目標，以及發展全面優質教育的重要。

教統會建議政府與其他教育團體，例如香港考試局一起研究，可否在評定學生的水準時，除公開考試的成績外，亦同時考慮學生的校內成績，避免只以一次考試評定學生的學業水平。當局亦鼓勵公眾人士接受這種評定方式。

教統會知道香港考試局在中學會考和高級程度會考中有部分科目已包括校內評估，並考慮把這項安排擴展至其他科目。高等教育院校亦正研究除了考慮學生的香港中學會考成績外，是否可以兼顧他們的校內表現，作為暫時取錄中五或中六學生的準則。實行暫取生制度的好處是學生獲得高等教育院校暫時取錄後，可以在中六和中七期間，多花時間參與學術以外，但同樣具有教育意義的活動。為鼓勵均衡教育，教統會歡迎一些高等教育院校修改入學條件，考慮學生學業以外的表現，教統會建議其他高等教育院校亦這樣做。[67]

香港考試局接納《香港教育統籌委員會第七號報告書》的建議，於1998年委託顧問團[68]檢視香港公開試制度，藉以配合教育改革，亦配合社會發展。同年12月，顧問團呈交報告書，其中一項重大建議是在高中全面推行校內評估。誠然社會各界對畢業生的要求漸高，各自表達其意願。除前述的部分意見外，部分支持校本評核者認為：

在現今競爭激烈的商業世界中，本港公司需要多才多藝的畢業生，能在不同範疇中展現多功能的技術。因此公開試在學生評估方面應包含這些元素，替學生裝備，以符合就業需求。此外，評估方法亦應注重發展學生獨立思維和創意，取代只要求他們記着事實。[69]

此外，該報告書內亦有受訪者曾質疑當時中學會考的評級制度，認為它不足以分辨考獲F級或U級的考生，亦值得當局深思：

公開試成績的等級設A至U級，各等級有明顯的界線：A至E級；考生跌出E級以外，將被評為F級或U級。目前，只有30%的會考生考獲中、英和其他3科及格；有15%的考生在所有學科取得不及格。對不及格者而言，等級沒甚麼大意義。例如某考生考獲35分，另一考生考獲20分，彼此同獲評為F級。在名義上，成績不能反映任何能力上的差異。兩者成績的表現對「用家」理應有更多意義。再者，累積的等級沒展現不同必備特質的強弱之處。考生也應理解自己在不同層面的表現。[70]

反對者大多對校本評核評分的可靠性抱有懷疑，他們認為推行校本評核時須顧及現實，例如師生工作量和壓力、電腦科技的應用、課業的公平性等；特別是教育局和考評局有責任向大眾解釋校本評核的理念，以消除疑慮和加強認受性。

隨着香港教育整體發展方向的轉變和改革，公開試從中引入校本評核模式，藉以帶動課程和教學的改革。誠然公開試功能的轉變，也導致考試局的本質改變，為配合教育發展的趨勢，考試局於2002年易名為香港考試及評核局。校本評核跟考試結合，相輔相成，其理念和形式大致如下：

> 推行校本評核的主要理念，是要把教、學以及評核結合起來，將各科一些重要的學習目標納入評核範圍，讓教師把日常的課堂活動或課業用做評估學生的表現……有助於提高學生學習的積極性，激發其學習動機。

> 推行校本評核旨在提高公開評核整體的效度。校本評核經常用來評核學生參與不同形式學習活動時的表現，例如口頭報告、製作學習歷程檔案、實地考察、調查研究、進行實驗以及專題設計等。這些活動有利於學生掌握一些重要的知識和技能，養成良好的習慣，而由於時間和環境所限，這些能力往往不易通過紙筆考試反映出來。[71]

當然，校本評核須訂立明確評核目標和合理評核要求，切合本港的客觀環境。各科校本評核與課程緊密結合，評核範圍則集中某學科的部分核心能力，讓師生較易掌握目標，減輕負擔。有關中學文憑試校本評核的設計重心，且看下表。

2012年香港中學文憑考試推行校本評核的科目

科目	評核要求	中五學年提交分數	中六學年提交分數
英國語文	說話能力評核	評核1次	評核2次
中國語文	閱讀活動； 日常課業／其他語文活動； 選修單元	／ ／ 1個選修單元分數	1個分數 1個分數 1個選修單元分數
通識教育	獨立專題探究	第1階段	第2及第3階段
生物*	實驗有關作業： 能力範圍A； 能力範圍B	／ 1個分數	2個分數 1個分數
化學*	實驗有關作業： 基本化學分析； 實驗	1個分數 1個分數	／ 2個分數
物理*	實驗有關作業： 實驗	1個分數	2個分數

組合科學*	**生物部分** 實驗有關作業: 能力範圍A; 能力範圍B	/ /	1個分數 1個分數
	化學部分 實驗有關作業: 容量分析; 實驗	1個分數 1個分數	/ 1個分數
	物理部分 實驗有關作業: 實驗	1個分數	1個分數
綜合科學*	實驗有關作業: 能力範圍A; 能力範圍B	1個分數 1個分數	1個分數 1個分數
歷史	1份由2項課業組成的功課	課業1	課業2
中國歷史	學習及評核計劃	1個分數	1個分數
資訊及通訊科技	專題項目寫作	第1部分	其餘部分
設計與應用科技	設計作業	第1部分	第2部分
視覺藝術	作品集	作品集1個	作品集1個
註釋: *與實驗無關的作業延遲至2014年香港中學文憑試實行。詳情見相關學科的教師手冊。			

資料來源:香港考試及評核局,《香港中學文憑考試校本評核學校領導人手冊》(香港:香港考試及評核局,2009),頁19-21。

新高中學制下的「校本評核」有着極重要的地位,原因是考評局強調「校本評核」是考試評核方式的趨勢,因此建議香港中學文憑考試中的 24 個科目,將以循序漸進的策略引入「校本評核」。

考評局在推行「校本評核」的過程中,以通識教育科為馬首是瞻,大概因為該科的「校本評核」由來已久,在高級補充程度會考時期已經有與「校本評核」相類似的「專題研究」,在中學文憑考試稱之為「獨立專題探究」,名稱雖然變了,但是評核的比重仍然是該學科的20%,有些似舊酒新瓶。香港課程發展議會與香港考試及評核局 (2007) 通識教育科課程及評估指引指出「獨立專題探究」提供了一個珍貴的學習平台,讓學生學習成為「自主型的學習者」,透過對社會議題作出具有探究性元素的研究,從而發展高階思考

能力和溝通能力，冀望擴闊學生視野之餘，亦能顧及到學生不同的興趣和性格取向。毫無疑問，「獨立專題探究」與其他學科的校本評核不同之處就在於它提供了適切的課時(科目課時的三分之一)和學生有自主學習的空間，讓學生自己訂立探究題目，並投入其探究過程之中，去親身體驗「自主學習」。另外，由於「校本評核」的評核模式相對考試來得全面而多樣化，對於文字處理能力稍遜的學生是較為公平的，因為透過「校本評核」，他們書寫以外的能力亦可以獲得評估分數，而老師又可以在過程中就着學生表現、學習態度、興趣和習慣，一併作出全面的指導和評估。香港考試及評核局強調「校本評核」的主要理念，是要「提高公開評核的整體效度，將評核範圍擴展至不易透過公開考試反映的學習成果」。[72]

起初當局為了讓校方及教師有充分時間準備，故採用策略性推行時間表。上述12科的校本評核於首屆文憑試推行，其餘9科的校本評核則延至2014年實行，另有2科延至2015年和2016年實行。數學科因分歧問題較大，暫未納入校本評核範圍內。[73]在2012／2013學年，教育局、課程發展議會及考評局檢討新高中學制，決定大幅精簡課程內容及校本評核安排，並刪減近兩成課時，於2013年9月實施：

- 中國語文科改動甚大，除考卷形式改變，選修部分內容變少，其校本評核取消日常課業；
- 企業會計及財務概論、數學科及體育科不推行校本評核，體育科以實習考試取代校本評核；
- 中國文學科和英語文學科等9科校本評核則延至2019年推行。[74]

簡言之，校本評核是指在學校進行，由任課教師評分的評核活動，分數計算入學生的公開評核成績內。[75]以中國歷史和世界歷史為例，兩科均於2006年廢除多項選擇題試卷，考核形式改以開放式問題（open-ended questions）和校本評核取代，後者所佔的時間及比重為20%[76]，這正是實踐考評概念的轉變。

2007年，香港中學會考的中文及英文科首次施行，每科都有逾六成學校呈交校本評核分並獲取考評局的回饋，當中近六成學校選擇將分計算入全科成績。[77]兩科校本評核均佔整科成績的15%。由於任教教師熟悉其任教學生的能力，能在一段長時間的表現進行評估，進一步提升評核的可靠性。由於不同學校對課業要求不一致，可能出現評核寬鬆不一，故教師給予的評分的差距甚遠。

為確保學校間的評分一致，考評局會對校本統計的分數作出調整，保持各校成績的可比性。分數調整是指對調整組別內學生校本評核原始成績的平均分和分數分佈作出調整的機制。一個調整組別的單位通常是指一間學校。[78]調整會以調整變數（moderating variable）作為參照，例如公開考試成績，或檢視學生校本評核作業樣本等；藉着比較每位學生與調整組別內所有學生的平均表現，繼而得出該考生應予的調整分數。

在香港中學文憑考試中，校本評核共有兩種調整分數方法，分別為統計調整（Statistical Moderation）及專家判斷調整（Expert Judgment Moderation）。前者需待公開試完成閱卷後方可進行，其好處是易於實施，一般而言，公平、節省時間及資源。它建基於2007年香港中學會考中、英文科的調整方法，其後加以改良，為大部分學科採用，能有效地量度一個調整組內學生的表現[79]；後者則應用於考生人數較少，或校本評核內容跟公開試表現極不相近的學科，例如視覺藝術科、設計與應用科技科。在實施方面，兩種調整方法的重心大為不同：

> （統計調整）方法以該校學生的公開試成績為參照，調整學校學生的校本評核成績及其分佈。在調整過程中，學生的校本評核分數或有所改變，唯學校所評定的學生次第維持不變。各分區統籌員也會抽樣檢視學生習作及評分。考評局會參考抽樣檢視的結果來修訂統計方法建議的分數調整，這可結合統計調整方法和專家判斷兩方面的資料，作為最後分數調整的根據，務求作出最恰當的分數調整。

> 考評局採用專家判斷調整方法調整學校提交的校本評核分數。調整方法則由考評局委任的人員，如審核員、統籌員檢視不同水平學生的習作樣本，然後建議分數調整的幅度。調整過程中，學生的校本評核分數或有所改變，唯學校所評學生的次第維持不變。[80]

現今社會大眾多受教於傳統教育，接受舊有公開試的傳統觀念，校本評核在香港尚算一項新措施，無論學校或師生，均需時理解及實踐箇中理念。畢竟知易行難，相關措施亦需顧及客觀環境，否則適得其反。校本評核屬整合學習歷程，若各人學以應用，師生將互得裨益。學者顏明仁以「相簿」比喻評核，小考、測驗或觀察所得的資料等則像快照般提供即時圖像。本章藉此暫為校本評核作一小結：

它應該包含多樣的照片，而非單一的快照。相簿提供的是一個比較完整的、正確的描繪，必須有較多的評核記錄才能讓我們作比較有效的評核。可以說，快照雖然重要，卻也很有風險。測驗考試有其必要，但必須了解，這項考核只提供學生學習和學校表現的一個簡要印象，我們還需要更完整，有如相簿般的評核記錄。[81]

七、實踐與理念的偏差

2015年，教育局發言人指出：

> 由2015年9月中四級開始，七個選修科目將不實施校本評核，包括中國歷史、歷史、經濟、倫理與宗教、地理、音樂和旅遊與款待。另外，中國文學、健康管理與社會關懷和資訊及通訊科技三個科目將進一步精簡校本評核。至於其他科目如視覺藝術、各科學科目及設計與應用科技等的校本評核，則按現行安排繼續實施。[82]

發言人表示，曾就新學制短期及首批中期檢討措施蒐集學校領導人的意見，調查結果正面，學校領導人普遍認同措施（包括校本評核）已見成效，有助提高學與教的效能及減輕學生的工作量。

校本評核着重評估較難透過紙筆測試的範疇／技能，可考核學生多方面的能力。新高中畢業生學習經歷意見調查結果顯示，約三分之二的受訪新學制中六畢業生同意校本評核有助他們在大專或大學的學習，特別是加強他們組織資料、分析及研究的能力，並培養堅守學術誠信的態度。

校本評核原意是改變一直以來公開考試「一試定終生」的負面影響，因此設計在校內學習的過程中，應記錄以監察學生學習的全部過程，然後把這些校內的評核結果，通過統計的方式，與公開考試的「一試」成績掛鈎。但到高中學生實踐校本評核時，考試壓力全面鋪開，侵蝕學生的日常學習生活，離校本評核的目標愈來愈遠。在施行過程中，不僅教師壓力大增，學生壓力同樣有增無減。本來欲化解「一試定生死」的壓力，料不到試前壓力竟擴散到整個高中階段。有問卷訪問顯示，文憑試考生感到的壓力，不亞於以前的會考生，近九成受訪學生同意「校本評核帶來很大壓力」，超過一半人則認為校本評核無助鞏固學科知識。這些壓力，有些是源自對陌生

制度的疑慮，另外有些源自當初設計校本評核考試模式和內容時低估了負面影響。[83]

校本評核在過去幾年的實踐過程中，並沒有得到教育局所預期的讚賞。有教師認為評核要求並不合理，教師們所付出的，例如，時間和精神，與收穫未能成正比，而學生所獲得的成績亦未能全面及客觀地反映出他們的學習經歷和成果。有教師指出「校本評核」的課業繁複、工作量大、指示不清晰和剝削學生的學習時間等。亦有教師將「校本評核」視作學術研究去處理，加強學生的統計、問卷調查及訪談技巧等訓練[84]，令教師及學生都承擔很大的壓力，吃力不討好，與教改提出的「拆牆鬆綁」及「愉快學習」等理念南轅北轍。

相關委員會認為中國語文、英國語文及通識教育科三個核心科目的校本評核已涵蓋了重要的共通能力，選修科目的校本評核應避免重複考核相關技能。部分選修科因此建議不實施校本評核，並按需要在公開考試中考核相關技能和知識。上述建議在學校問卷調查中亦獲得大部分教師和校長支持。

考評局公開考試委員會主席李石玉如說：

> 有關校本評核的整體建議乃是建基於多層面的專業討論，經全面考慮及審視校本評核的整體安排以及持分者的意見而訂定的，相信會讓學生有更大的空間進行學習。[85]

課程發展議會主席楊綱凱教授強調：

> 我相信今次訂定的課程和考評方案，可以持續優化課堂的學與教。這除了有助穩定新學制之外，亦讓下一階段的中、小學課程邁向持續更新的「學會學習2.0」，以回應學生及社會發展的適時需要，並為社會培養多元、優秀和與時並進的人才。[86]

教育局公佈《新學制中期檢討及前瞻》，內容包括調整校本評核，七個新高中學科於2015年9月起，選修的中四生毋須再提交校本評核作業予考評局，改由考試取代，並增加考試時間，變成文憑試24個甲類（主要）學科中，有10個學科免校本評核。

換言之，2015年9月入讀中四的學生，若選讀中史及歷史，便毋須提交校本評核；而2016年9月入讀中四的學生，修讀經濟、倫理與宗教、地理及旅遊與款待，也免去校本評核；此外，音樂科也不實施校本評核。教育局指相關科目技能的校本評核，

新高中校本評核終極決定

方　案	科　目
不實施校本評核	中史、歷史、經濟、倫理與宗教、地理、旅遊與款待、音樂
精簡校本評核	中國文學：必修部分保留「創作練習」，交三個分數，佔全科15%；選份部分不用交分
	健康管理與社會關懷：只保留一個校本評核課業，取消選修專題研習，比重由30%減至20%
	資計及通訊科技：以引導仁課業取代項目習作，並集中於「構思與應用」和「測試與評估」兩個評核範疇
如期開始實施校本評核	英語文學、科技與生活
按現行安排繼續實施校本評核	中文、英文、通識教育、生物、化學、物理、科學、設計與應用科技、視覺藝術

資料來源：教育局新高中校本評核終極決定的內容（2015），《蘋果日報》（2015年4月18日）；網頁：hkapples.next media.com，瀏覽日期：2015年6月4日）

已在中、英文及通識中展示，毋須重複。另外，中國文學、健康管理與社會關懷、資訊及通訊科技三個學科的校本評核，進一步精簡。

以中國歷史科為例，校本評核部分所考核的技能，例如擬定計劃、資料搜集和課堂匯報活動，與部分核心科目，包括通識或中文重疊。另外，如以公開考試取代校本評核以考核研習歷史的技能，相信能全面評核考生的能力表現，維持文憑試的國際認受性。當局又稱，於卷一新增必答題目已可取代校本評核評論分析的活動，並可減輕考生同時完成多科校本評核的工作量。[87]

新高中校本評核推行已六年，有學生憂慮取消校本評核等同只靠「一試定生死」，但有校長支持修改。廠商會中學副校長周修略認為，校本評核設計原意「最理想、最完美」，可惜現實中師生感壓力，理應修改。教育界立法會議員葉建源認為，今次是合理地簡化文憑試的內容，但當局以增加考試內容作為平衡，令學生應試壓力大升，建議教育局及考評局審慎評估。

無論如何，校本評核的出現，標緻着二十一世紀本港中學生學習與考評的特色。昔日中學實行5-2制，即五年中學，兩年預科，學生要面對兩次公開考試，有社會人士大聲疾呼，公開試太多，學生要進入大學要衝破重重關卡，在學習上承受很大的壓力，極力主張廢除其中一個公開試；不旋踵，教改建議中學改制，六年學習後只剩一

個公開試——香港中學文憑考試，另一批人士卻又埋怨「一戰定生死」，學生的壓力更大，且特重考試，會形成「學考分離」的現象，言人人殊。迨於文憑試加入校本評核的元素，卻又有人認為學生課業分量大增至不能負擔，必須除之而後快。至今，部分科目的校本評核部分取消有期，不過，校本評核取消後，不知又有沒有人再強烈反對「一戰定生死」的概念？

有人認為校本評核的出現，反映這一時代對學生學習的需求，其理念配合社會發展的要求；卻又有人堅持反對，反之認同及接受一仍舊貫的評核模式——單以公開試作定奪。

其實，在新高中課程未開始實施前，大家意見較多的乃評核機制中的校本評核，一些調查結果顯示，多數教師反對校本評核，當時考評局負責人張永明坦言：「校本評核令教師工作量大增是始料不及的，學界對推行的意見兩極分化。」[88]時至今日，香港的考評文化，是進？是退？是與時並進，抑或原地踏步，又或停滯不前？在這進退之間，校本評核又扮演着甚麼角色？

註：

1   Hong Kong Certificate of Education (English) Board. 1968. *Instructional booklet on Multiple Choice Testing*. Hong Kong: The Government Printer, pp. 4-5；秦景炎，〈中國語文科閱讀理解多項選擇題測驗〉，載於《中文通訊》第32期（香港：視導視學處中文組，1975），頁50。

2   2014年香港中學文憑試數學科試題。

3   Hong Kong Education Department. Annual Summary 1964-1965, p.49; Hong Kong Education Department. *Annual Summary 1968-1969*, p.54.

4   李勵勉、羅文通，《教育評估導論》（香港：香港教育署，1989），頁20。

5   1969年，包樂賢時任考試組主任（Head of Examinations Section, Ed.）。

6   A. G. Brown, 1968. "Multiple Choice Testing for Hong Kong". *Journal of Education,* No. 25, p. 20.

7   Hong Kong English School Certificate Syndicate. 1967. *Annual Report of the Board of Control and Reports from the Examiners,* p. 2.

8   見陳永照、蔡熾昌訪問稿，2012年8月8日。

9   1960年代，美國出現幾種重要的課程學說，其中一種為布 姆學習層次，對教育有深遠的影響，成為瑞典、英國和德國課程規劃中的重要工具。其學說以心理研究為基礎，確認每一學科均含有明確的概念層次，可以通過知識、理解、應用、分析、綜合、評鑑等步驟去進行學習。詳見江紹倫，〈六十年代西方上層中等教育之演變〉，《學記》第4期，1973，頁8。

10   見羅慶麟訪問稿，2012年7月18日。

11   見秦景炎訪問稿，2009年12月18日。

12   Hong Kong Certificate of Education (English) Board. 1968. *Annual Report of the Executive Committee and Reports from the Examiners.*

13   Hong Kong Certificate of Education Board. 1974. *Annual Report of the Executive Committee, p.3.*

14   *Ibid.*, p. 8；秦景炎，〈中國語文科閱讀理解 多項選擇題測驗〉，載於《中文通訊》第32期（香港：視導視學處中文組，1975），頁49。

15   秦景炎，〈中國語文科閱讀理解 多項選擇題測驗〉，載於《中文通訊》第32期（香港：視導視學處中文組，1975），頁49。

16   Hong Kong Certificate of Education (English) Board. 1969. *Annual Report of the Executive Committee and Reports from the Examiners,* p. 12.

17   Hong Kong Certificate of Education (English) Board. 1970. *Annual Report of the Executive Committee and Reports from the Examiners,* p. 15.

18   Examinations Section. 1971. *Examinations Processing in Hong Kong.* Hong Kong: The Government Printer.

19 秦景炎，〈中國語文科閱讀理解 多項選擇題測驗〉，載於《中文通訊》第32期（香港：視導視學處中文組，1975），頁53。

20 〈升中試題多時間短 學生被視為機械人〉，《大公報》，1969年5月9日，第二張第五版。

21 〈升中試靠機械改卷 要考生迎合死東西 不少教師曾指出這是「死的教育」〉，《大公報》，1969年4月9日，第二張第五版。

22 A. G. Brown, 1968. "Multiple Choice Testing for Hong Kong". *Journal of Education*, No. 25, p. 21.

23 「倒流效應」乃評核概念，指測驗及／或考試對學與教的影響。「倒流」有正面，亦有負面，若是正面，有利教師調整教學策略，反之則只會減低學生繼續學習的意欲。

24 〈英文中學會考放榜 成績比較去年略佳〉，《工商日報》（1969年8月2日）。

25 李越挺，〈中學會考面臨之幾個基本問題〉，《教育曙光》第12期，1971，頁24。

26 見陳永照、蔡熾昌的訪問稿，2012年8月8日。

27 A. Godman在倫敦修畢理學士學位及教育文憑，曾往馬來亞任職殖民地教育事務，諸如高級科學監督、助理教育司，更晉升至助理首席秘書，負責統計及財政。他於1958年抵港，加入港府教育司署。在1958年至1961年，擔任印務主任；1961年至1963年，擔任統計官。他亦在本港接觸香港教育研究學會。

28 A. Godman, 1963. "The Use of Punched Card Equipment & Computers in Education". *Journal of Education,* No. 21, pp. 9-21.

29 包樂賢，〈談香港的中學會考〉，《教育曙光》第7期，1966，頁20-21。

30 A. Godman, 1963. "The Use of Punched Card Equipment & Computers in Education". *Journal of Education,* No. 21, pp. 15-16.

31 包樂賢，〈談香港的中學會考〉，《教育曙光》第7期，1966，頁20。

32 Examinations Section. 1971. *Examinations Processing in Hong Kong.* Hong Kong: The Government Printer.

33 見羅慶麟訪問稿，2012年7月18日。

34 見秦景炎訪問稿，2009年12月18日。

35 甄別能力（discrimination），有時亦稱為題目效率（efficiency of item）。

36 Hong Kong Certificate of Education (English) Board. 1968. *Instructional booklet on Multiple Choice Testing.* Hong Kong: The Government Printer, p. 5.

37 A. G. Brown, 1969. "Multiple Choice Testing in the 1969 Certificate of Education (English) Examination". *New Horizons,* No.10 September, p. 46.

38 Hong Kong Certificate of Education (English) Board. 1968. *Instructional booklet on Multiple Choice Testing.* Hong Kong: The Government Printer, pp. 5-6.

39 *Ibid.*, p. 22.

40 審題委員會成員會就已初步選出的題目在內容及文字上予以修訂，不要看輕這工作，有科目每年須召開超過20次會議才完成審題工作，蓋因題數多，動輒40至50題，甚或以上，而最費神的是每題的誘誤答案，又要不正確，卻又要能誤導考生選取以為是答案。

41 Examinations Section. 1971. *Examinations Processing in Hong Kong*. Hong Kong: The Government Printer.

42 擬題員若是中學教師，他可任教高中，但參與擬題工作該年則不能任教那一年的應試班級。

43 見葉禮霖的訪問稿，2009年12月9日。

44 「摩」唸陰平聲，音「摩」，即"mod"，modify的簡稱，意即審度議定，行內術語稱審題工作為「摩卷」。

45 見譚錫麟、黃浩潮、鄭樹鈞訪問稿，2012年6月28日。

46 A. G. Brown, 1969. "Multiple Choice Testing in the 1969 Certificate of Education (English) Examination". *New Horizons,* No.10 September, pp. 40-41.

47 Hong Kong Certificate of Education (English) Board. 1968. *Annual Report of the Executive Committee and Reports from the Examiners.*

48 A. G. Brown, 1969. "Multiple Choice Testing in the 1969 Certificate of Education (English) Examination". *New Horizons,* No.10 September, p. 41.

49 Examinations Section. 1971. *Examinations Processing in Hong Kong.* Hong Kong: The Government Printer.

50 *Ibid.*

51 Hong Kong Certificate of Education (English) Board. 1969. *Annual Report of the Executive Committee and Reports from the Examiners,* p. 2.

52 A. G. Brown, 1969. "Multiple Choice Testing in the 1969 Certificate of Education (English) Examination". *New Horizons,* No.10 September, p. 42.

53 Examinations Section. 1971. *Examinations Processing in Hong Kong.* Hong Kong: The Government Printer.

54 按：「座位盡用法」。

55 香港中文中學會考委員會，《1970年度香港中文中學會考執行委員會報告書及試卷主席報告書》，1970，頁1。

56 指顯示每位閱卷員的分數統計及分析曲線圖（markers' graph）。

57 見李越挺、蔡熾昌訪問稿，2008年12月22日。

58 見陳永照、蔡熾昌訪問稿，2012年8月8日。

59 同上註。

60 不少學者曾討論有關考試與評核之間的關係。梁鋭基〈遊走於考試與校本評核之間〉一文其中便綜合了譚彩鳳、Biggs、Hargreaves、Gipps及Cumming & Maxwell等學者所言,詳見譚彩鳳(2009),〈引進校本評核提升學習水平的迷思:教師信念剖析〉,《教育研究與發展期刊》(第五卷,第二期),頁175-206;Biggs, J. B. (1995). Assumptions underlying new approaches to educational assessment: Implications for Hong Kong. *Curriculum Forum*, 4(2), pp. 1-22; Cumming, J. J. & Maxwell, G. S. (2004). Assessment in Australian schools: Current practice and trends. *Assessment in Education*, 11(1), pp. 89-108;Gipps, C. V. (1994). *Beyond Testing: Towards a Theory of Educational Assessment*. London: Falmer;Hargreaves, A. 1994. Changing Teachers, Changing Times: Teachers' Work and Culture in the Postmodern Age. London: Cassell等文獻。

61 《2017香港中學文憑考試中國歷史校本評核教師手冊》(香港:香港考試評核局,2015),頁3。

62 Hong Kong Baptist University and Hong Kong Examinations Authority. 1998. Ch. 4: School-Based Assessment, *Review of Public Examination System in Hong Kong Final Report*, Volume 1, p. 87.

63 *Ibid.*, pp. 83-84.

64 *Ibid.*, p. 84.

65 *Ibid.*

66 顏明仁,〈第七章 促進學習的評核及考試改革〉,吳迅榮、黃炳文主編:《廿一世紀的學校領導:持續與創新》(香港:學術專業圖書中心,2009),頁104。

67 教育統籌委員會,《第七號報告書 優質學校教育》(香港:政府印務局,1997),頁36-37,點7.13、7.15及7.16。

68 顧問團由本港、中國大陸及國外專業人士組成,全以個人名義參與。

69 Hong Kong Baptist University and Hong Kong Examinations Authority. 1998. Appendix D: Analysis of submissions concerning School-Based Assessment in Hong Kong, *Review of Public Examination System in Hong Kong Final Report*, Volume 2, p. 27, D8項。

70 *Ibid.*, p. 31.

71 蔡筱坤,〈香港公開考試的校本評核設計與推行〉,《考試研究》,2010年4月,第6卷第2期,頁34。

72 梁鋭基,〈遊走於考試與校本評核之間〉,未刊載文章,2016。

73 香港考試及評核局,《香港中學文憑考試校本評核學校領導人手冊》(香港:香港考試及評核局,2009),頁3-4;蔡筱坤,〈香港公開考試的校本評核設計與推行〉,《考試研究》,2010年4月,第6卷第2期,頁38。

74 見新聞公報〈公布新學制的檢討進展〉,2013年4月18日,http://www.info.gov.hk/gia/general/201304/18/P201304180230.htm,瀏覽日期:2013年4月19日;〈新高中精簡課程削課時〉,《明報》(2013年4月19日)。

75 見香港考試及評核局「校本評核」網頁，http://www.hkeaa.edu.hk/tc/sba/，瀏覽日期：2012年12月12日。

76 Hong Kong Examinations and Assessment Authority. 2004. *Hong Kong Certificate of Education Examination Regulations and Syllabuses 2006*, pp. 79-82, 244-246.

77 見溫德榮，〈校本評核分 調整機制釋疑〉，2008，http://www.hkeaa.edu.hk/DocLibrary/SBA/About_SBA/2008_01_31_SBA_article.pdf，瀏覽日期：2012年12月12日。

78 香港考試及評核局，《香港中學文憑校本評核調整機制》（香港：香港考試及評核局，2010），頁4。

79 同上註，頁7。

80 香港考試及評核局，《香港中學文憑考試校本評核學校領導人手冊》（香港：香港考試及評核局，2013），頁16；蔡筱坤，〈香港公開考試的校本評核設計與推行〉，《考試研究》 ，2012年4月，第6卷第2期。

81 顏明仁，〈第七章 促進學習的評核及考試改革〉，吳迅榮、黃炳文主編：《廿一世紀的學校領導：持續與創新》（香港：學術專業圖書中心，2009），頁109。

82 見〈教育局公布「新學制中期檢討及前瞻」有關校本評核的修訂〉，《新聞公報》，2015年4月17日。http://www.info.gov.hk/gia/general/201504/17/P201504160800.htm。

83 見 《文匯報》（2013年7月15日），網頁：http://paper.wenweipo.com/2013/07/15/WW1307150002.htm。

84 林德成、李子建，〈香港通識教育科的現況及前瞻〉，《香港教師中心學報》第12卷，2013，頁96-97。

85 教育局公布〈「新學制中期檢討及前瞻」有關校本評核的修訂〉引考評局公開考試委員會主席李石玉如講話。

86 教育局公布〈「新學制中期檢討及前瞻」有關校本評核的修訂〉引香港課程議會主席楊綱凱講話。

87 見《成報》（2014年11月25日），網頁：http://www.singpao.com/xw/yw/201411/t20141125_538494.html。

88 桂松，《香港教育縱橫談》（香港：信諾設計／出版文化公司，2006），頁207。

後記

時至今日，強調反映能力的香港中學文憑試（DSE）及全港性系統評估（TSA）仍為本港兩項主要的公開評核項目。

為確保成績匯報的方式符合國際水平、而且透明度高及清晰明確，DSE採用水平參照模式匯報成績。考生在甲類科目的表現分為五個等級（1-5級），第5級最高等級。獲第5級的考生中表現最佳者會獲「5**」，隨後表現較佳的則以「5*」標示。表現低於第1級的會標示為「不予評級」，而每個等級均備有等級描述（level descriptor），使考生清楚其能力表現。

DSE另一評核元素，校本評核（SBA）着重把學與教與評估結合，讓學生從教師的回饋中了解自己的強項與弱點。它可以考核學生多方面的能力，全面地評估學生的表現，同時推行校本評核亦可減少對公開考試成績的依賴，有助提升學生的自信心及學習興趣，鼓勵自主學習。

隨着不同持份者的聲音，以及對新考評模式的意見不斷湧現，普遍回響認為中六學生未經篩選，水平難及以前的高考（AL）考生，且應考科數亦相對較前為多，而各科均引入SBA，中六生難以負擔。考評局遂把各科的考試範圍及SBA予以檢討，並加以調適，個別科目更刪去了SBA部分。

一般而言，經優化了的DSE，業界及社會各界人士對之未有太大的迴響。

至於強調「低風險評估」、為減輕考核壓力而引入、主要用以監控中小學的教育成效，與過去的升中試和學能測驗相似的TSA，自2004年推出以來均成為教育界的風眼，這議題已醞釀一段不短的時間，有家長關注子女被迫操練TSA，因而影響童年生活和學習樂趣，因而要求取消小三TSA，亦有某些立法會議員受邀作答被認為艱深的試題，卻又竟然無法圓滿作答；輿論遂質疑這測試的適切程度。

議題持續升溫，有學者撰文贊同或反對，也開始有教育專業團體發聲，以及冒出一些關注組，要求全面取消TSA，矛頭開始指向政府，議題邁向政治化，原先的訴求，以至設立TSA的原意和功能，初小學童為應試而大量操練等各種持份者關注的項目議題，逐漸失去了探討的地位，專業考慮被迫靠邊站。

TSA是否已異化，已偏離其初訂的目的與目標？操練以應試是否必須，學校、教師、家長應如何處理與面對？坊間不少反對聲音，官方不斷的釋疑，這趨向兩極化「存」與「廢」的爭議之外，會否出現另類評估或嶄新模式的測試以取代現行的做法呢？如何利用考試作為促進學與教的評量工具？標準化的測試與學生自主學習如何取得平衡？本港的公開評核文化將如何往前走？這些都是值得不同持份者進一步探索的問題。

梁操雅　羅天佑

2017年8月

參考資料

一、書籍及文獻

中文

- 〈一年來之香港教育〉，《香港年鑑1953》
- 〈一年來之香港教育〉，《香港年鑑1955》
- 〈一年來之香港教育〉，《香港年鑑1956》
- 〈一年來之香港教育〉，《香港年鑑1957》
- 〈一年來之香港教育〉，《香港年鑑1959》
- 〈四十五年港澳各高級中學保送成績優良畢業生來台升學辦法〉，1956
- 〈四十六年港澳各高級中學保送成績優良畢業生來台升學辦法〉，1957
- 〈香港大學舉辦之中學會考昨日揭曉〉，《香港工商日報》（1935年7月27日）
- 〈香港中文大學一九六六年入學資格考試規則〉，《聯合校刊》第12期，1965年11月30日
- 〈校務概覽 一九五七年畢業頒獎典禮 沙治臣校長演辭〉，《英皇書院校刊》，1958
- 〈國內振興實業聲中 港大工科學生激增〉，《香港工商日報》（1937年1月6日）
- 〈教育事務委員會 立法會秘書處為2008年12月8日會議擬備的背景資料文件 香港考試及評核局更新和研發考試系統〉，立法會CB(2) 387/08-09(05)號文件，檔號：CB2/PL/ED
- 〈第十四章 香港地區教育考試〉，楊學為編，《中國考試通史 卷五 當代》（北京：首都師範大學出版社），2008
- 〈第六章 國民政府時期的教育考試〉，王奇生編，《中國考試通史 卷四 民國》（北京：首都師範大學出版社），2008
- 〈港澳學生返台升學 八月在港舉行考試〉，《中國學生周報》第42期，1953年5月8日
- 〈萬綠叢中一點紅──關慧賢〉，黃慧貞、蔡寶瓊編，《華人婦女與香港基督教：口述歷史》（香港：牛津大學出版社），2010
- 〈嶺大入學試 港區生揭曉〉，《華僑日報》（1949年7月18日）
- 《中文通訊》第七、第八期合刊（香港：教育司署），1965年9月

- 《多情六十年：新亞書院的過去、現在與未來》（香港：香港中文大學新亞書院），2009

- 《百年樹人百載恩：英華女學校校史1900-2000》（香港：英華女學校），2001

- 《金文泰中學一九五五年畢業同學金禧回顧集：金禧紀念專刊》（香港：金文泰中學），2005

- 《香港中文大學入學資格考試（1966）》

- 《香港中文大學入學資格考試規則（1965）入學考試各科試題（1964）》，1964年2月

- 《香港中文中學高中畢業會考專輯1963》

- 《香港考試局條例》，《2002年成文法規（雜項規定）條例》，載於《香港特別行政區政府憲報第1號法律副刊》，2002年7月19日

- 《香港高級程度會考年報1994》（香港：香港考試局）

- 《香港高等程度會考年報》（香港：香港考試局），1979-1992

- 《香港教育年報1952-53》（香港：中國海外新聞出版公司）

- 《香港教育考試組織研究工作小組報告》（香港：政府印務局），1970

- 香港教育資料中心編製，《香港教育大事資料1949-1993（香港年鑑）》

- 《香港理工大學：六十五載耕耘創新》（香港：香港理工大學），2003

- 《專上學校統一入學試規則》，1963。

- 《教育統籌委員會第七號報告書：優質學校教育》（香港：政府印務局），1997年9月

- 丁致聘編，《中國近七十年來教育紀事》（台灣：台灣商務印書館），1970

- 中六工作教育小組，《中六教育工作小組報告書》（香港：政府印務局），1989年7月

- 元邦建，《香港史略》（香港：中流出版社），1997

- 公務員薪俸及服務條件常務委員會，《第一號報告書（公務員薪俸原則及程序第一次報告書）》，1979年7月26日

- 方美賢，《香港早期教育發展史》（香港：中國學社），1975

- 方駿、熊賢君編，《香港教育通史》（香港：齡記出版有限公司），2008

- 王齊樂，《香港中文教育發展史》（香港：波文書局），1983

- 王德昭，《清代科舉制度研究》（香港：中文大學出版社），1982

- 王賡武主編，《香港史新編》（香港：三聯書店（香港）有限公司），1997

- 包樂賢，〈序論〉，載於課程發展編輯委員會，《課程發展》第一期（香港：政府

印務局），1976

- 包樂賢，〈談香港的中學會考〉，《教育曙光》第7期，1966

- 江紹倫，〈六十年代西方上層中等教育之演變〉，《學記》第4期，1973

- 何世明，《十六載愉快時光》（香港：基督教文藝出版社），1977

- 吳倫霓霞，《邁進中的大學：香港中文大學30年，1963-1993》（香港：中文大學出版社），1993

- 吳倫霓霞、鄭赤琰，〈香港華文教育發展與中國的關係〉，《兩次世界大戰期間在亞洲之海外華人》（香港：香港中文大學），1989

- 李孝儒，〈第七章 英國大學入學制度解析與運作〉，《英國教育：政策與制度》（台灣：濤石文化事業公司），2001

- 李越挺，〈中學會考面臨之幾個基本問題〉，《教育曙光》第12期，1971

- 沈亦珍，〈五十年前港大生活回憶〉，《大成》第33期，1976年8月1日

- 周子鋒編，《圖解香港史：遠古至一九四九年》（香港：中華書局（香港）有限公司），2010

- 胡熾輝編，《香港教育年鑑》（香港：金匙出版社），1962

- 胡熾輝編，《香港教育年鑑1963-64》（香港：出版社缺）

- 胡熾輝編，《香港教育年鑑1966-67》（香港：出版社缺）

- 香港中文中學會考委員會，《1970年度香港中文中學會考執行委員會報告書及試卷主席報告書》，1970

- 香港考試及評核局，《香港中學文憑考試校本評核學校領導人手冊》（香港：香港考試及評核局），2009

- 香港考試及評核局，《香港中學文憑校本評核調整機制》（香港：香港考試及評核局），2010

- 香港考試及評核局，《香港考試及評核局廿五週年紀念特刊》（香港：香港考試及評核局），2002

- 香港考試局，《香港考試局工作簡介1977-89》（香港：香港考試局），1990

- 香港考試局，《香港考試局工作簡介1977-93》（香港：香港考試局），1993

- 香港學校公民教育統籌教師協會編，《公民教育教師手冊》（香港：螢火蟲文化事業有限公司），1998

- 秦景炎，〈中國語文科閱讀理解多項選擇題測驗〉，《中文通訊》第32期，1975

- 張光源：〈公開考試評卷工作的重要程序——香港的經驗〉，載《考試研究》，2012年第2期（總31期）

- 張光源：〈編制試題工作闡釋——香港的經驗〉，載《考試研究》，2011年第4期（總27期）

- 教育統籌委員會，《教育制度檢討：改革方案諮詢文件》（香港，政府印務局），2000

- 教育統籌委員會，《第二號報告書》（香港：政府印務局），1986年8月

- 教育統籌委員會，《第三號報告書》（香港：政府印務局），1988年6月

- 教育統籌委員會，《終身學習 全人發展 香港教育制度改革建議》，2000

- 郭齊家編，《中國古代的學校和書院》（北京：北京科學出版社），1995

- 陳榮燊，〈香港高中畢業生升學問題〉，《香港教育年報1952-3》（香港：中國海外新聞出版公司）

- 陸鴻基，《從榕樹下到電腦前：香港教育的故事》（香港：進一步多媒體有限公司），2003

- 喻本伐、李先軍，〈第三章 拓展時期的香港教育（1860-1911年）〉，方駿、熊君賢編，《香港教育通史》（香港：齡記出版有限公司），2008

- 曾榮光，《廿一世紀教育藍圖》（香港：中文大學出版社），2006

- 新京報主編，《科舉百年：科舉，現代教育與文官制度的歷史審察》（北京市：同心出版社），2006

- 楊智磊、王興亞編，《中國考試管理制度史》（鄭州市：中州古籍出版社），2007

- 楊學為等編，《中國考試制度史資料選編》（合肥：黃山書社），1992

- 楊學為編，〈卷五，第14章〉，《中國考試通史》（北京：首都師範大學出版社），2008

- 僑務委員會致函香港培道女子中學（僑教35720號函），1956年6月26日

- 爾東，《追尋新界古蹟》（香港：明報出版社有限公司），2008

- 劉海峰、李兵著，《學優則仕：教育與科舉》（長春市：長春出版社），2004

- 劉蜀永，《劉蜀永香港史文集》（香港：中華書局（香港）有限公司），2010

- 劉蜀永編，《一枝一葉總關情》（香港：香港大學出版社），1993

- 蔡筱坤，〈香港公開考試的校本評核設計與推行〉，《考試研究》第6卷第2期，2010

- 蔡熾昌，〈香港公開考試點滴〉，輯於《香港考試及評核局廿五週年紀念特刊》，2002

- 鄧昌宇編著，《屏山故事》（香港：中華書局（香港）有限公司），2012

- 顏明仁，〈第七章 促進學習的評核及考試改革〉，吳迅榮、黃炳文主編：《廿一世紀的學校領導：持續與創新》（香港：學術專業圖書中心），2009

- 羅香林、莫秀馨、張月娥、許劍冰、胡潔榆、龔春賢，《一八四二年以前之香港及對外交通——香港前代史》（香港：中國學社），中華民國52年（1963年）6月

- 嚴瑞源，《新界宗族文化之旅》（香港：萬里書店），2005

- 龔大胃等，〈網上評卷的實踐與思考：香港公開考試的視角〉，載《當代外語研究》第8期，2013年8月

英文

A

- Amendment to the Statutes of the University of Hong Kong. *The Hong Kong Government Gazette*, 31st May, 1912, No. 181.

- *Annual Report of the Head Master of the Government Central School for 1886*. SP 1887, No. 12.

- *Annual Report of the Head Master of the Government Central School for 1888*. SP 1889, No. 4.

- Annual Report on Education in Hong Kong, 1886. *The Hong Kong Government Gazette* of 14th May, 1887, No. 205.

- Annual Report on Education in Hong Kong, 1887. *The Hong Kong Government Gazette* of 21st April, 1888, No. 171.

- Australia (New South Wales), External Examination System. *Securing Their Future: The New South Wales Government's reforms for the Higher School Certificate*.

B

- Bickley, Gillian. 2002. "The Education Reports 1848-1896 and their Writers". In *The Development of Education In Hong Kong, 1841-1897: as revealed by The Early Education Reports of The Hong Kong Government, 1848-1896*. Hong Kong: Proverse Hong Kong.

- Bickley, Gillian. "Tours of Inspection". In *The Golden Needle: The Biography of Frederick Stewart (1836-1889)*. Hong Kong.

- Board of Control. Hong Kong English School Certificate Examination. 1962. *Annual Report*.

- Brown, A. G. 1968. "Multiple Choice Testing for Hong Kong". *Journal of Education*, No. 25.

- Brown, A. G. 1969. "Multiple Choice Testing in the 1969 Certificate of Education (English) Examination". *New Horizons*, No.10, September.

- Burney, E. 1935. *Report on Education in Hong Kong*.

C

- Cheng, Irene. 1997. *Intercultural Reminiscences*. Hong Kong: David C. Lam Institute for East-West Studies, Hong Kong Baptist University.

- Civil Service Examinations, Hong Kong. *The Government Gazette*, 11th August 1877.

E

- Education Department. *Triennial Survey, 1955-1958*.

- *Education Policy*. April 1965. Hong Kong: The Hong Kong Government Printer.

- Examinations Section. 1971. *Examinations Processing in Hong Kong*. Hong Kong: The Hong Kong Government Printer.

F

- Fisher, N. G. 1951. *A Report on Government Expenditure on Education in Hong Kong, 1950*.

G

- Gardner, H. 2000. *The Disciplined Mind*, Penguin.

- Godman, A. 1963. "The Use of Punched Card Equipment & Computers in Education". *Journal of Education*, No. 21.

- *Handbook of the Advanced Level Examination 1967*.

- *Handbook of the Advanced Level Examination 1968*.

- *Handbook of the Matriculation Examination 1955 and 1966*.

- Ho, Pui Yin. 2004. *The Administrative History of the Hong Kong Government Agencies 1841-2002*. Hong Kong: Hong Kong University Press.

- Hong Kong Baptist University and Hong Kong Examinations Authority. 1998. *Review of Public Examination System in Hong Kong Final Report* Volume 1.

- Hong Kong Baptist University and Hong Kong Examinations Authority. 1998. *Review of Public Examination System in Hong Kong Final Report* Volume 2.

- Hong Kong Certificate of Education Board. 1974. *Annual Report of the Executive Committee.*

- Hong Kong Certificate Examination (English). 1968. *Annual Report of the Executive Committee and Reports from the Examiners.*

- Hong Kong Certificate of Education (English) Board. 1968. *Annual Report of the Executive Committee and Reports from the Examiners.*

- Hong Kong Certificate of Education (English) Board. 1969. *Annual Report of the Executive Committee and Reports from the Examiners.*

- Hong Kong Certificate of Education (English) Board. 1970. Annual Report of the Executive Committee and Reports from the Examiners.

- Hong Kong Certificate of Education (English) Board. 1968. *Instructional Booklet on Multiple Choice Testing.* Hong Kong: The Hong Kong Government Printer.

- Hong Kong Education Department. *Annual Summary 1959-60.* Hong Kong: The Hong Kong Government Printer.

- Hong Kong English School Certificate Examinations. *Regulations and Syllabuses 1967.*

- Hong Kong English School Certificate Syndicate. 1967. *Annual Report of the Board of Control and Reports from the Examiners.*

- Hong Kong Examinations and Assessment Authority. 2004. *Hong Kong Certificate of Education Examination Regulations and Syllabuses 2006.*

- Hong Kong Examinations and Assessment Authority. 2007. *Hong Kong Certificate of Education Examination Regulations and Syllabuses 2009.*

- *Hong Kong Examinations Authority Ordinance 1977,* Ord. No.23/77. 5th May 1977. Legal Supplement No. 1 to the *Hong Kong Government Gazette,* 6th May 1977.

- *Hong Kong Triennial Survey by the Director of Education of the years 1958-61.* Hong Kong: The Hong Kong Government Printer.

- Hui, Polly & Forestier, Katherine. "Report Calls for Review of Exams Authority", *South China Morning Post*, 24th May 2003.

I

- Isaacs, Tina. Assessment in Education in England. *SA-eDUC Journal*, Volume 9, No. 1, July 2012.

J

- Jarrett, Vincent H. G. 1933-1935. *Old Hong Kong*. Hong Kong: South China Morning Post.

- Jennings, Ivor & Logan, D. W. 1953. *A Report of the University of Hong Kong*.

L

- Leung, Kwong-hon. "The Impact of Mission Schools in Hong Kong (1842-1905) on Traditional Chinese Education – A Comparative Study." Ph. D diss., University of London, 1987.

M

- Mellor, Bernard. 1980. *The University of Hong Kong: An Informal History* (Volume Two). Hong Kong: Hong Kong University Press.

- Minutes of 4th Meeting with reference to a proposed Hong Kong University. November, 1908.

N

- Ng, Lun Ngai-ha. 1984. "Chapter II: The Earliest Government Schools in Hong Kong". In *Interactions of East and West Development of Public Education in Early Hong Kong*. Hong Kong: Chinese University Press.

- Nitko, A. J. & Brookhart, S. M. 2007. *Educational Assessment of Students* (5th edition). Upper Saddle River: Pearson.

- No. 112 Government Notification. *The Government Gazette*, 28th April 1877.

P

- Popham, W. J. 2011. *Classroom Assessment: What Teachers Need to Know* (6th edition), Boston, MA: Allyn and Bacon / Merrill Education.

R

- *Report of the Committee on Higher Education in Hong Kong*. 17th September 1952. Hong Kong: The Hong Kong Government Printer.

- *Report of the Director of Education for the year 1911*.

- *Report of the Director of Education for the year 1913.*

- *Report of the Director of Education for the year 1915.*

- *Report of the Director of Education for the year 1931.*

- *Report of the Director of Education for the year 1932.*

- *Report of the Director of Education for the year 1934.*

- *Report of the Director of Education for the year 1936.*

- *Report of the Director of Education for the year 1938.*

- *Report of Education Commission.* 1963. Hong Kong: The Hong Kong Government Printer.

- *Report of the Fulton Commission.* 1963. Hong Kong: The Hong Kong Government Printer.

S

- Senate, University of Hong Kong, The. 1965. Proposals for the Development of the Matriculation Examination.

- Speak, Geoffrey L. 1968. From School Certificate to Certificate of Education – A Survey of the Development of the Examination System. *Journal of Education.*

- Statutes of the University. An Ordinance for the Incorporation and Regulation of the University of Hong Kong. *The Hong Kong Government Gazette*, 31st March, 1911.

- *Strategic Review of Hong Kong Examinations and Assessment Authority: Final Consultancy Report.* 7th May 2003. Hong Kong: IBM.

- Sweeting, A. 1993. "Ch. 9 Control of Education through Examinations", *A Phoenix Transformed: The Reconstruction of Education in Post-War.* Hong Kong; New York: Oxford University Press.

T

- Turnbull, C. M. 2002. "Ch. 5 The Malayan Connection". *An Impossible Dream: Hong Kong University from Foundation to Re-establishment, 1910-1950.*

U

- University of Hong Kong, The. *Handbook of the Advanced Level Examination 1966.*

- University of Hong Kong, The. *Matriculation Examination Advanced Level Papers 1954-1955*. Hong Kong: Hong Kong University Press.

- University of Hong Kong, The. *Matriculation Examination Advanced Level Papers 1956-1964*. Hong Kong: Hong Kong University Press.

- University of Hong Kong, The. *Matriculation Examination Ordinary Level Papers 1954-1955*. Hong Kong: Hong Kong University Press.

- University of Hong Kong, The. *Matriculation Examination Ordinary Level Papers 1956-1964*. Hong Kong: Hong Kong University Press.

- University of Hong Kong, The. *Regulations for the Senior and Junior Local Examinations and for the Matriculation Examination 1922-1924*. Hong Kong: The University of Hong Kong.

- University of Hong Kong, The. *Regulations for the Senior and Junior Local Examinations and for the Matriculation Examination 1925*. Hong Kong: The University of Hong Kong.

- University of Hong Kong, The. *Regulations for the Senior and Junior Local Examinations and for the Matriculation Examination 1927*. Hong Kong: The University of Hong Kong.

W

- Wiggins, G. P. 1993. *Assessing Student Performance: Exploring the Purpose and Limits of Testing*. San Francisco: Jossey-Bass.

- Wikström, Christina. 2006. Education and Assessment in Sweden. *Assessment in Education: Principles, Policy & Practice*.

二、報章

中文

- 〈升中試靠機械改卷 要考生迎合死東西 不少教師曾指出這是「死的教育」〉，《大公報》（1969年4月9日）
- 〈升中試題多時間短 學生被視作機械人 教育司昨承認試題有錯〉，《大公報》（1969年5月9日）
- 〈代理教育司毛勤 在教學會議演詞〉，《工商日報》（1954年6月28日）
- 〈考試局角色變或改名〉，《蘋果日報》（2001年4月10日）
- 〈考試局傳訊會專責對外溝通〉，《大公報》（2002年1月5日）
- 〈英文中學會考委員會主席謂 現行會考制度亟須修正 贊同拔萃書院校長之批評主張改制及更改報名日期〉，《工商日報》（1937年7月12日）

- 〈英文中學會考放榜 成績比較去年略佳〉，《工商日報》（1969年8月2日）

- 〈英文學生注意 投考倫敦大學手續 中學會考補行辦法〉，《工商日報》（1947年2月6日）

- 〈香港中學會考招聘閱卷員及英語口試主考員啟事〉，《星島日報》（1974年1月12日）

- 〈配合新增評估研究工作 考試局擬易名〉，《明報》（2000年1月12日）

- 〈新高中精簡課程削課時〉，《明報》（2013年4月19日）

- 〈會考委員會宜擴大 不及格學生可補考〉，《大公報》（1965年8月17日）

- 施應元教士，〈落第——誰的恥辱〉，《華僑日報》（1965年8月16日）

英文

- "School Leaving Certificate Examination", *The China Mail*, 7th February, 1947.

三、網頁

- https://archive.org/details/biographicalhist02venn

- 〈公布新學制的檢討進展〉，http://www.info.gov.hk/gia/general/201304/18/P201304180230.htm，2013年4月18日。（瀏覽日期：2013年4月19日）

- 三寶，〈父親的生活片斷（四）逃難到香港〉，http://blog.sina.com.cn/s/blog_ae392e9101017xgn.html

- 李賜雄個人網頁《我的人生旅途》，http://arthur.imageunion.com/homepage.htm

- 招鈺訪談，香港大學口述歷史檔案，http://www.sociodep.hku.hk/oralhistory/2/2.2.3.3.html#

- 英皇佐治五世學校網頁，http://www.kgv.edu.hk/about_kgv/history.html

- 英皇書院網頁，http://www.kings.edu.hk/pages/history.htm

- 英皇書院學校網頁，http://www.kings.edu.hk/pages/history.htm

- 香港三育書院網頁，http://www.hkac.edu/index.php?option=com_content&view=article&id=26&Itemid=16&lang=hk

- 香港考試及評核局「校本評核」網頁，http://www.hkeaa.edu.hk/tc/sba/。（瀏覽日期：2012年12月12日）

- 香港考試及評核局網頁，http://www.hkeaa.edu.hk/tc/

- 香港特別行政區政府教育局網頁，http://www.edb.gov.hk/tc/index.html

- 香港記憶網頁，http://www.hkmemory.hk/index_cht.html

- 教育統籌委員會網頁，http://www.e-c.edu.hk/tc/index_c.html
- 溫德榮，〈校本評核分 調整機制釋疑〉，http://www.hkeaa.edu.hk/DocLibrary/SBA/About_SBA/2008_01_31_SBA_article.pdf，2008。（瀏覽日期：2012年12月12日）
- 課程發展議會網頁，http://cd1.edb.hkedcity.net/cd/cdc/tc/

四、訪問記錄

- 李越挺、蔡熾昌，2008年12月22日
- 秦景炎，2009年12月18日
- 郭煒民，2009年3月5日
- 陳永照、蔡熾昌，2012年8月8日
- 葉深銘、梁餘生，2013年7月24日
- 葉禮霖，2009年12月9日
- 劉賀強，2013年3月4日
- 鄧昆池，2012年8月21日
- 羅慶麟，2012年7月18日
- 譚錫麟、黃浩潮、鄭樹鈞，2012年6月28日
- 李宏輝，2010年1月29日
- 潘萱蔚，2013年4月9日
- 林惠玲，2013年3月25日

鳴謝

編著者能順利完成本書的編撰工作，實有賴各方友好，特別下列機構及人士的襄助，對此謹致謝忱（名稱依中文筆劃序）：

機構

英華女學校

香港考試及評核局

培道女子中學

人士

岑芷雅	秦景炎	黃浩潮	鄭國石
李石玉如	張美華	黃詩麗	鄭樹鈞
李宏輝	張翠茵	葉深銘	霍秉坤
李越挺	梁餘生	葉禮霖	羅慶麟
杜子瑩	郭煒民	劉賀強	譚錫麟
林惠玲	陳永照	潘萱蔚	關翰章
唐創時	曾綺年	蔡熾昌	蘇欽華